Bücher von Ulrich Stiehl

Einführung in die Semantik, Bern 1970

Dictionary of Book Publishing, München 1977

Die Buchkalkulation, Wiesbaden 1980

Der Verlagsbuchhändler, Hamburg 1980

Apple Assembler, Heidelberg 1984

Apple DOS 3.3, Heidelberg 1984

ProDOS, Band 1, Heidelberg 1984

ProDOS, Band 2, Heidelberg 1985

Sanskrit-Kompendium, Heidelberg 1990

Conjunct Consonants in Sanskrit, 2003

Verlagswesen in Schaubildern, 2004

Ulrich Stiehl

Verlagswesen in Schaubildern

Wissensstand: 1.1.2004

FSC
www.fsc.org
MIX
Papier aus verantwortungsvollen Quellen
Paper from responsible sources
FSC® C105338

Bibliografische Information der Deutschen Nationalbibliothek:

Die Deutsche Nationalbibliothek verzeichnet diese Publikation in der Deutschen Nationalbibliografie; detaillierte bibliografische Daten sind im Internet über http://dnb.dnb.de abrufbar.

Herstellung und Verlag:

BoD – Books on Demand, Norderstedt

ISBN 978-3-7431-3390-7

Vorwort

Neben meinem eigentlichen Hauptberuf war ich 26 Jahre lang gemeinsamer Ausbilder für die Verlage Hüthig (Heidelberg) und Duden (Mannheim). Der zusammengelegte betriebsinterne Unterricht für alle Auszubildenden von Hüthig (später Hüthig Jehle Rehm) und Duden (Bibliographisches Institut & F.A. Brockhaus) fand teils in Heidelberg, teils in Mannheim statt.

Damit ich mir auf der Flipchart im Schulungsraum nicht die Finger wundschreiben mußte, erstellte ich vorliegende Schaubilder "Verlagswesen in Schaubildern", die ich regelmäßig auf den neuesten Stand brachte, indem ich neue Schaubilder hinzufügte usw.

In 2004 habe ich meine jahrzehntelange Ausbildertätigkeit endgültig an den Nagel gehängt. Die alten Schaubilder mit dem Wissensstand von 2004 sind verlagsgeschichtlich interessant, denn die Verlagslandschaft hat sich seit Anfang dieses Jahrtausends dramatisch verändert.

Ulrich Stiehl, Heidelberg 2017

Inhaltsverzeichnis

1. Verlagskunde

1.1 Berufsbilder

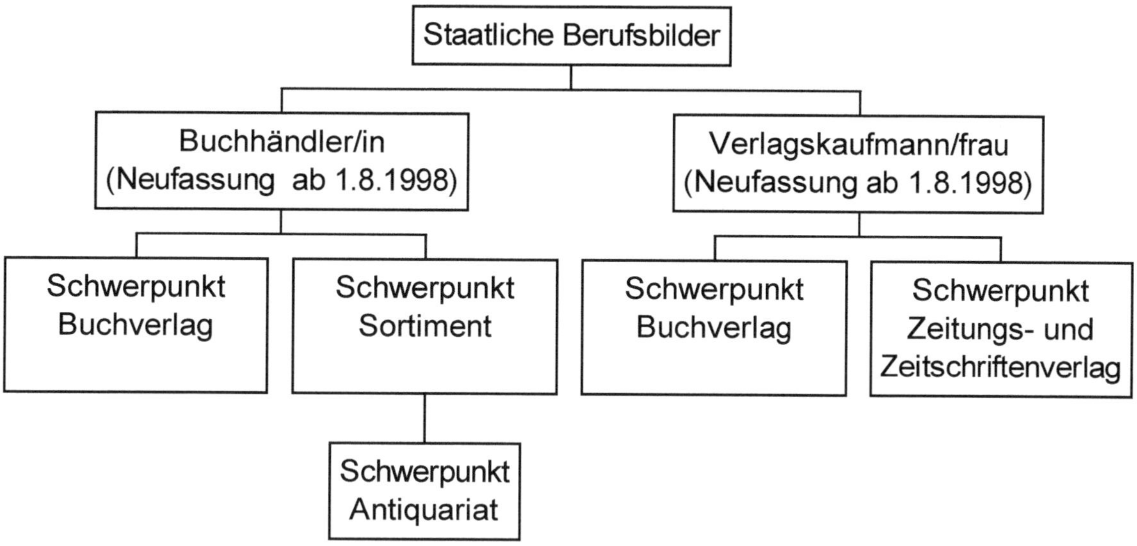

1.2 Verlagsbranche

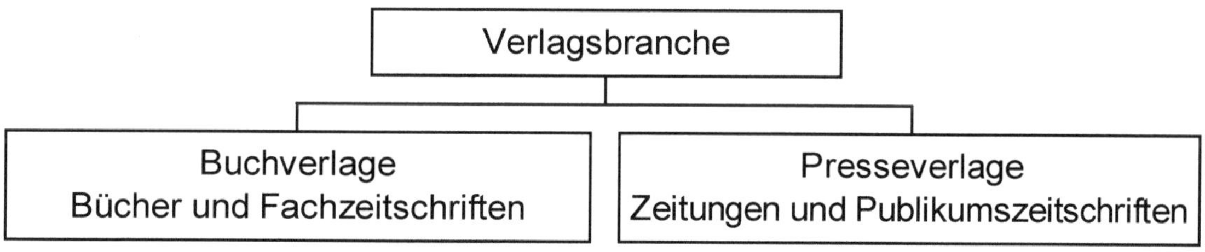

1.3 Verlegen

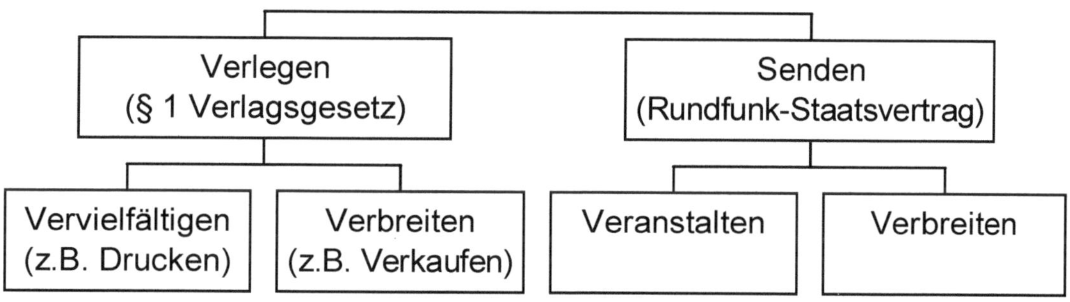

1.4 Verleger

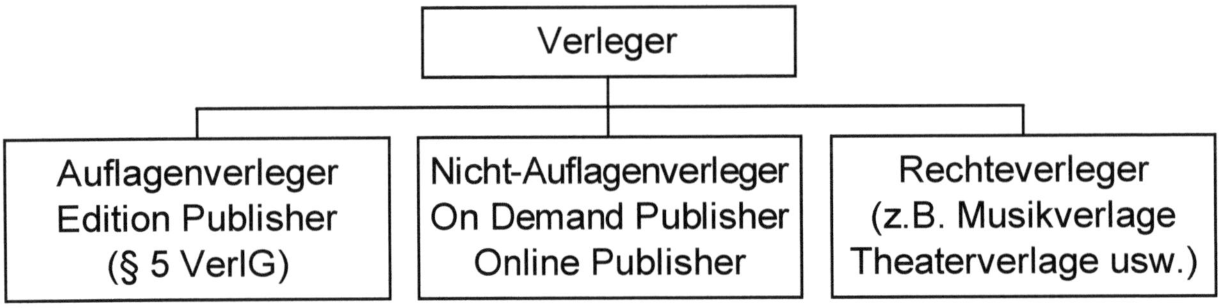

1.5 Medienbetriebe

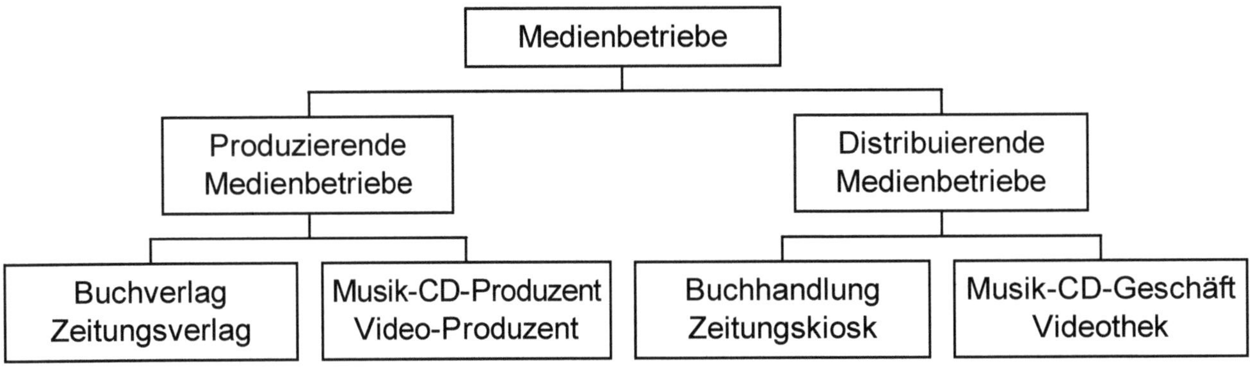

1.6 Verlagsdefinition

Der Verlag ist ein produzierender Medienbetrieb,	
der Druckmedien	Bücher, Zeitungen, Zeitschriften
und verwandte Medien	Sprachkassetten, CD-ROM usw.
als Werke	Werk = persönliche geistige Schöpfung (§ 2 UrhG)
von Urhebern	Urheber = Schöpfer des Werkes (§ 7 UrhG)
aus ökonomischen **und kulturellen Gründen**	Ökonomisch: Betriebswirtschaftliche Ziele Kulturell: Bildungspolitische Ziele usw.
vervielfältigt und verbreitet.	Legaldefinition von „verlegen“ (§ 1 VerlG)

1.7 Verlagsbetriebe

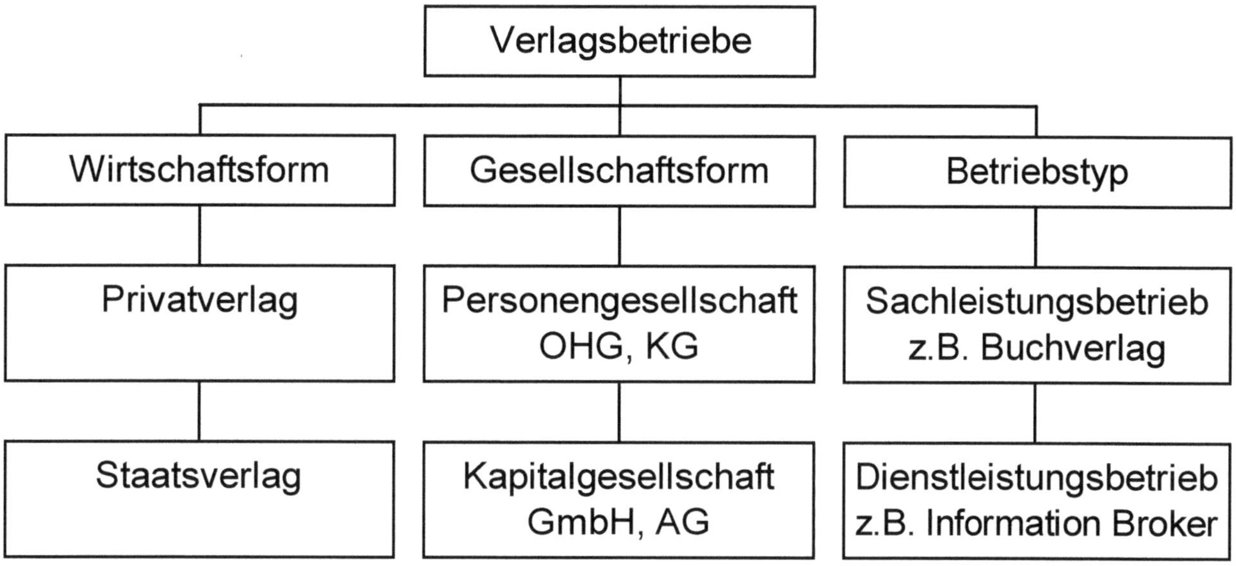

1.8 Verlagsformen

1.9 Verlagsgruppe

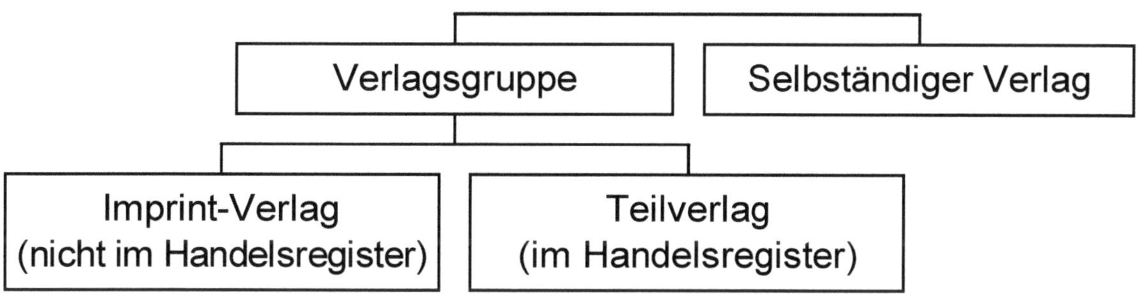

1.10 Verlagsmedien

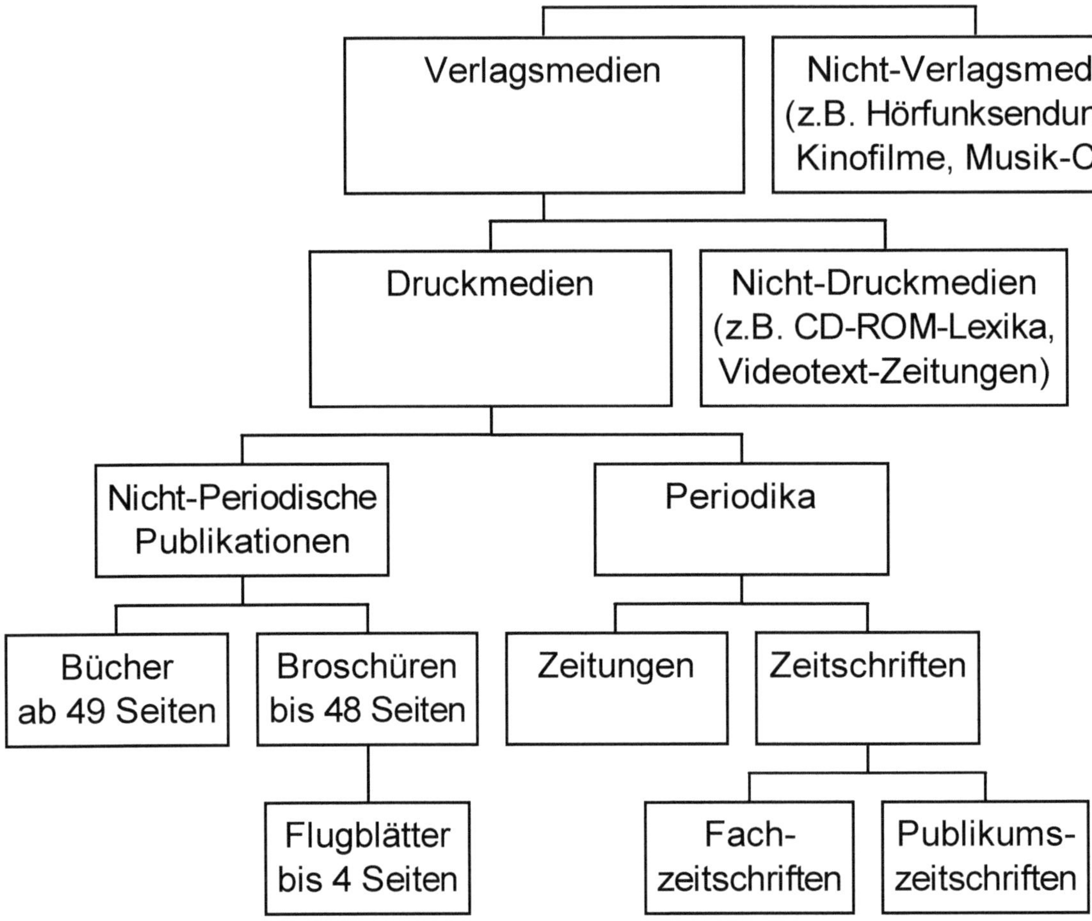

1.11 Werke

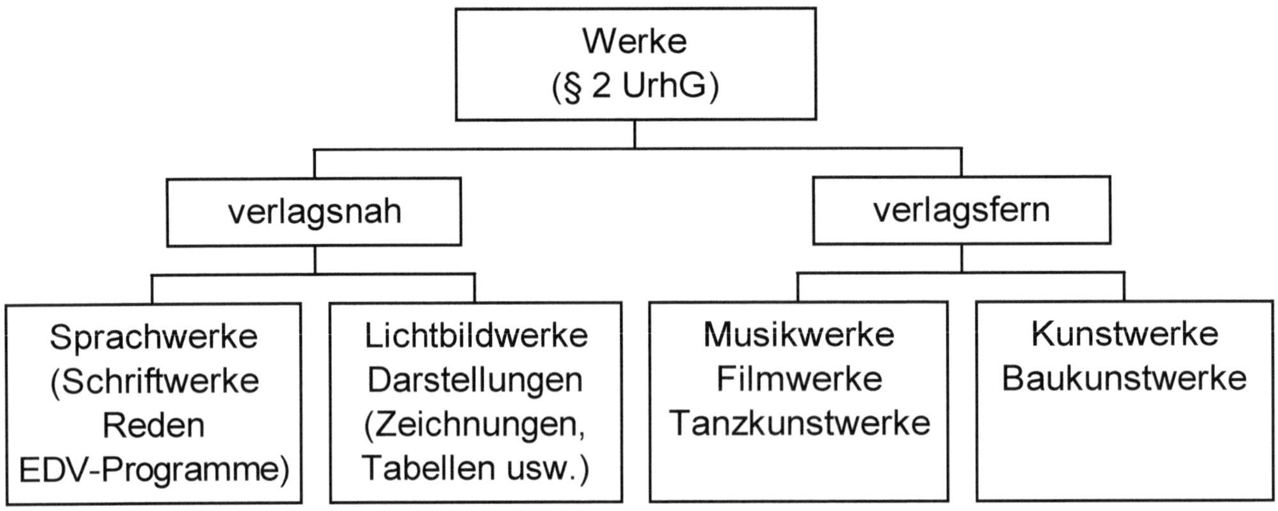

1.12 Gegenstände des Buchhandels

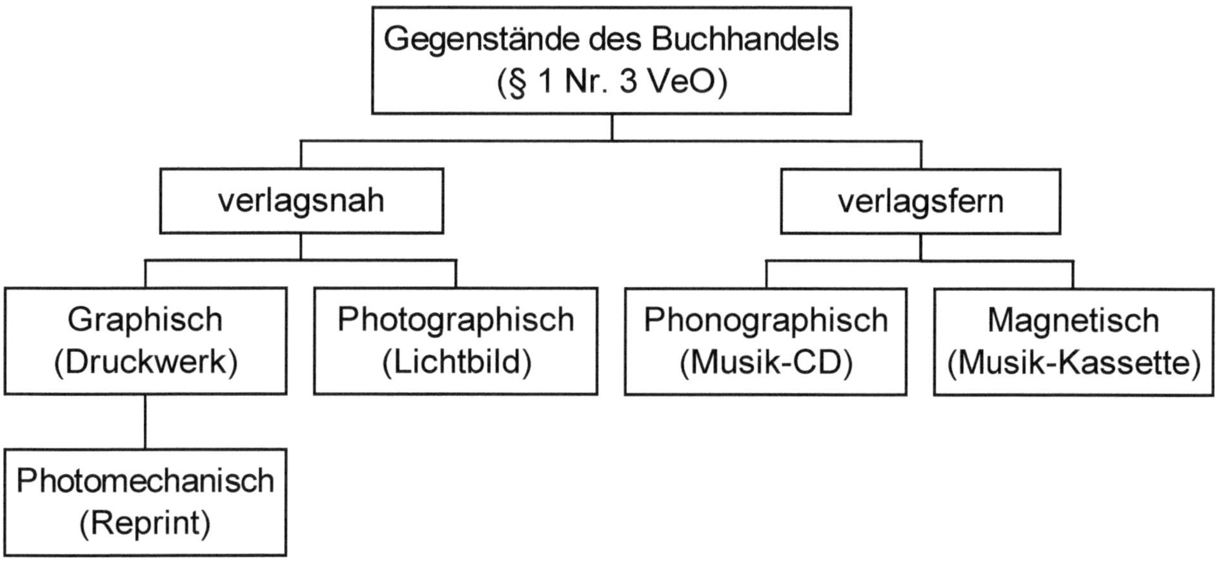

1.13 Funktionale Organisation

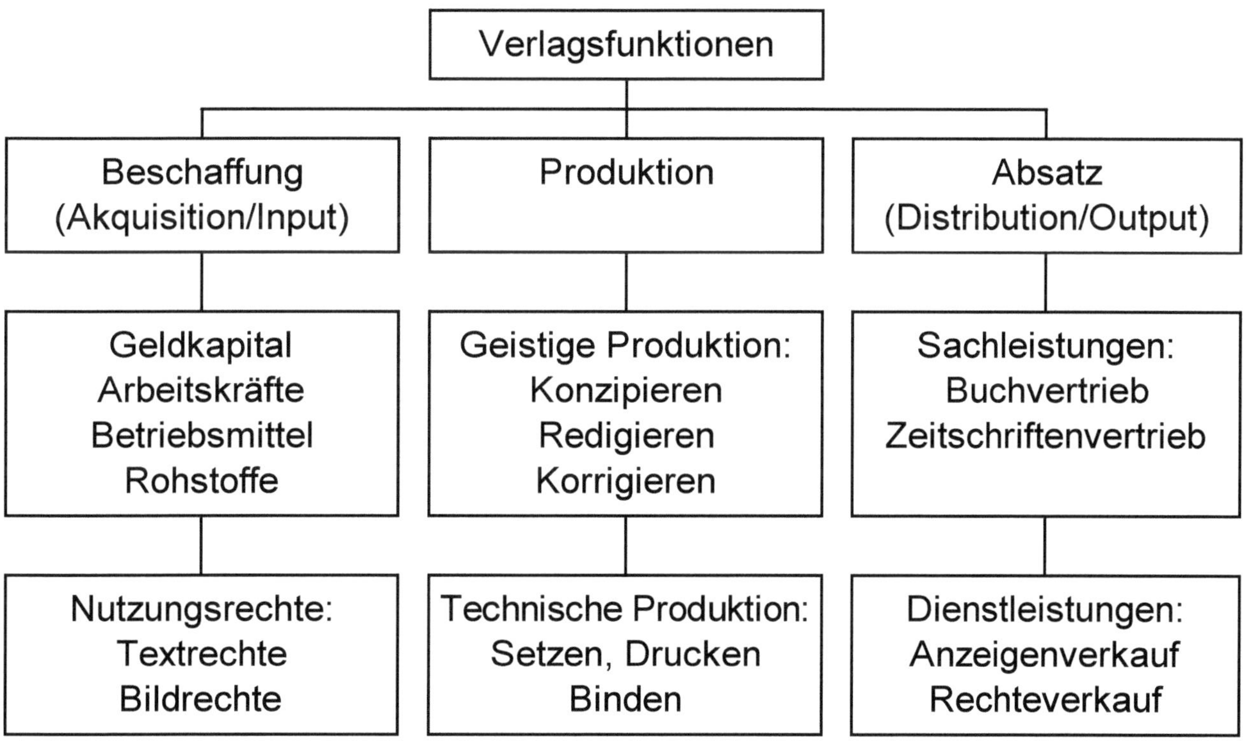

1.14 Divisionale Organisation

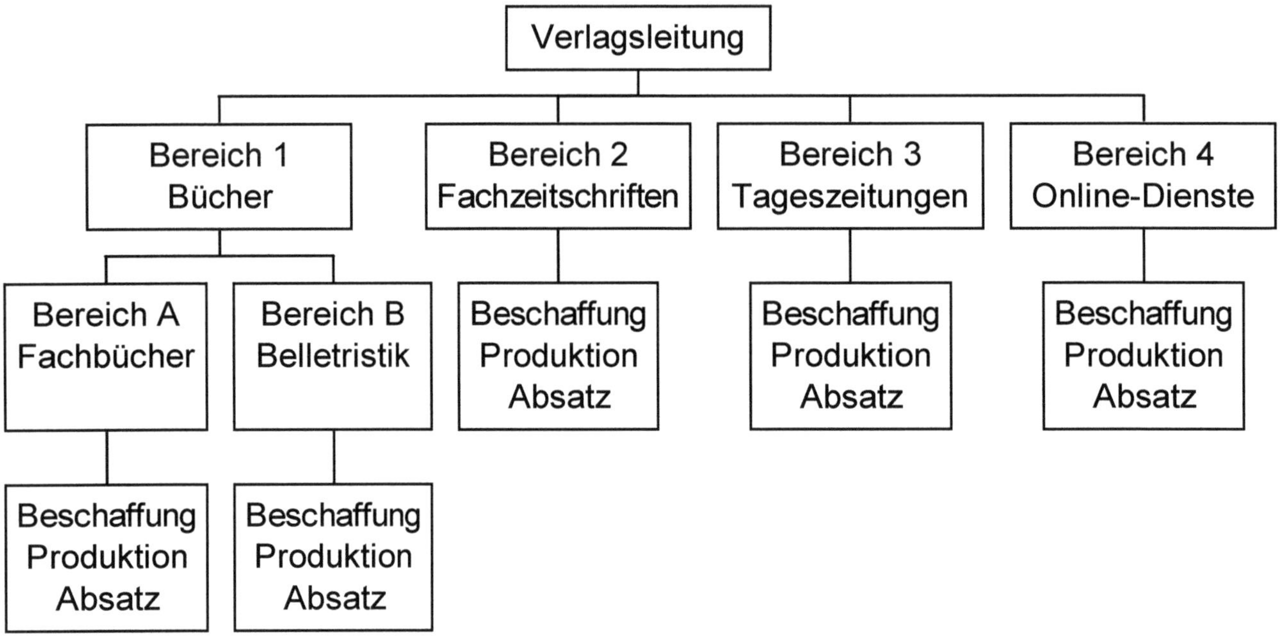

1.15 Verlagsabteilungen

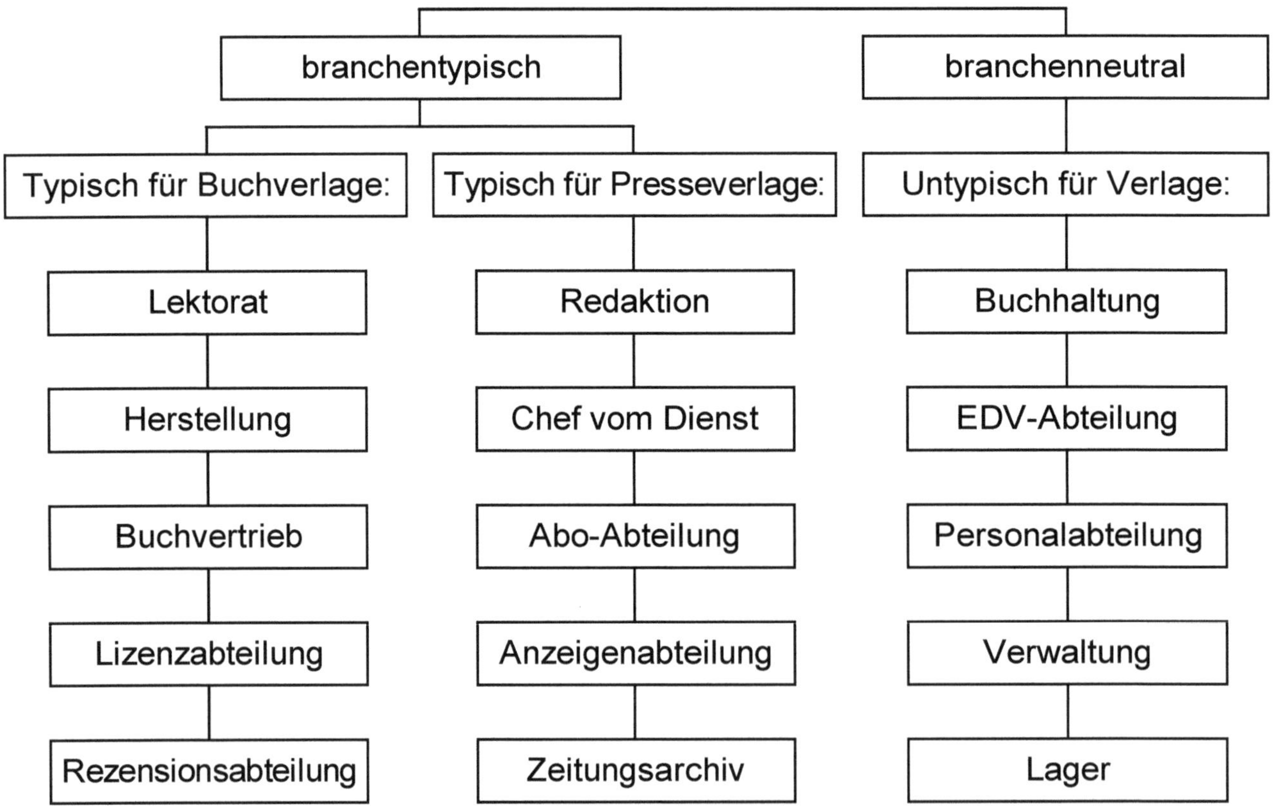

1.16 Buchverlage

Kriterium	Arten	Anmerkungen
Größe des Verlages	Kleinverlag	Privatpresse
	Großverlag	Medienkonzern
Risiko-Abwälzung	Sponsor-Verlag Subventionsverlag	Vanity Publisher Dissertationsverlag
Originalität der Bücher	Originalverlag	
	Lizenzverlag	Reprint-Verlag (legal) Raubdruck-Verlag (illegal)
Informationsart	Fiction-Verlag	Belletristikverlag usw.
	Non-Fiction-Verlag	Sachbuchverlag usw.
Nutzungszweck	Bildungsverlag	Schulbuchverlag Lehrbuchverlag usw.
	Unterhaltungsverlag	Kriminalromanverlag Kinderbuchverlag usw.
	Erbauungsverlag	Bibelanstalt Esoterik-Verlag
	Schauverlag	Bibliophiler Verlag Coffeetabler-Verlag
Verständlichkeit	Sachbuchverlag	Hobbybuchverlag usw.
	Fachbuchverlag	Berufsliteraturverlag usw.
	Wissenschaftsverlag	Philosophieverlag usw.
Einbandart	Hardcover-Verlag	Tradebook-Publisher
	Taschenbuchverlag	
Periodizität	Jahrbuchverlag	Kalenderverlag
	Loseblattverlag	
Informationssuche	Lexikon/Wörterbuchverlag	Suche über Alphabet
	Atlanten/Landkartenverlag	Suche über Koordinaten
	Chronik/Geschichtsverlag	Suche über Zeitachse
	Bestimmungsbuchverlag	Suche über Merkmale

1.17 Presseverlage

Kriterium	Arten	Anmerkungen
Größe des Verlages	Mittelgroßer bis Großverlag	Kleinverlage selten
		Medienkonzern
Risiko-Abwälzung	Parteiverlag Kirchenverlag Sektenverlag	
Originalität der Beiträge	Primärverlag	Mantelersteller
	Sekundärverlag	Mantelbezieher
Besitz einer Druckerei	Verlagsdruckerei	Presseverlag mit Druckerei
	Reiner Verlag	Presseverlag ohne Druckerei
Periodizität	Tageszeitungsverlag	
	Wochenzeitschriftenverlag	
	Monatszeitschriftenverlag	
Verbreitungsgebiet	Lokaler Verlag	Lokalzeitung
	Regionaler Verlag	Regionalzeitung, z.B. RNZ
	Nationaler Verlag	Nationalzeitung, z.B. FAZ
Zielgruppe	Zeitungsverlag	
	Publikumsverlag	General-Interest-Verlag – z.B. Fernsehzeitschrift Special-Interest-Verlag – z.B. Frauenzeitschrift
	Fachverlag	
Produktionszweck	Anzeigenerlösverlag	z.B. reines Anzeigenblatt
	Vertriebserlösverlag	z.B. reine Abo-Zeitschrift
	Sponsorerlösverlag	z.B. reine Partei-Zeitung
Informationsart	Nachrichtenverlag	
	Meinungsverlag	Meinungspresse (z.B. FAZ) Boulevardpresse (z.B. BILD)
	Wissenschaftsverlag	

1.18 Randverlage

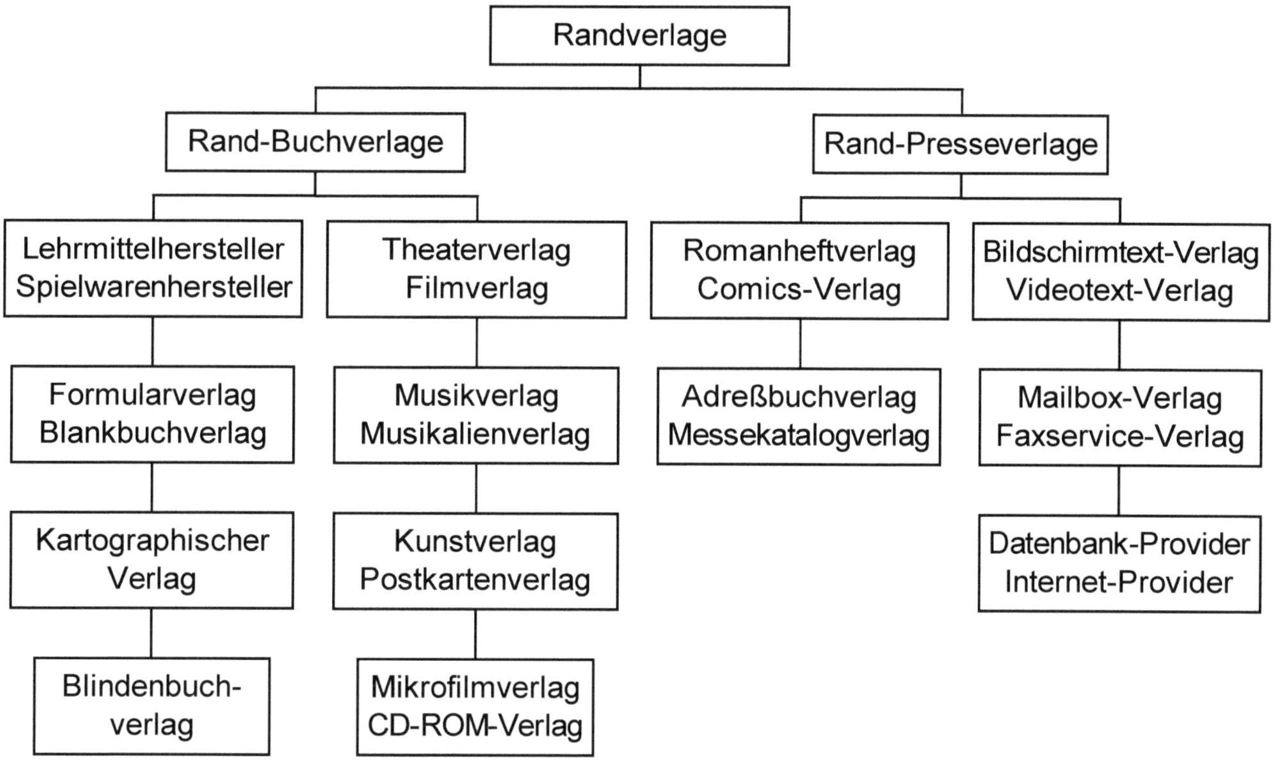

1.19 Verlagsumfeld

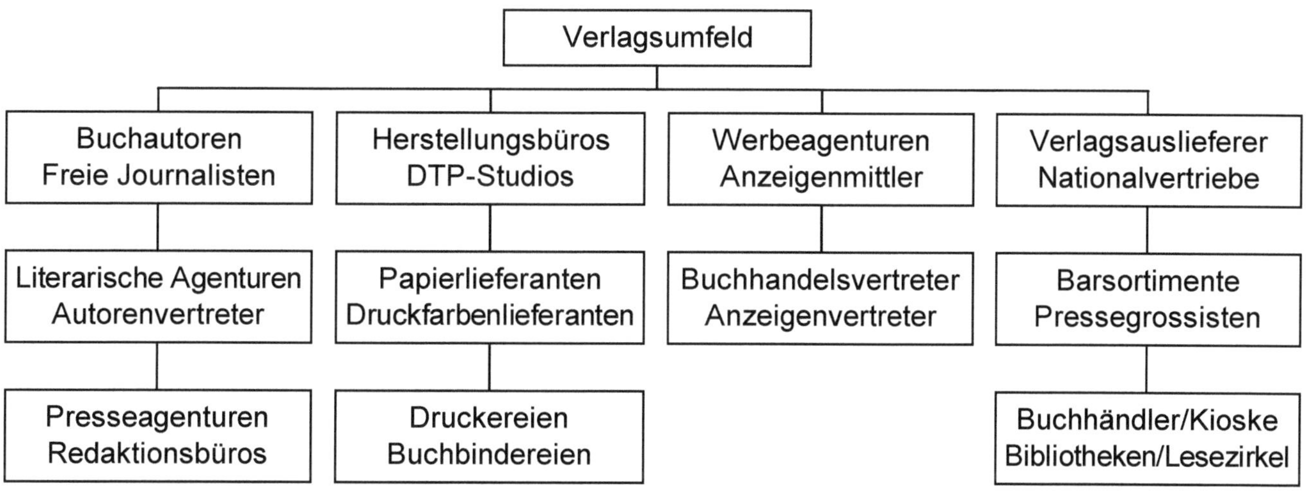

1.20 Verlagsdistributoren

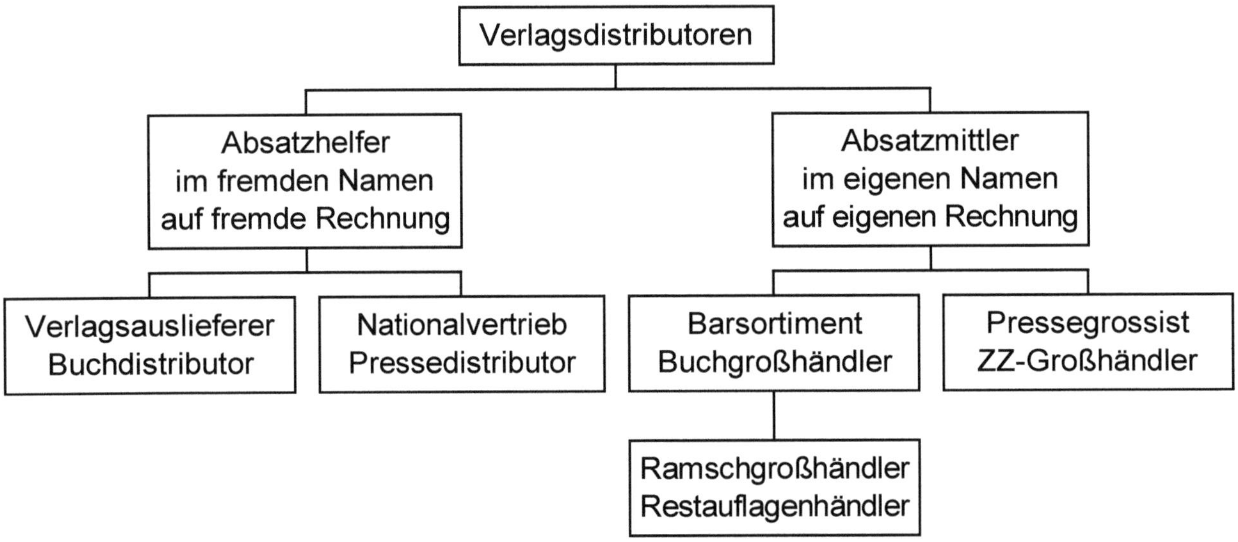

1.21 Buchhändler

Kriterium	**Arten**	**Anmerkungen**
Sortiment	Sortimentsbuchhandlung Fachbuchhandlung Bücherstube Großflächenbuchhandlung	breites, aber flaches Sortiment schmales, aber tiefes Sortiment schmales und flaches Sortiment breites und tiefes Sortiment
Buchart	Taschenbuchhandlung Antiquariatsbuchhandlung Modernes Antiquariat	
Tendenzbetrieb (§ 118 BetrVG)	Konfessionelle Buchhandlung Alternative Buchhandlung	 z.B. Frauenbuchhandlung
Randsortiment	Warenhausbuchabteilung Buchverkaufsstelle	 z.B. Schreibwarengeschäft
Ohne Verkaufsladen	Reisebuchhandlung Versandbuchhandlung	 Hökerhandel (= Büchertische)
Filialisierung	Filialbuchhandlung Club-Center	 bei Buchgemeinschaften

1.22 Pressehändler

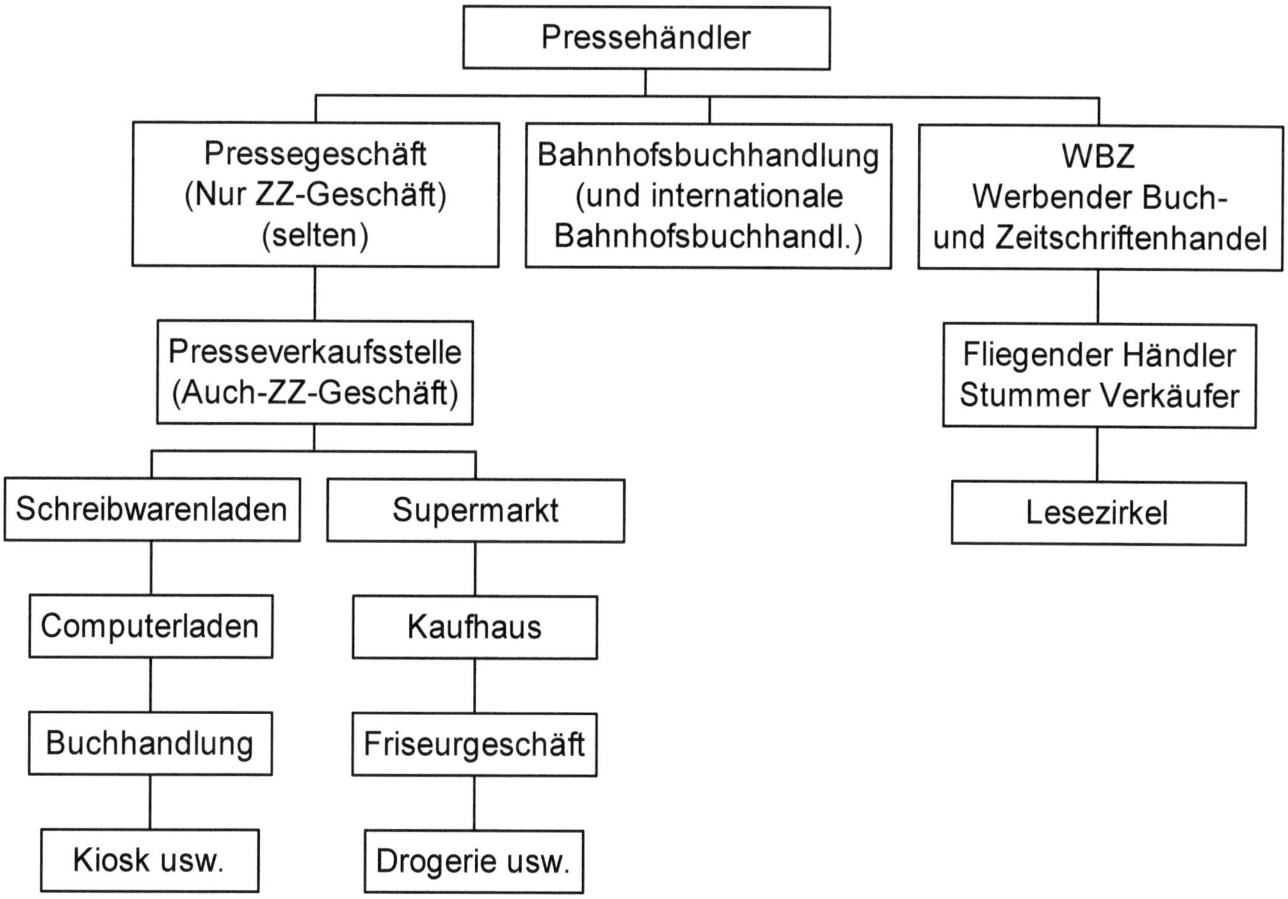

1.23 Verlagsverbände

2. Medienkunde

2.1 Kulturwirtschaft

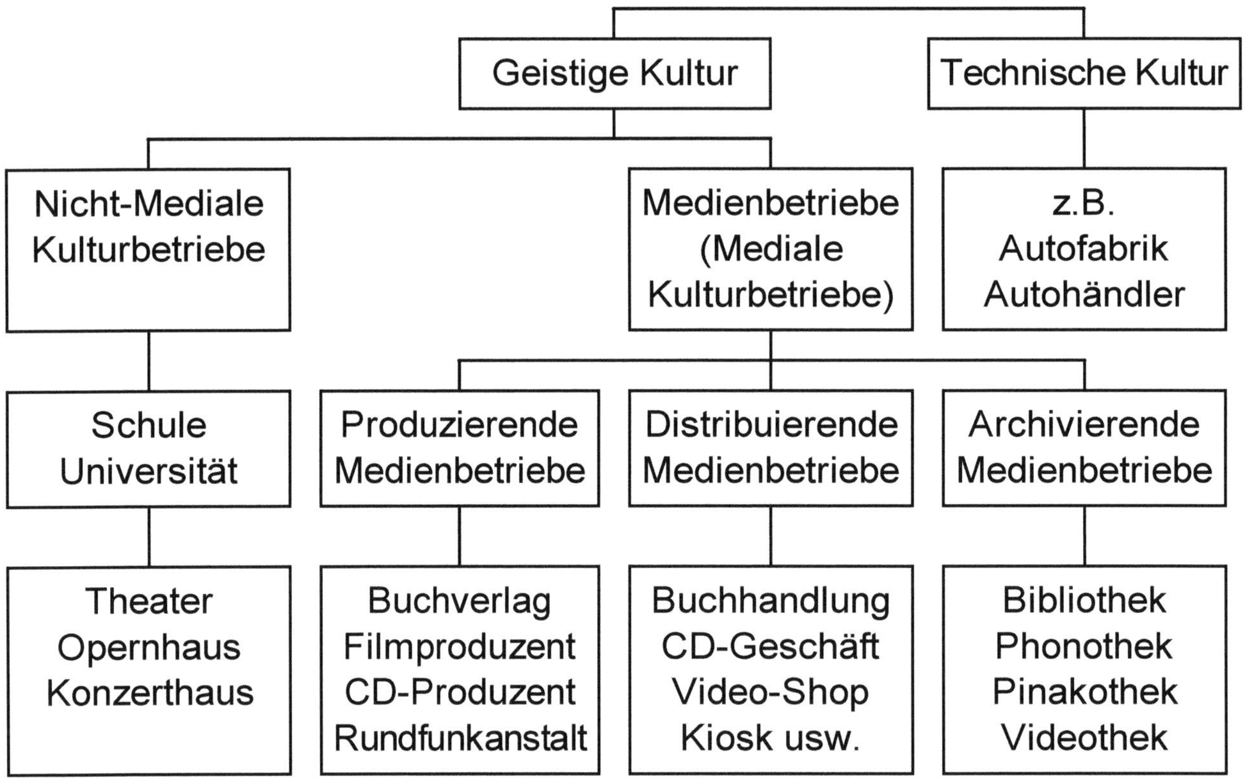

2.2 Medienwirtschaft

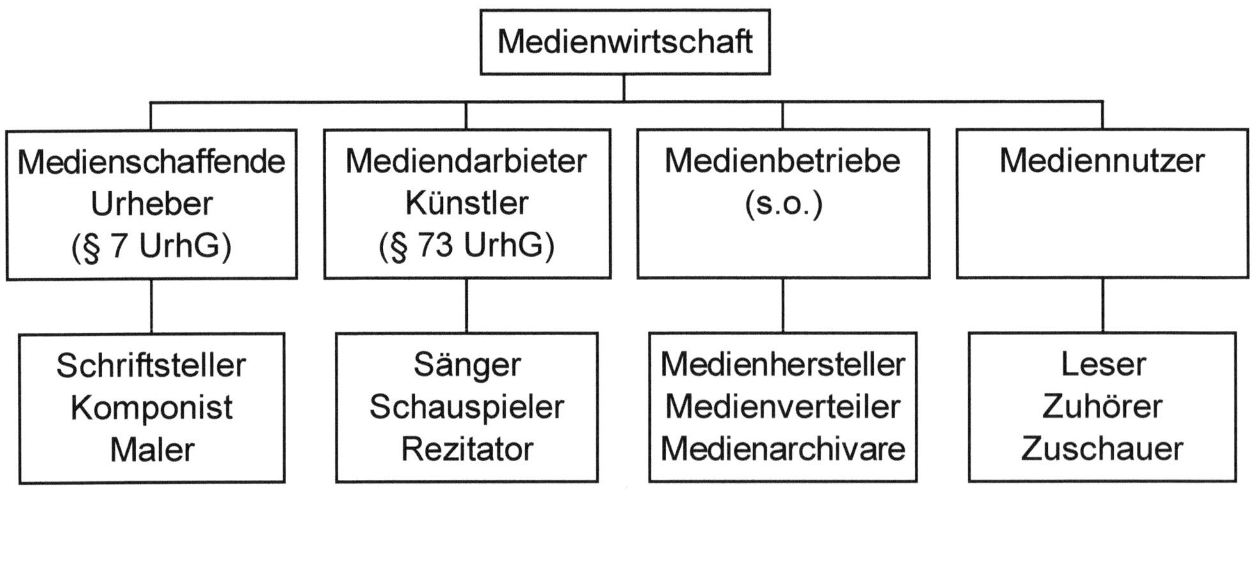

2.3 Informationswirtschaft

Art	**Beispiel**	**Weitere Beispiele**
Informationsschöpfer	Buchautor	Verfasser, Dichter, Schriftsteller Zeitungsjournalist, Rundfunkreporter Maler, Fotograph, Bildhauer, Komponist
Informationsbearbeiter	Buchlektor	Lektor, Redakteur Reinzeichner, Grafiker
Informationsproduzent	Buchverlag	Buch-, Zeitungs- und Zeitschriftenverlag Hörfunk- und Fernsehanstalt Musik-CD-Produzent, Filmproduzent
Informationsverteiler	Buchhandlung	Kiosk, Musik-CD-Geschäft, Kino Datenbank-Anbieter, Information Broker
Informationsbewahrer	Bücherei	Bibliothek, Phonothek, Videothek Archiv, Museum, Galerie
Informationsvermittler	Buchvorleser	Nachrichtensprecher, Ansager, Moderator Musiker, Sänger, Redner, Rezitator Schauspieler, Filmschauspieler
Informationsempfänger	Buchleser	Zeitungs- und Zeitschriftenleser Rundfunkhörer, Fernsehzuschauer Bibliotheksbesucher, Videothekbenutzer Museumsbesucher, Galeriebesucher Kinogänger, Konzertbesucher

2.4 Information und Kommunikation

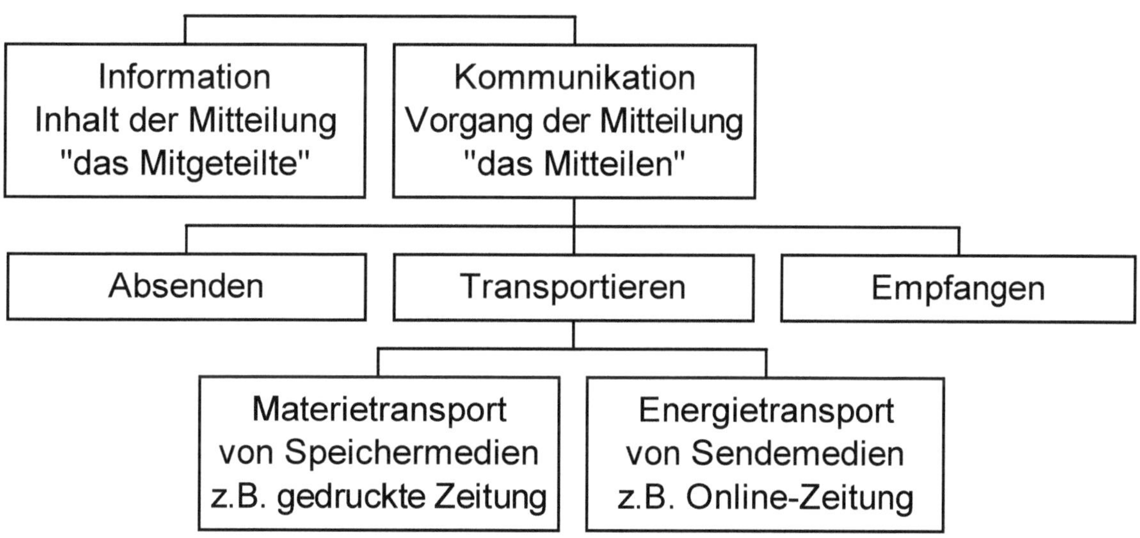

2.5 Kommunikationsmittel

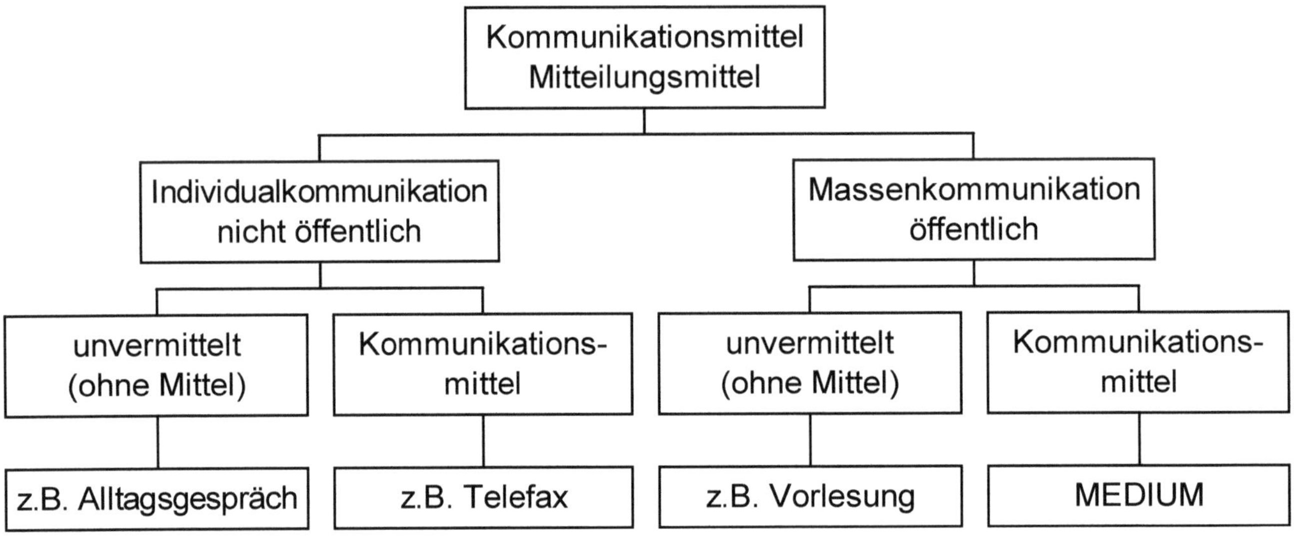

2.6 Publikationsmittel

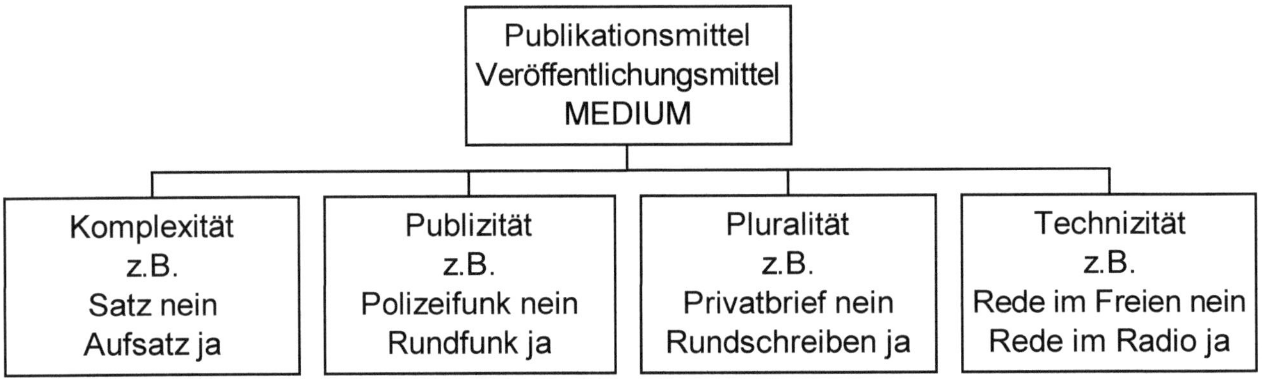

2.7 Informationseinheiten

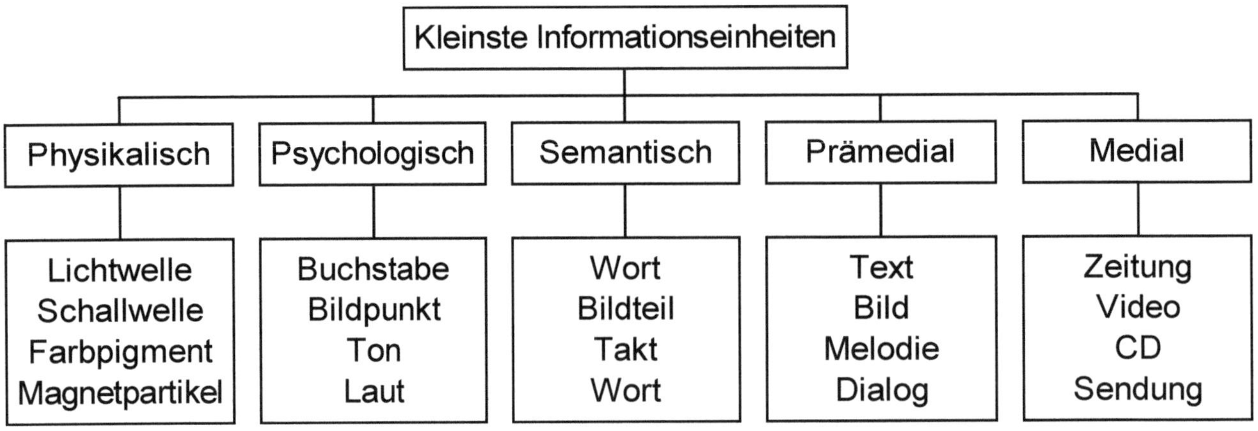

2.8 Mediale Informationen

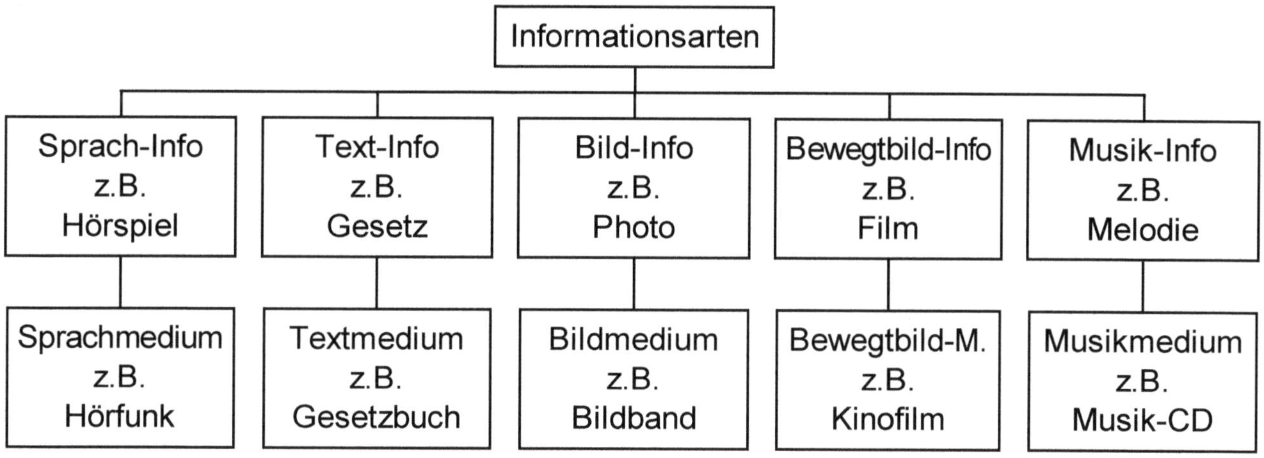

2.9 Publizistische und wissenschaftliche Informationen

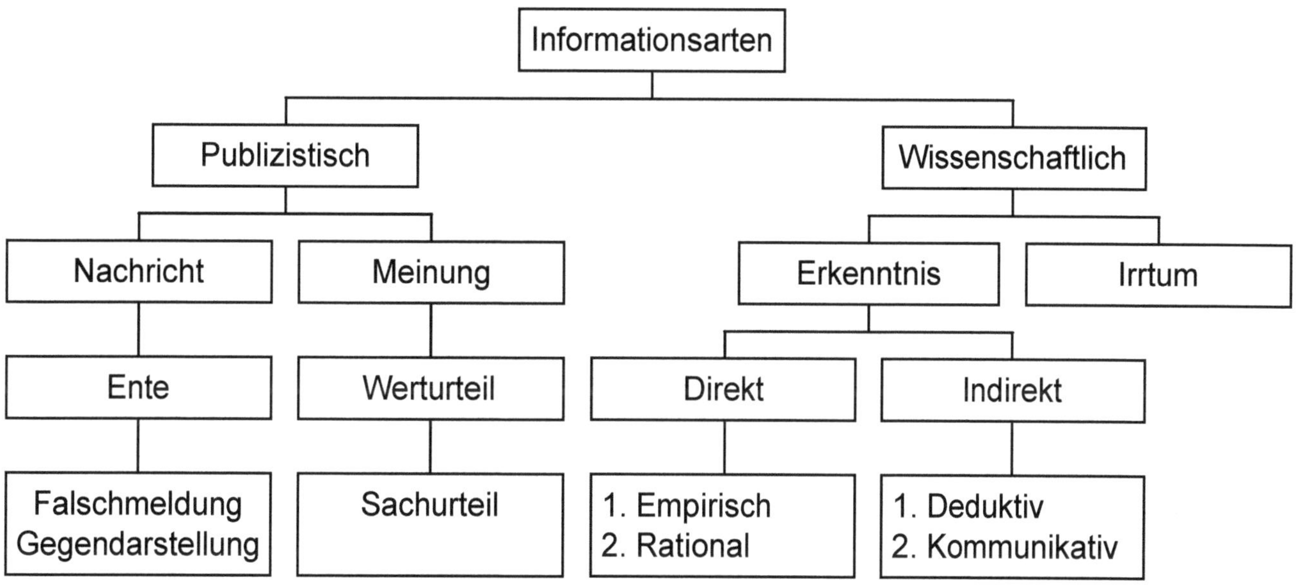

2.10 Datenbanken

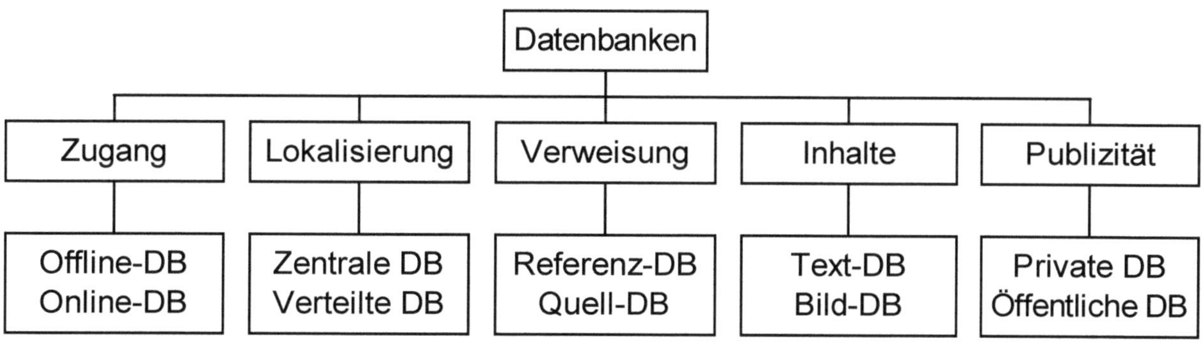

2.11 Informationsverarbeitung und -übertragung

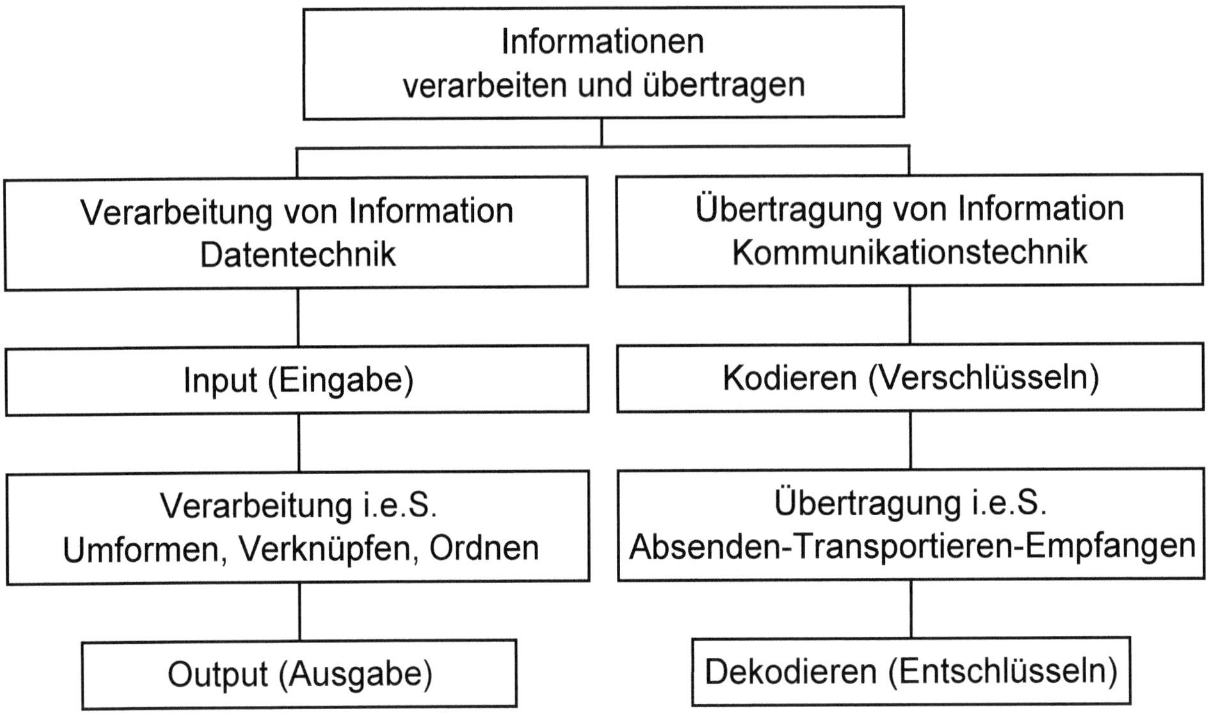

2.12 Kommunikationsrichtung

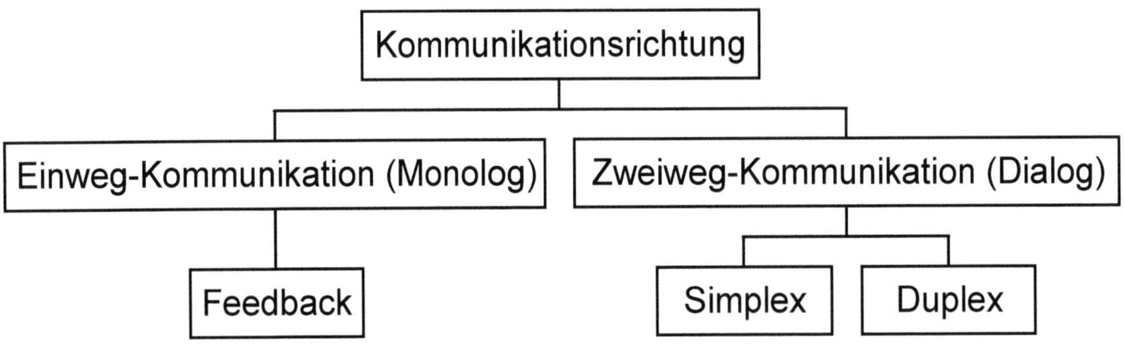

2.13 Kommunikationsnetze

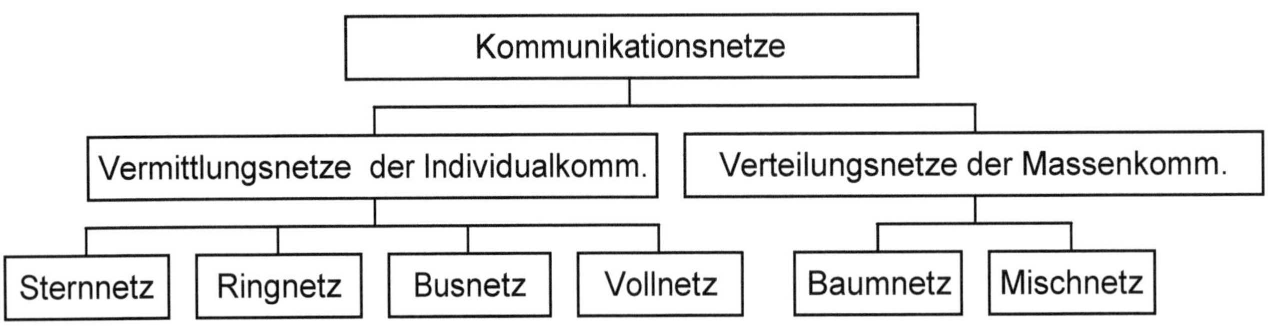

2.14 Klassifikation der Medien

Kriterium	Hauptarten	Unterarten (Beispiele)
Alter	Traditionelle M. Moderne Medien	Bücher, Zeitungen, Hörfunk, Funkfernsehen Kabelfernsehen, CD-ROM-Platten, Internet
Sinnesorgan	Visuelle Medien Auditive Medien Audiovisuelle M.	Bildmedien; Druckmedien Hörfunk, Schallplatten Fernsehen, Bildplatten
Informationsart	Sprachmedien Textmedien usw.	Sprechschallplatten, Hörfunksendungen Bücher mit Texten ohne Abbildungen usw.
Bewegung	Unbewegliche M. Bewegliche M.	Standbilder: Photos usw.; Druckmedien Laufbilder: Kinofilme, Fernsehfilme usw.
Kodierung	Schaumedien Denkmedien	Photographie, Stummfilm; Instrumentalmusik-CD Sprachmedien und Textmedien; Operettenmusik-CD
Flüchtigkeit	Sendemedien Speichermedien	Funkmedien (Hörfunk- und Fernsehsendungen) Druck-, Preß-, Präge-, Film- und Magnetmedien
Körperlichkeit	Immaterielle M. Materielle Medien	Sendemedien; elektronische Abrufdienste Speichermedien: Druckmedien (Bücher) usw.
Zustellform	Zustellmedien Abrufmedien	Videotext, Kabeltext; i.w.S. Abo-Zeitschrift usw. Online-Datenbanken, Fax-Abrufdienste, Internet
Nutzungsgerät	Natürliche Medien Technische Medien	ohne Nutzungsgerät: z.B. Zeitungen, Bücher mit Nutzungsgeräten: z.B. Schallplatten, Filme
Transportart	Materietransportm. Energietransportm.	Speichermedien aller Art Funkmedien, Kabelmedien; Internet
Ortsabhängigkeit	Transportable M. Nicht-transp. M.	Natürliche Medien aller Art; ferner CD-Walkman u.ä. Sendemedien
Zeitabhängigkeit	Zeitgebundene M. Nicht-zeitgeb. M.	Hörfunk, Fernsehen, Videotext, Kinofilm Speichermedien; Datenbanken, Internet
Gleichzeitigkeit	Simultan-Medien Sukzessiv-M.	Live-Sendungen (Direkt-Sendungen) aufgezeichnete Fernsehsendungen
Feedback	Interaktive Medien Nicht-interaktive M.	T-Online, Mailbox, Internet usw. Speichermedien, Sendemedien
Anzahl der Nutzer	Fachmedien Massenmedien	Fachbücher, Fachzeitschriften, Datenbanken Hörfunk, Fernsehen, Zeitungen, Illustrierte
Bewußtseinsinhalt	Kognitive Medien Emotionale Medien Volitionale Medien	Fachbücher, Fachzeitschriften, Schulfunksendungen Kinofilme; Videokassetten, Musiksendungen usw. Gesetzbücher; Bibeln, Kirchenblätter, Kriegszeitungen
Konsumzweck	Bildungsmedien Unterrichtungsm. Erbauungsmedien Identifikationsm. Demonstrationsm.	Schulbücher, Telekolleg-Sendungen, AV-Lehrmittel Zeitungen, Nachrichtensendungen, Videotext Religiöse Sendungen, Bibeln, Gesangbücher usw. Hobbybücher, Jugendzeitungen usw. Prestigebücher, Coffeetabler, bibliophile Bücher usw.
Produktionszweck	Publikationsmedien Werbemedien Manipulationsmedien	Bücher, Schallplatten, Videokassetten Sendemedien; Periodika (z.B. Anzeigenblätter usw.) Meinungsblätter, Staatsfernsehen, Parteizeitungen

3. Buchmedien

3.1 Buchdefinitionen

Das Buch ist ein	Regelfälle	Sonderfälle
nicht-periodisches Medium	normal gebundenes Buch	Romanheft Loseblattwerk Lieferungswerk
natürliches Speichermedium	normal gedrucktes Buch	Mikrofilm-Buch CD-ROM-Buch Online-Buch
universelles Medium	<u>Grundnutzen</u>: Bildungsbuch Unterhaltungsbuch	<u>Zusatznutzen</u>: Erbauungsbuch Renommierbuch
persönliche geistige Schöpfung	a) Textband (§ 2 I Nr. 1 UrhG) b) Bildband (§ 2 I Nr. 5, 7 UrhG) c) Verbundenes Werk (§ 9 UrhG) Alleinurheberwerk (§ 7 UrhG) Miturheberwerk (§ 8 UrhG) Originalwerk (§ 2 UrhG) Bearbeitung (§ 3 UrhG)	„Kleine Münze", z.B. – Adreßbuch – Telefonbuch usw. Sammelwerk (§ 4 UrhG) Datenbankwerk (§ 4 UrhG)

3.2 Historische Vorläufer des Buches

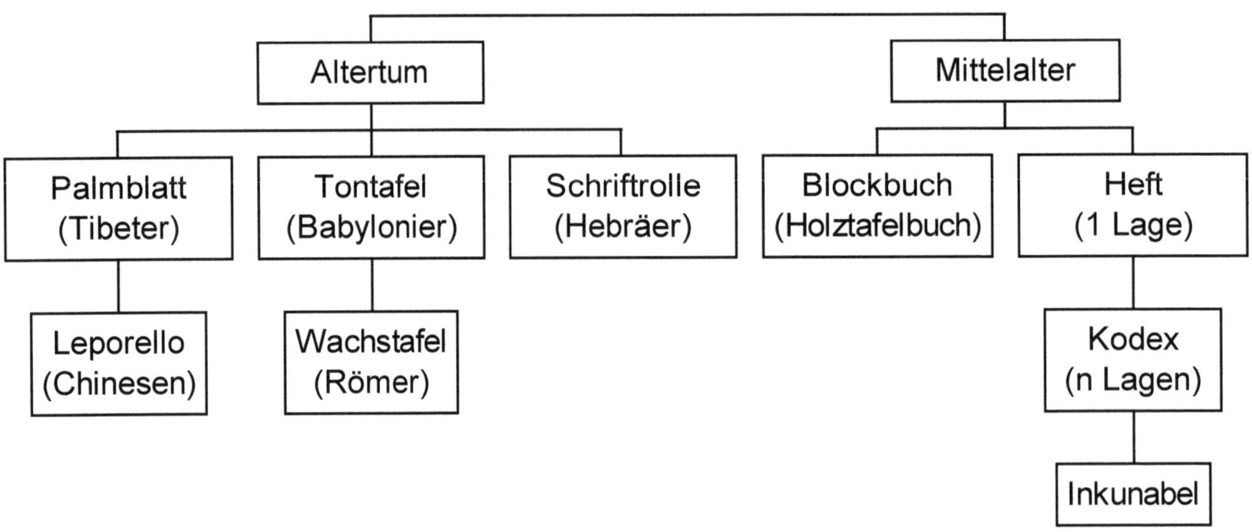

3.3 Historische Beschreibstoffe und Schreibwerkzeuge

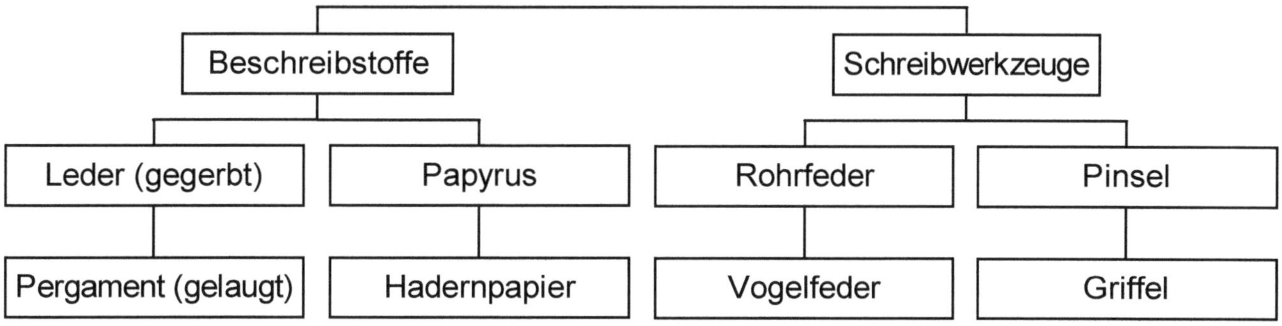

3.4 Buch als persönliches Geisteswerk

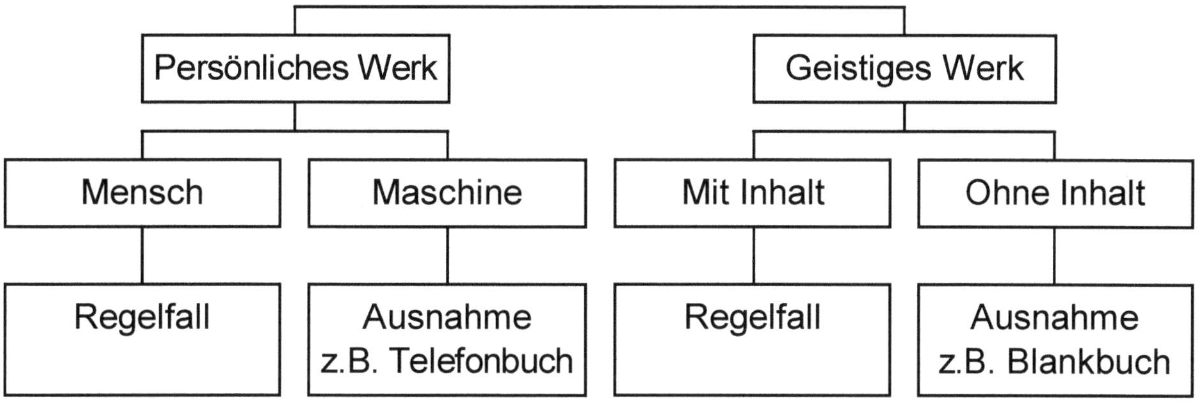

3.5 Buch als Universalmedium

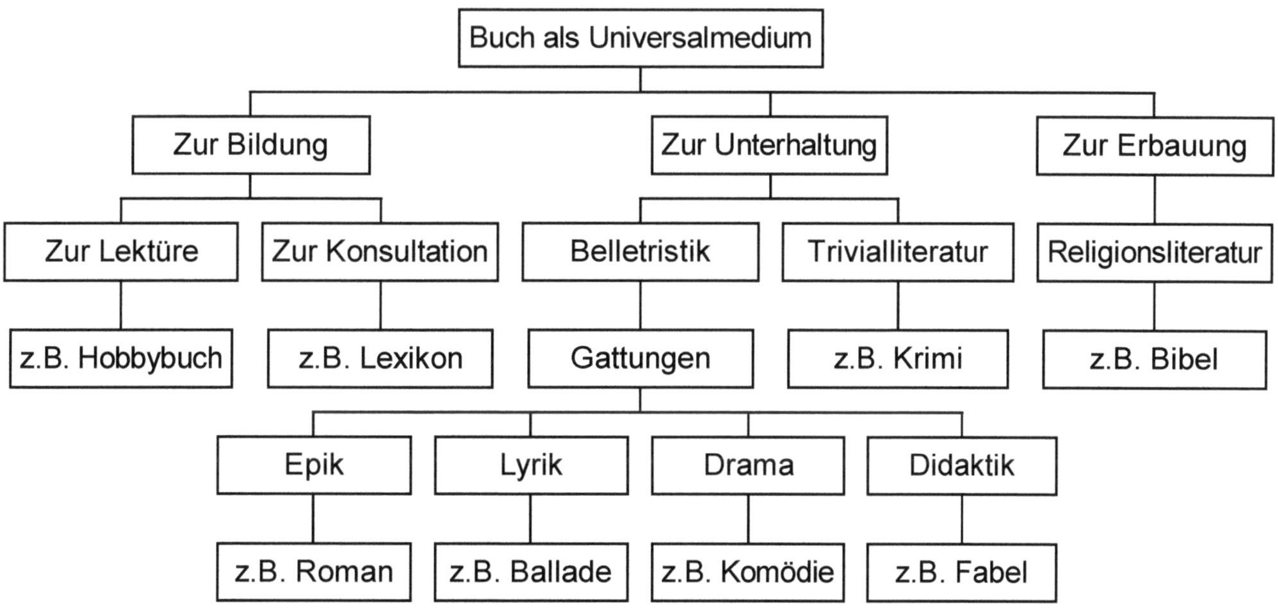

3.6 Buch als universales Wissensmedium

Wissensbuch zur kontinuierlichen Lektüre		Wissensbuch zum Nachschlagen	
Lehrbuch	Abriß	Lexikon	Wörterbuch
Schulbuch	Grundriß	Enzyklopädie	Lernwörterbuch
Unterrichtswerk	Leitfaden	Handlexikon	Reimwörterbuch
	Propädeutik	Fachlexikon	Bildwörterbuch
Übungsbuch	Repetitorium	Vademekum	Fremdwörterbuch
Lösungsbuch		Bestimmungsbuch	Satzwörterbuch
Begleitbuch	Ratgeber		Synonymwörterbuch
	Hobbybuch	Formelbuch	Thesaurus
Manual		Tabellenbuch	
Handbuch	Dissertation	Tafelwerk	Reader
Referenzbuch	Monographie	Kartenwerk	Chrestomathie

3.7 Buch als Text- und Bildmedium

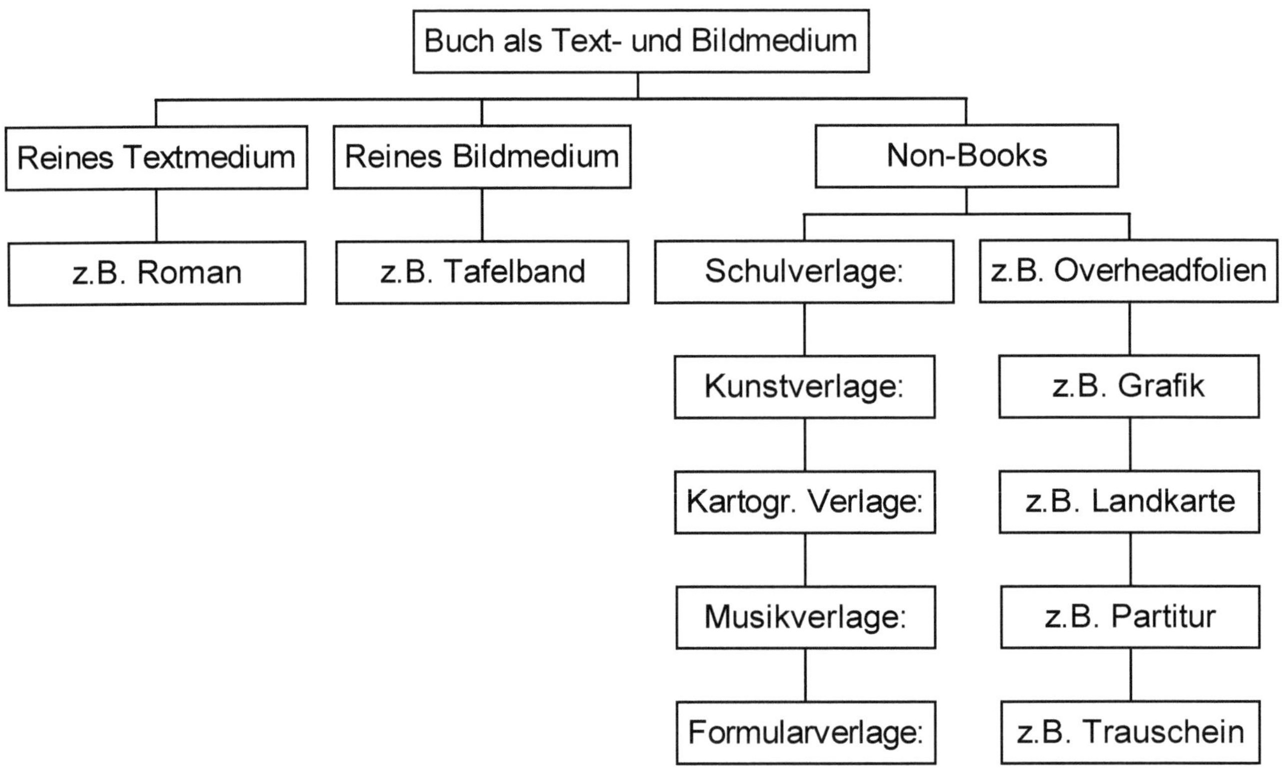

3.8 Buch als Informationskomplex

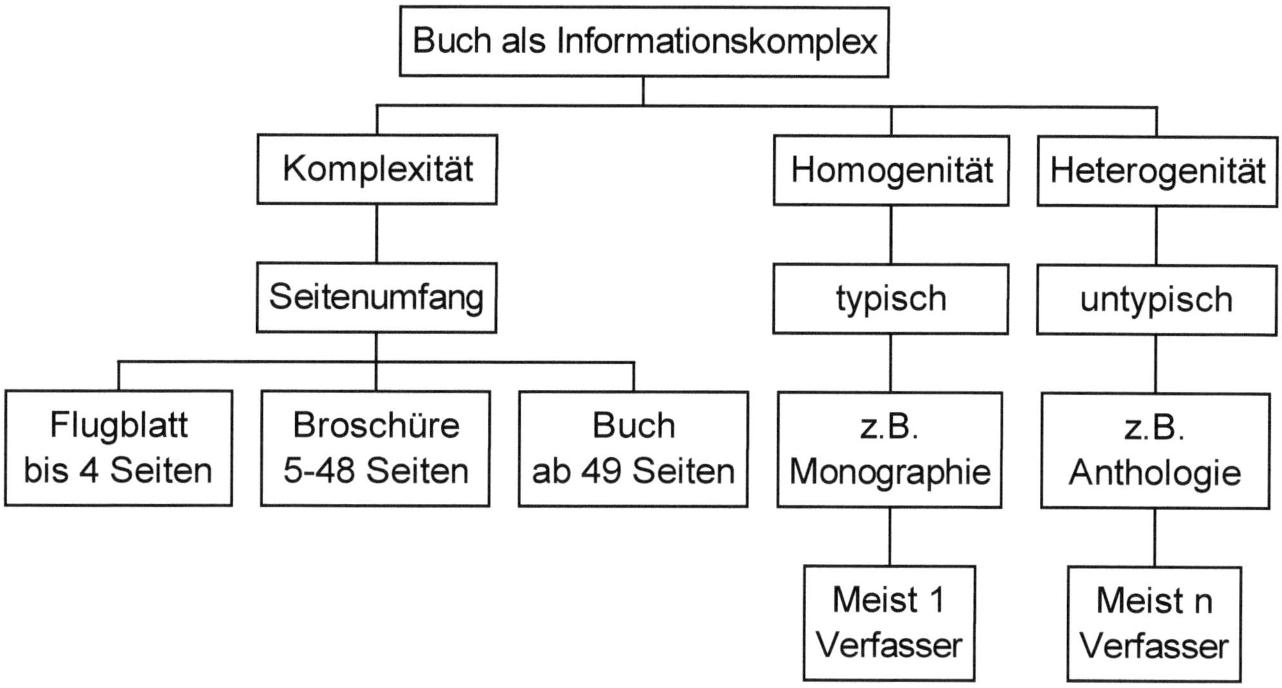

3.9 Buch als Nicht-Periodikum

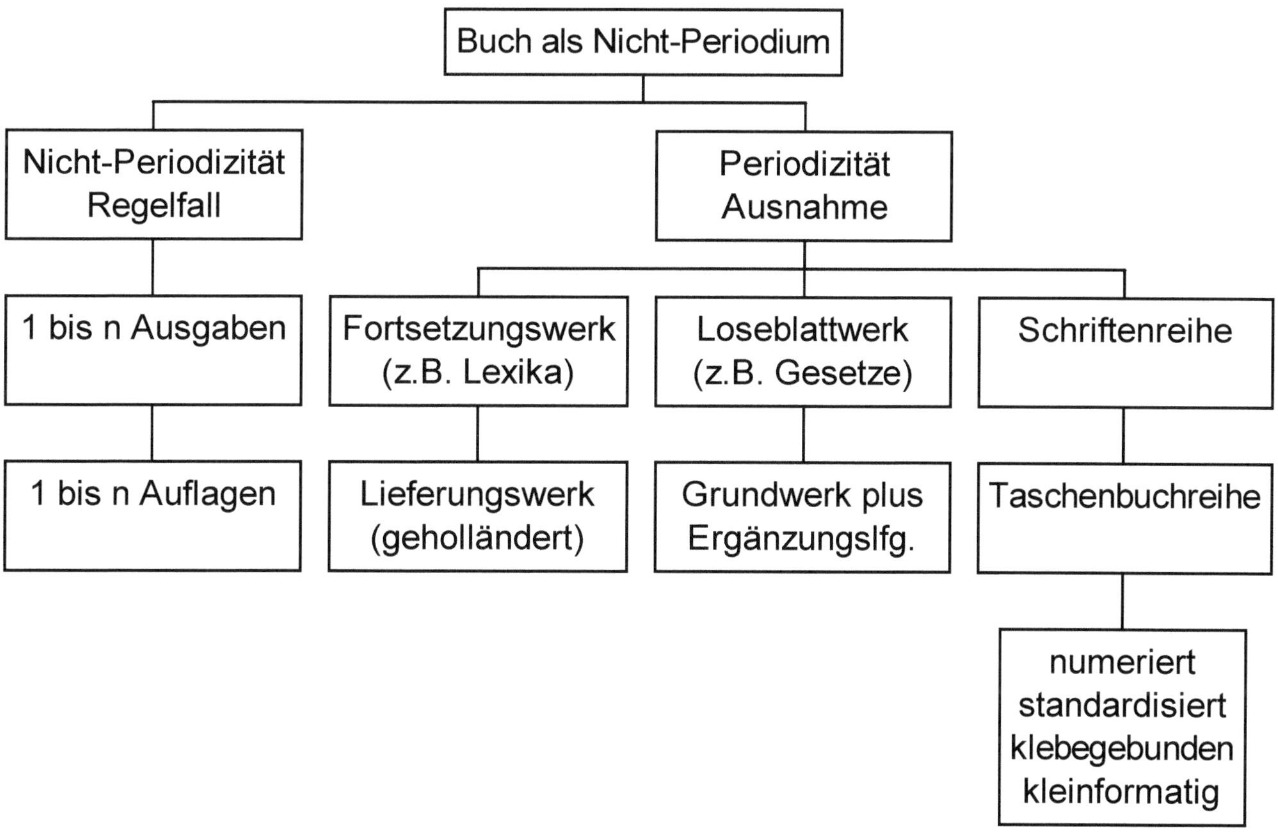

3.10 Buch als Druckmedium

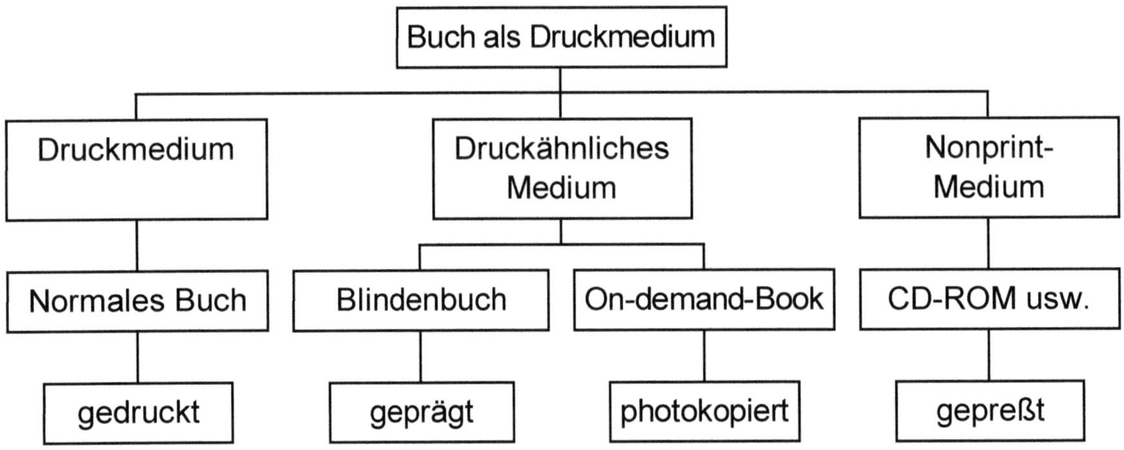

3.11 Buch als natürliches Speichermedium

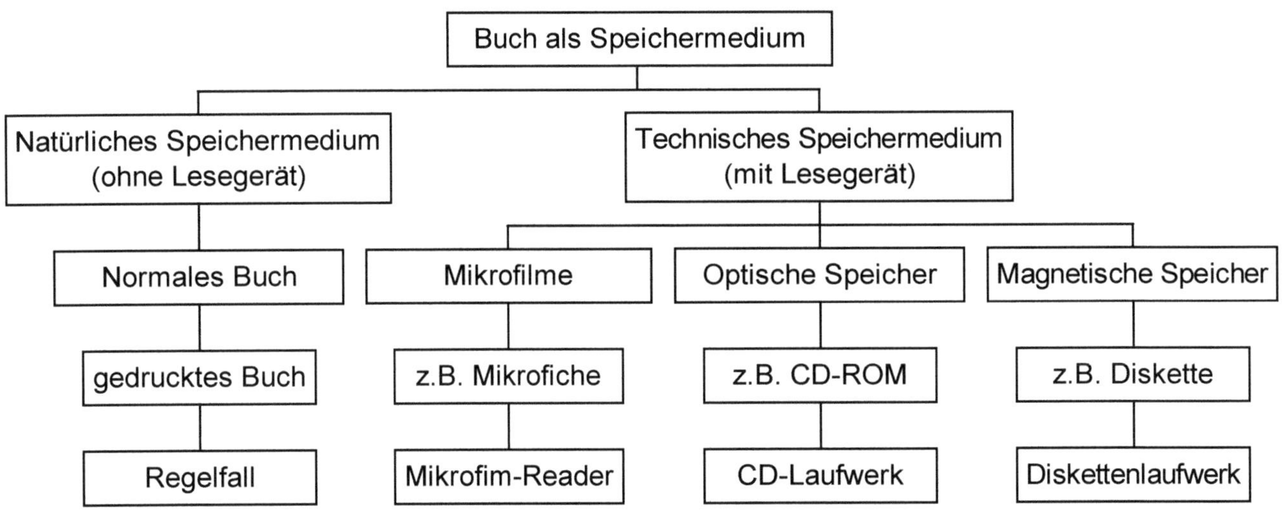

3.12 Buch als buchbinderisches Produkt

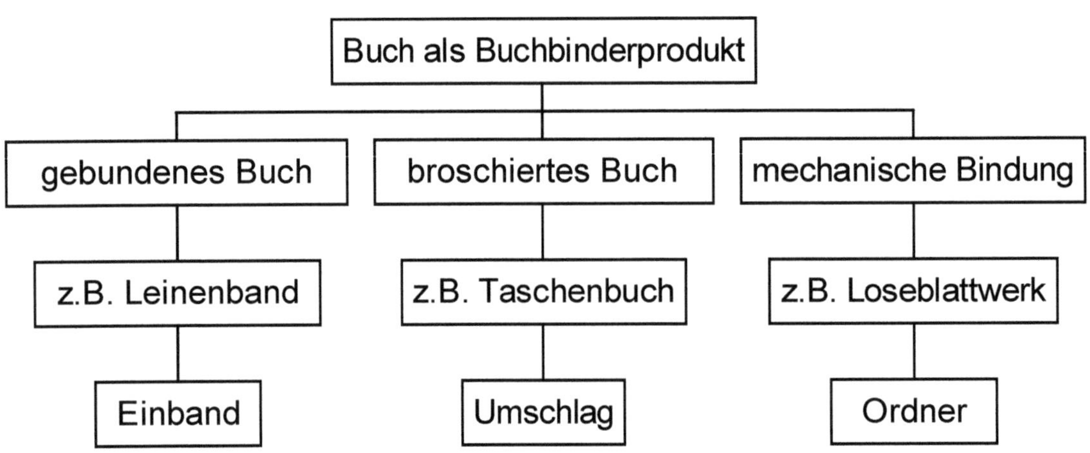

3.13 Statistische Daten zum Buchmarkt

Jahrestitelproduktion	über 70.000 Titel pro Jahr	Erstauflagen: 75% Neuauflagen: 25%
Gesamtzahl lieferbarer Titel	über 700.000 Titel insgesamt	80% eig. Bücher (49..n Seiten) 19% Broschüren (5..48 Seiten) 1% Flugblätter (1..4 Seiten)
Titelalter	bis 31.12.95: Prozent-Basis: bis 31.12.90: über 5 Jahre alt: bis 31.12.85: über 10 Jahre alt:	597.424 Titel – 100% als Basis 278.804 Titel – 47% der Basis 144.251 Titel – 24% der Basis
Titelpreise (Statistische Auswertungen mit der VLB-CD-ROM 4/1996)	Ladenpreise: bis 15 DM bis 25 DM bis 50 DM bis 100 DM	99.276 Titel – 17% der Basis 213.305 Titel – 36% der Basis 402.123 Titel – 67% der Basis 516.162 Titel – 86% der Basis
Sachgruppenverteilung	Fiction: – DK8: Literaturw. + Belletristik	 18 % (davon Belletristik: 14%)
DK0: Allgemeines: ca. 9% DK4: früher Literaturwiss.	Non-Fiction: – DK1: Philosophie/Psychol. – DK2: Religion/Theologie – DK3: Sozialwissenschaften – DK5: Theoretische Naturw. – DK6: Technik und Medizin – DK7: Kunst/Musik/Sport u.a. – DK9: Geographie/Geschichte	 5% 5% 21% 6% 14 % 7% 13%
Titeljahresabsatzstatistiken	Durchschnittsabsatz geschätzt: Öff. Statistiken existieren nicht!	200 Ex. pro Titel pro Jahr
Jahresproduktion nach Orten	– München – Berlin – Ravensburg – Mannheim	12.000 Titel 7.000 Titel 791 Titel (1994) 214 Titel (1994)
Buchhändlerische Kernbetriebe	– Buchverlage: – Buchhandlungen:	2.000 Betriebe 4.000 Betriebe
1. Jahresumsatz-Buchverlage: 2. Jahresumsatz-Buchhandel: Verteilung laut Schnellumfrage:	12 Milliarden (1992, geschätzt) 7 Milliarden (1992, geschätzt) 30% der Buchverlage mit 30% der Buchverlage mit 40% der Buchverlage mit	(Jahresumsatz Siemens AG: 43 Milliarden 1992, Hoppenst.) 0 ... 1 Mio. Jahresumsatz 1 ... 5 Mio Jahresumsatz 5 ... n Mio. Jahresumsatz

4. Pressemedien

4.1 Historische Vorläufer der Pressemedien

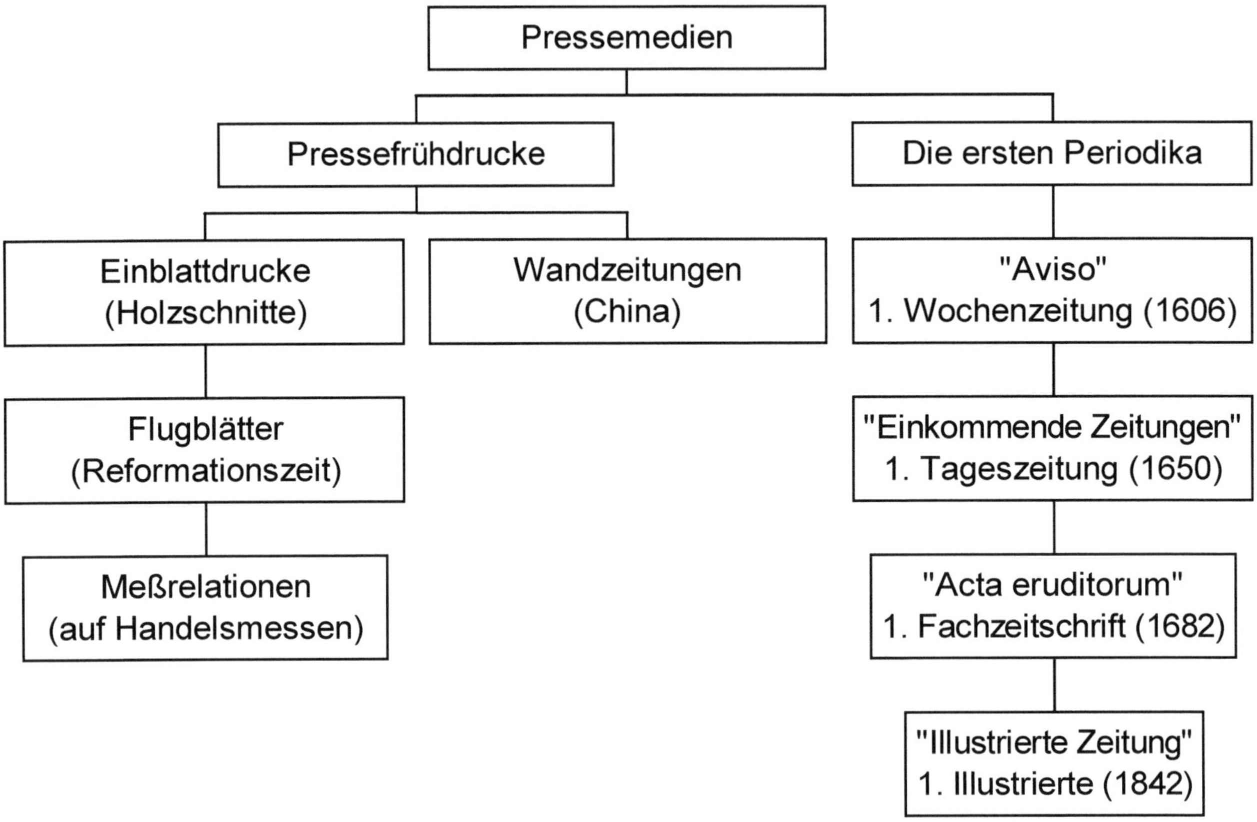

4.2 Pressemedium als bindetechnisches Produkt

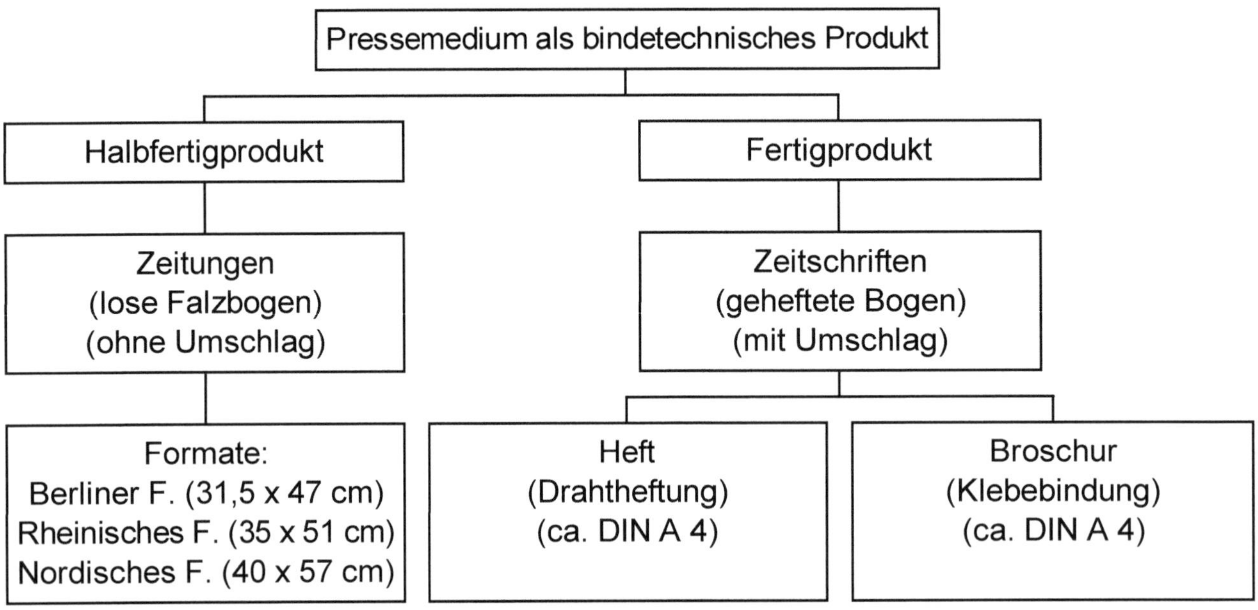

4.3 Pressemedium als Speicher-, Sende- und Abrufmedium

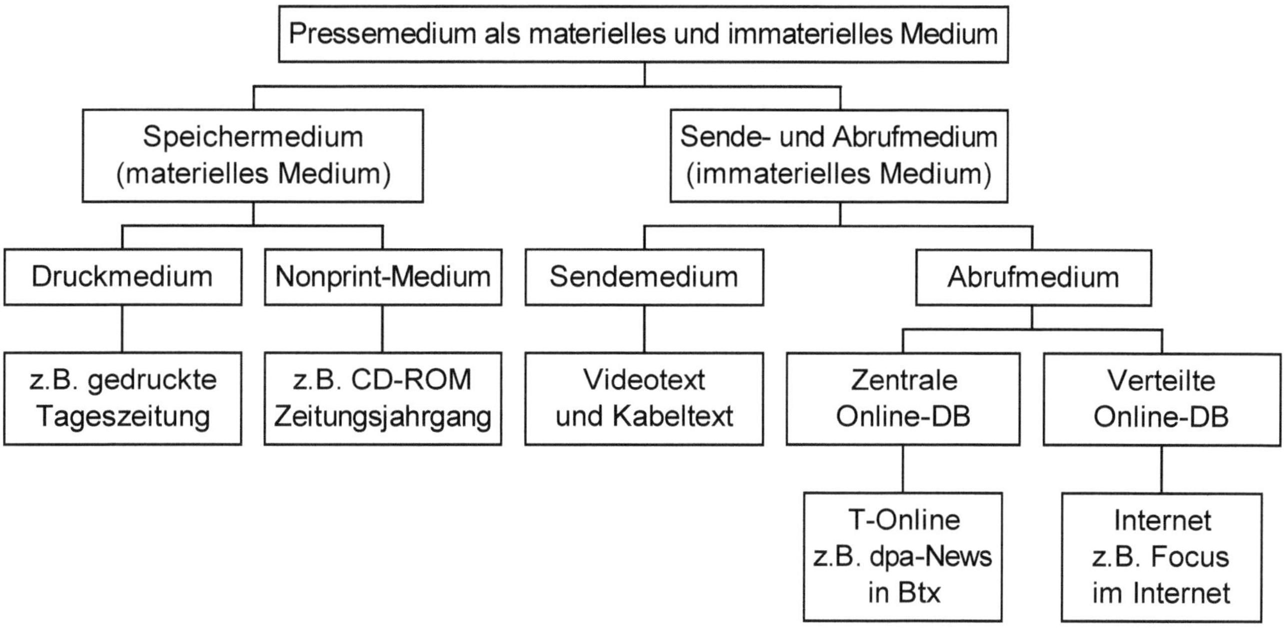

4.4 Pressemedium als Periodikum

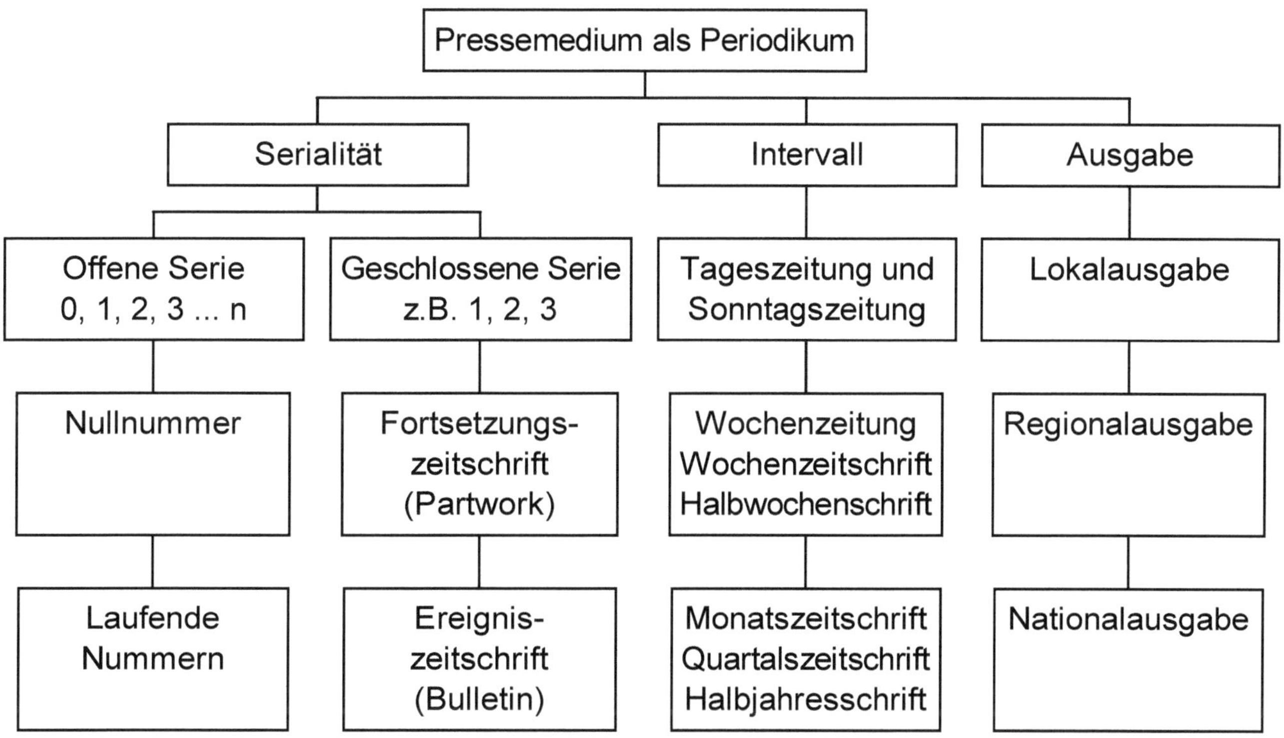

4.5 Pressemedium als Werbemedium

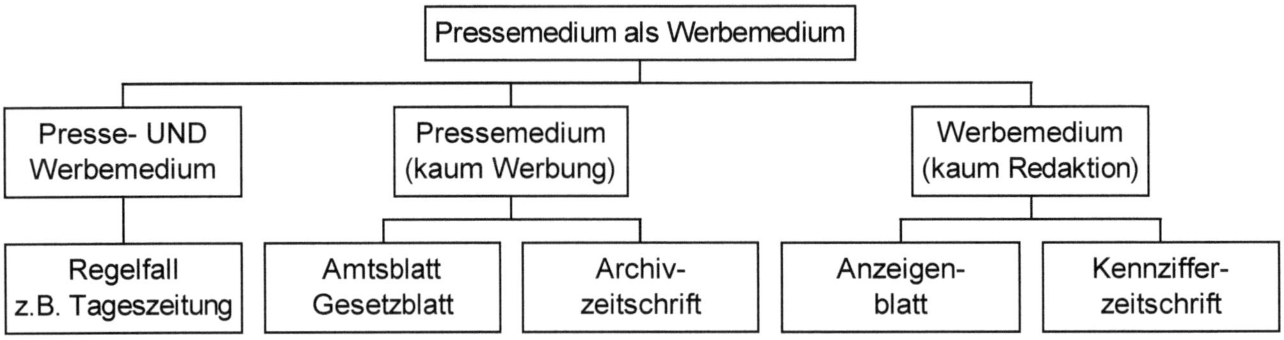

4.6 Hauptarten der Pressemedien

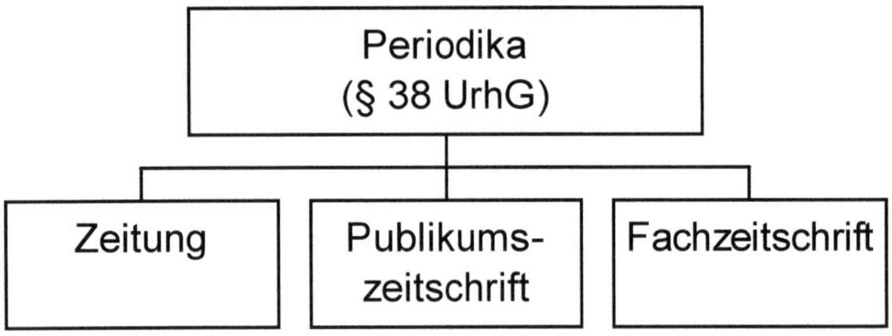

4.7 Arten der Zeitungen

4.8 Textsorten der Zeitung

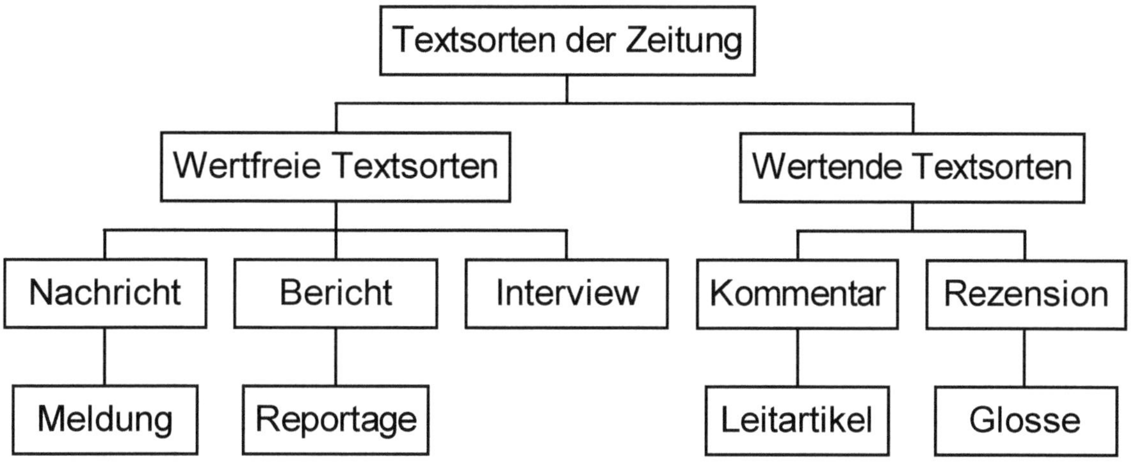

4.9 Ressorts der Zeitung

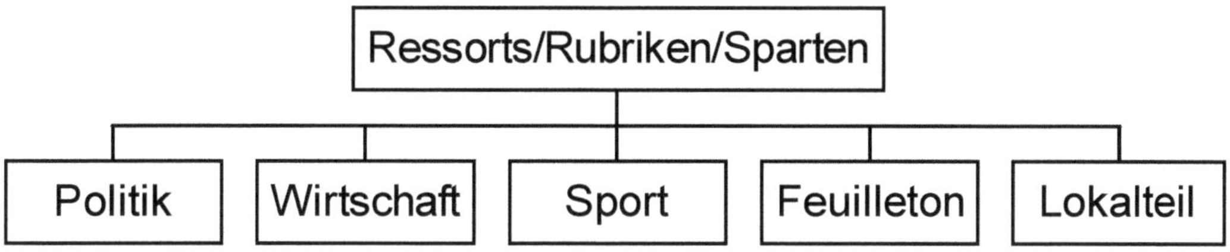

4.10 Ereignissse in Zeitungen

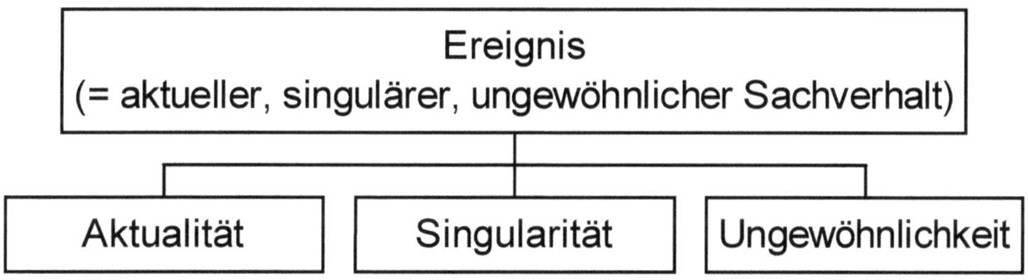

4.11 Publizistische Einheit

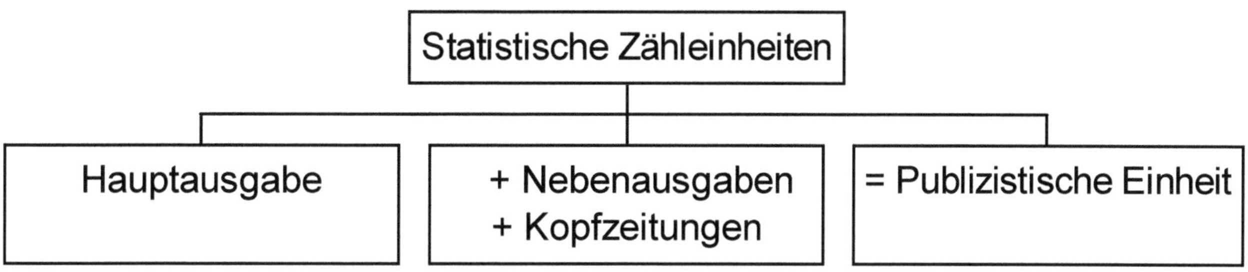

4.12 Arten der Publikumszeitschriften

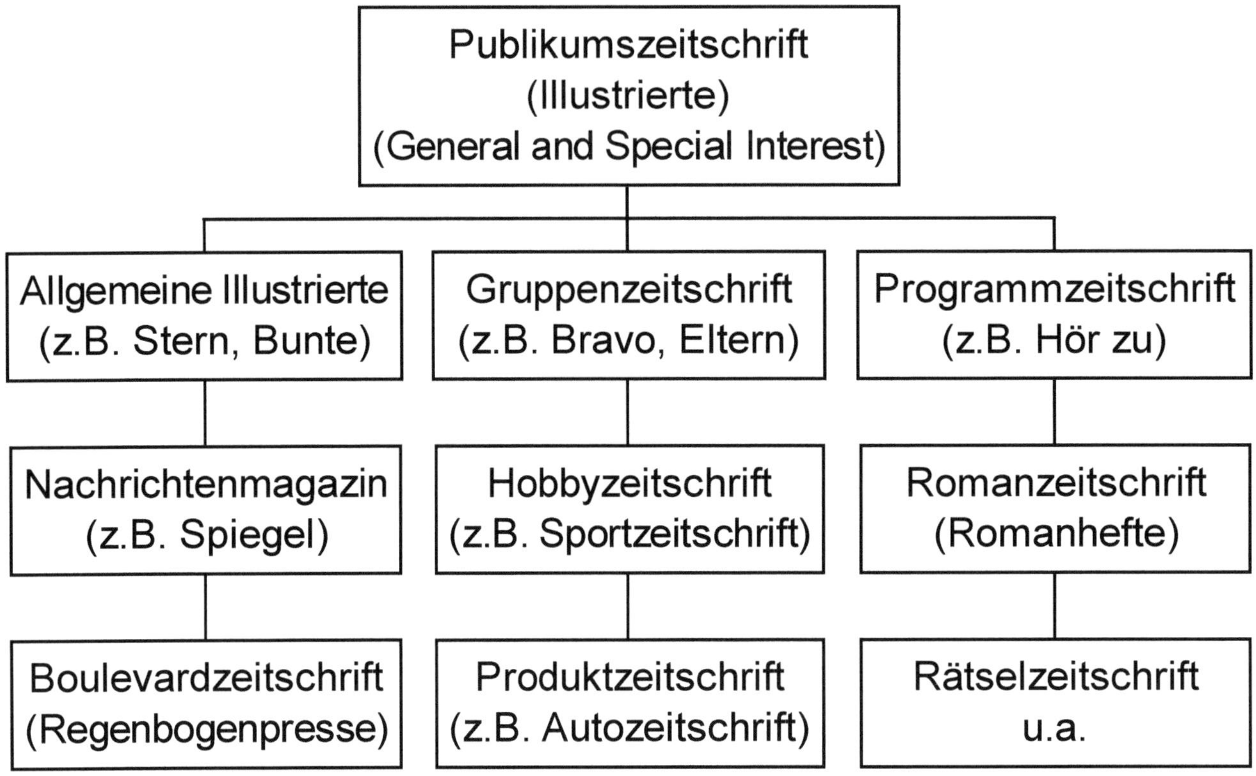

4.13 Arten der Fachzeitschriften

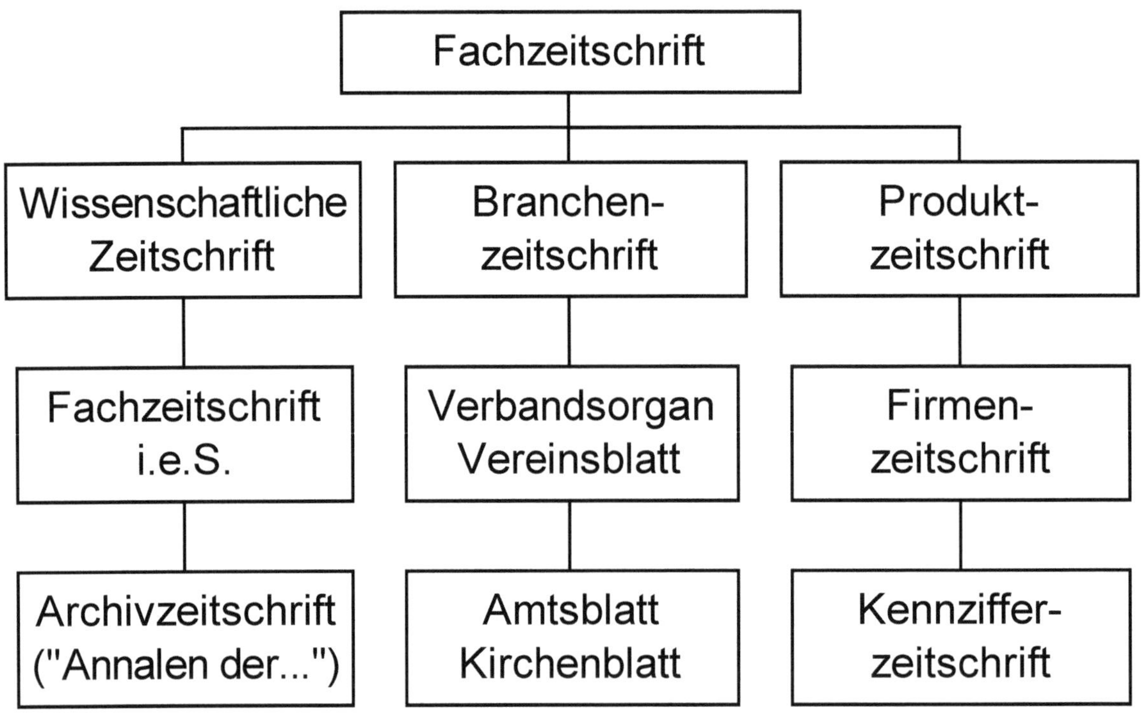

4.14 Vergleich: Zeitung – Publikumszeitschrift – Fachzeitschrift

	Zeitung	Publikumszeitschrift	Fachzeitschrift
Beispiel	„FAZ“	„Brigitte“	„Schuhtechnik“
Bindeart	lose Falzbogen	meist geheftet	meist broschiert
Umschlag	nein, nur Titelkopf	oft Self-Wrapper	oft Broschurumschlag
Format	Berliner Format usw. Ausnahme: Tabloid	etwa DIN A 4 vgl. „Stern“ vs. „Focus“	meist exakt DIN A 4 Ausnahme: Archivblatt
Druckverfahren	Offset	Tiefdruck oder Offset	Offset
Papierqualität	minderwertig	minder- bis hochwertig	meist hochwertig
Illustrationen	wenige, oft nur s/w	viele, meist farbig	vom Inhalt abhängig
Erscheinungs- intervall	täglich bis wöchentlich	wöchentlich bis monatlich	monatlich bis halbjährlich
Anzeigen	fast immer	fast immer	von Art abhängig
Vertrieb	Abonnement und Straßenverkauf	Abonnement und Straßenverkauf	nur Abonnement und Apartverkauf
Zielgruppe	Gesamtbevölkerung	Große Zielgruppen, z.B. Junge Frauen	Kleine Zielgruppen, z.B. Schuhfabriken
Tendenz (§ 118 BVerfG)	politische Tendenz	von Art abhängig, z.B. Nachrichtenmagazine	von Art abhängig, z.B. Kirchenblätter
Typische Artikel	Nachrichtenbeiträge, Meinungsbeiträge u.a.	Lebenshilfebeiträge, Sensationsberichte u.a.	Wissensch. Aufsätze, Branchenberichte u.a.
Anspruchsniveau	niedrig (Boulevardblatt) hoch (Meinungsblatt)	niedrig (Yellow Press) hoch (PC-Zeitschrift)	hoch (Verbandsblatt) sehr hoch (Annalen)
Nutzwert	ephemer (nur heute)	teils perennierend	oft perennierend

5. Autor und Werk

5.1 Autorenarten

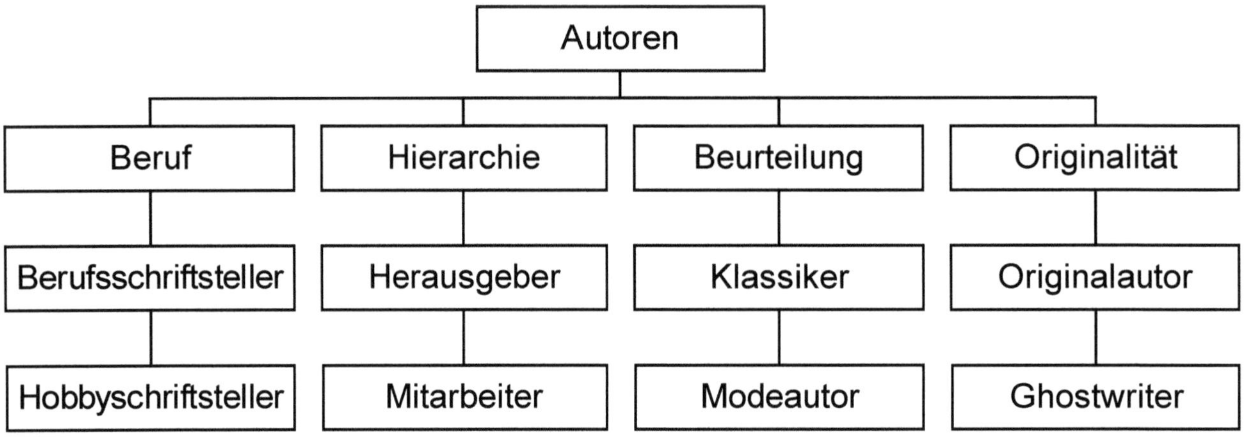

5.2 Text- und Bildautoren

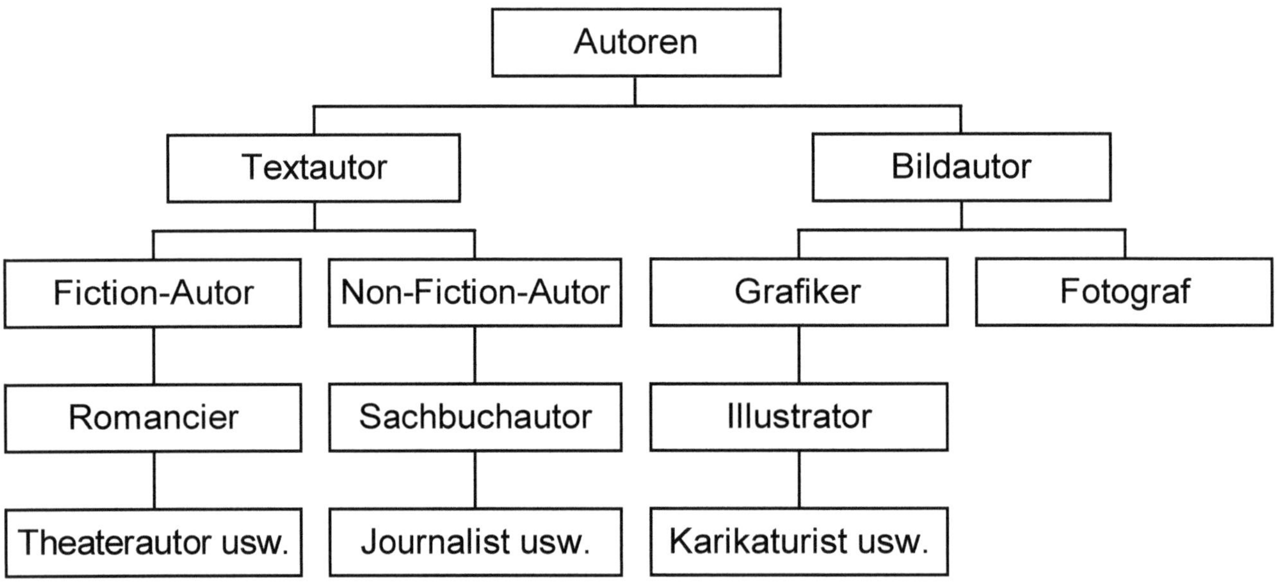

5.3 Ideelle Autormotivation

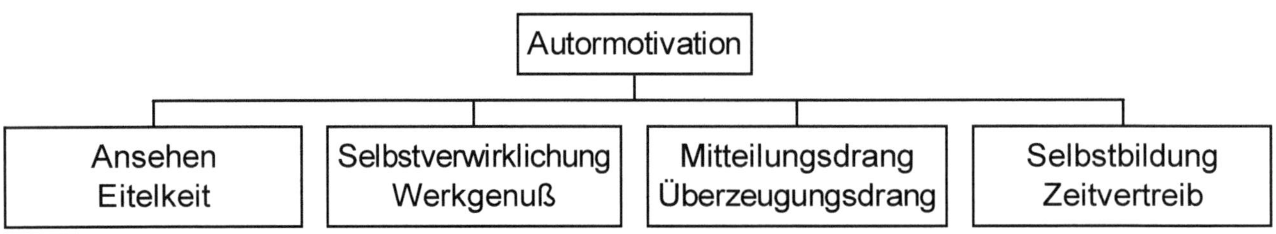

5.4 Autorenhonorare

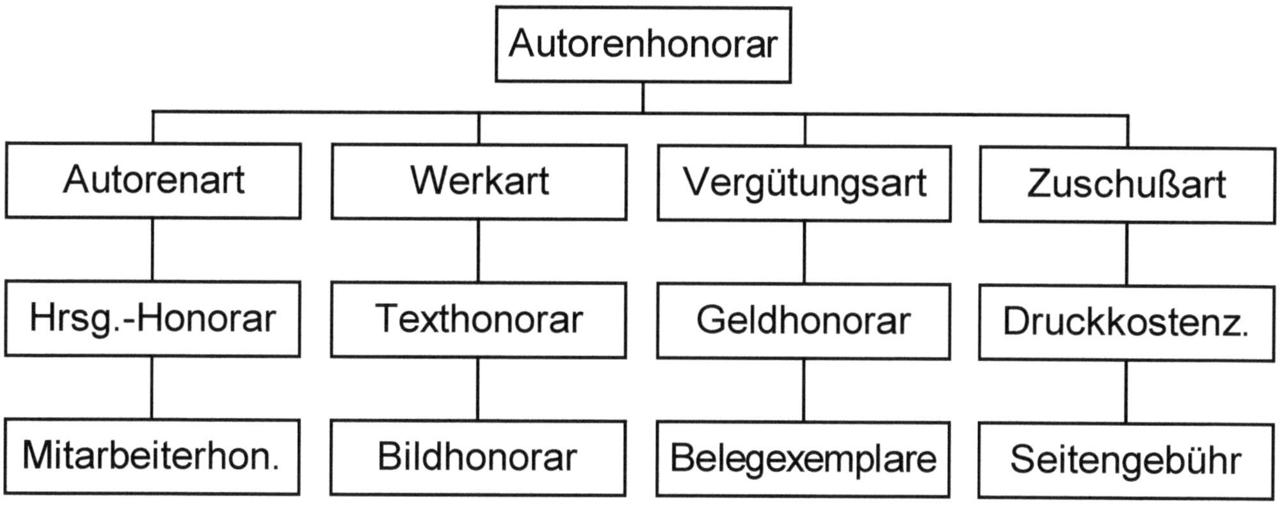

5.5 Pauschal- und Absatzhonorar

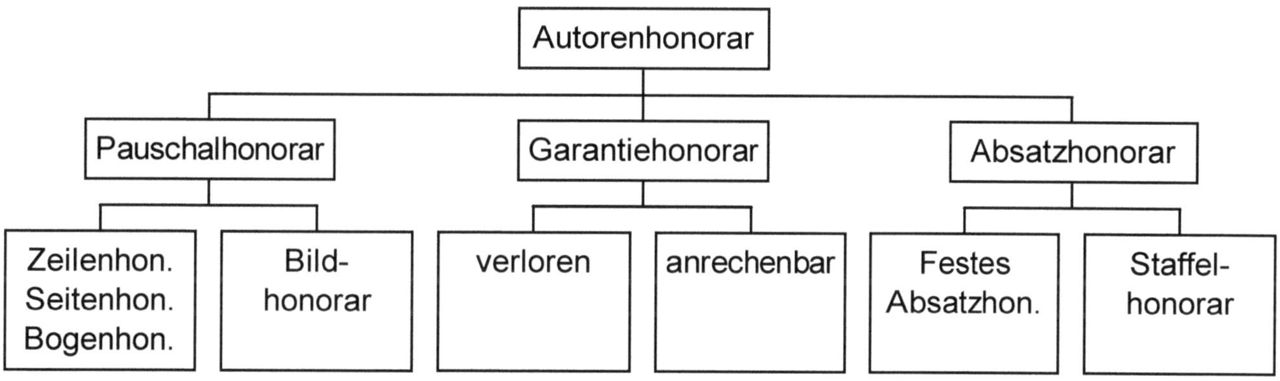

5.6 Absatzhonorarpflichtige Exemplare

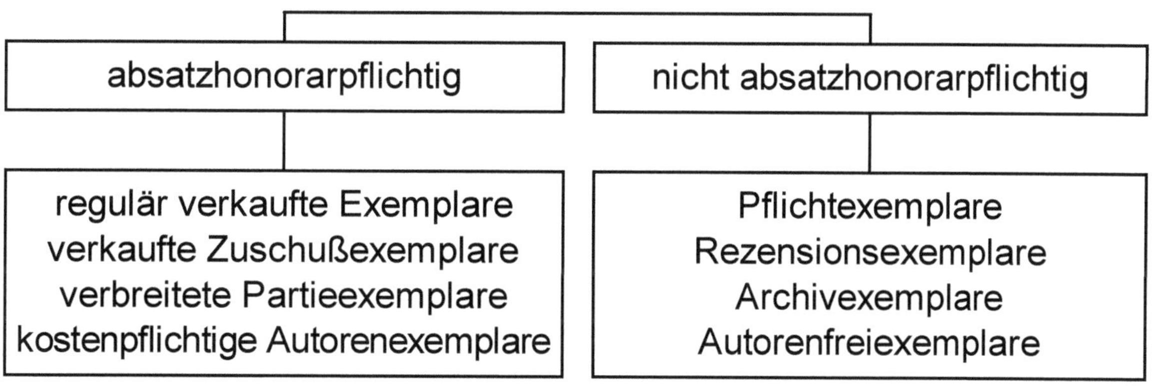

5.7 Autorkosten

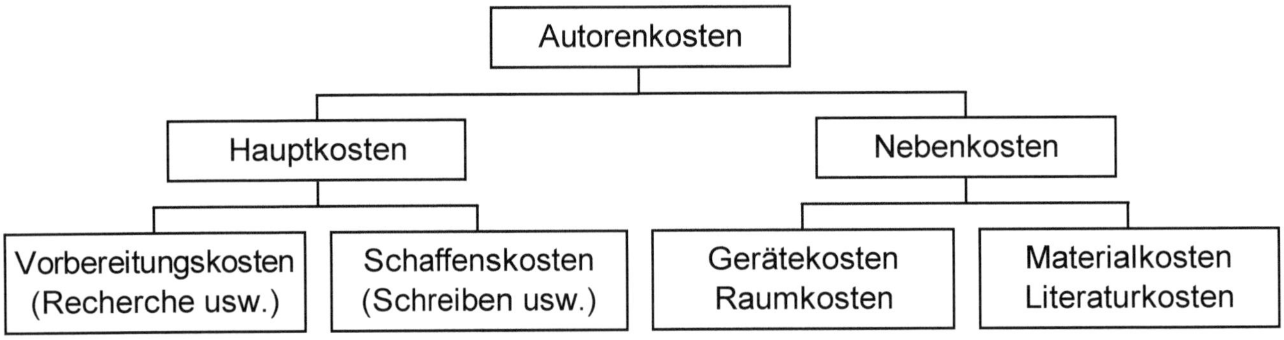

5.8 Werkarten

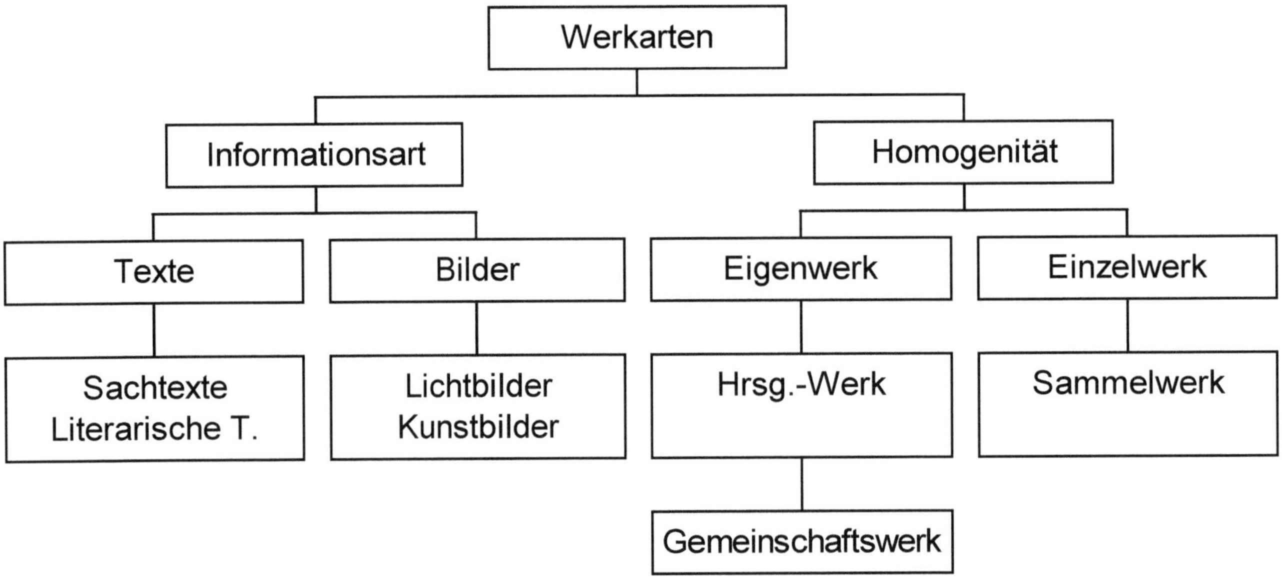

5.9 Phasen des Werkschaffens

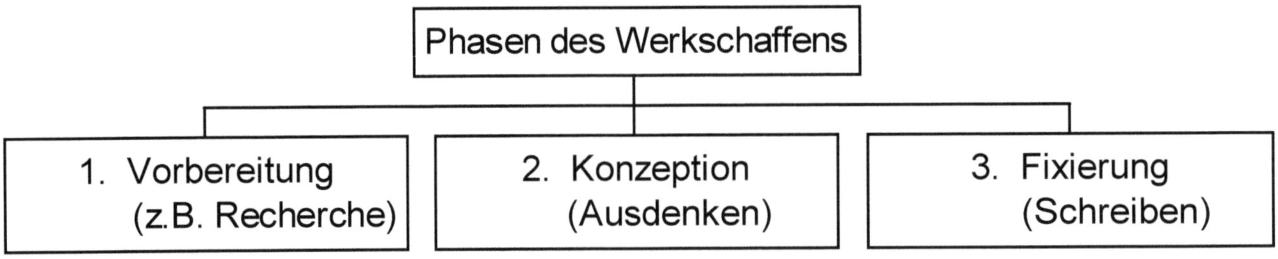

5.10 Schaffenstätigkeit

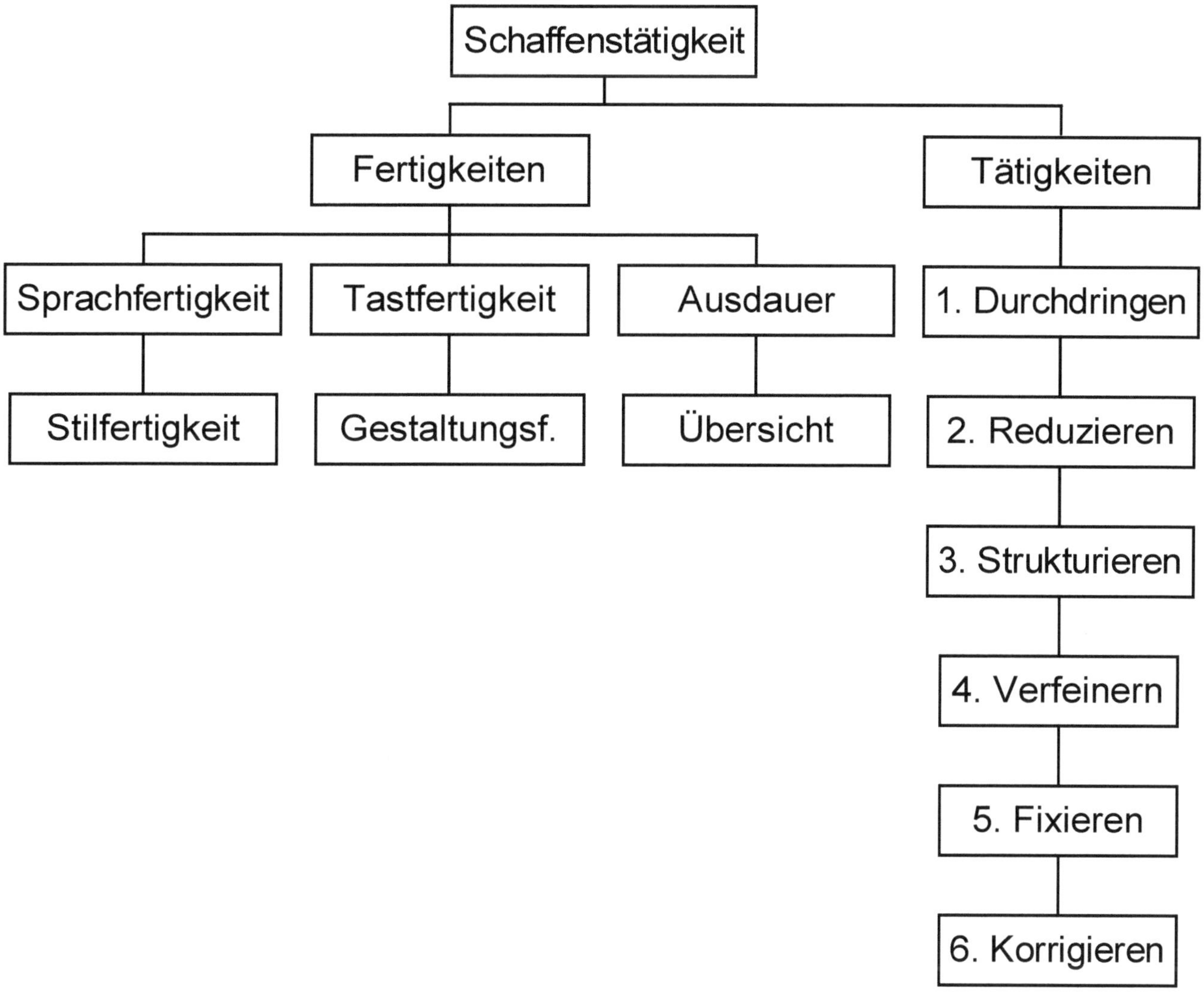

5.11 Werkleistung

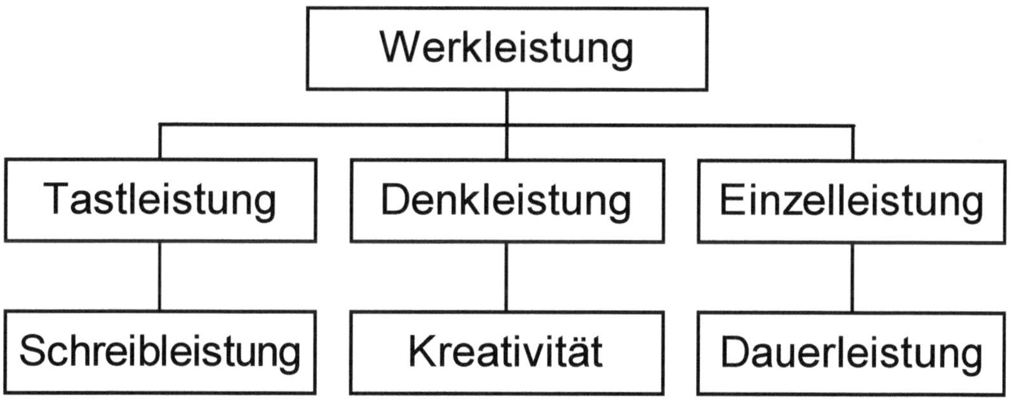

5.12 Leistungsfaktoren

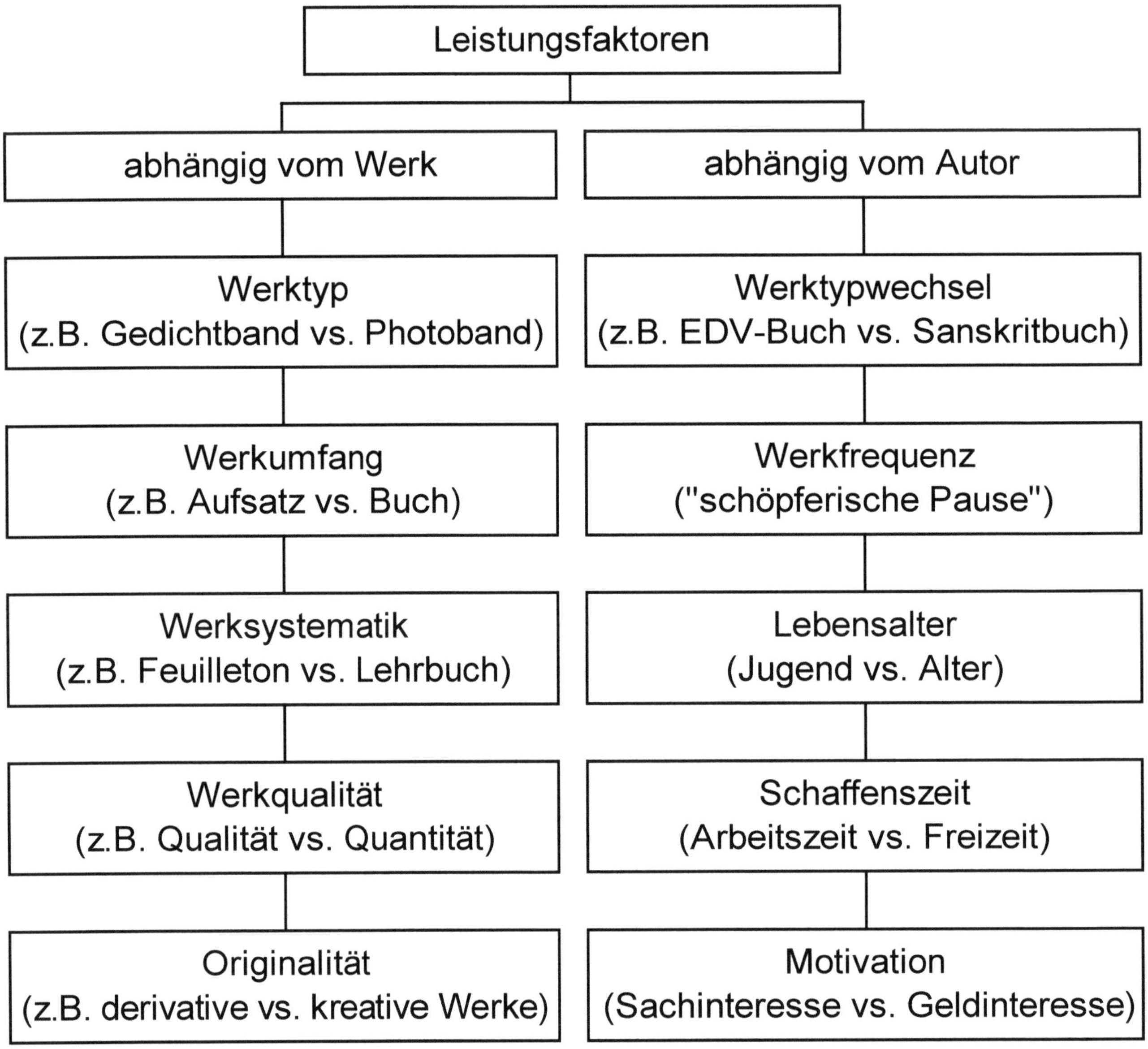

6. Buchlektorat und Presseredaktion

6.1 Buchlektoren

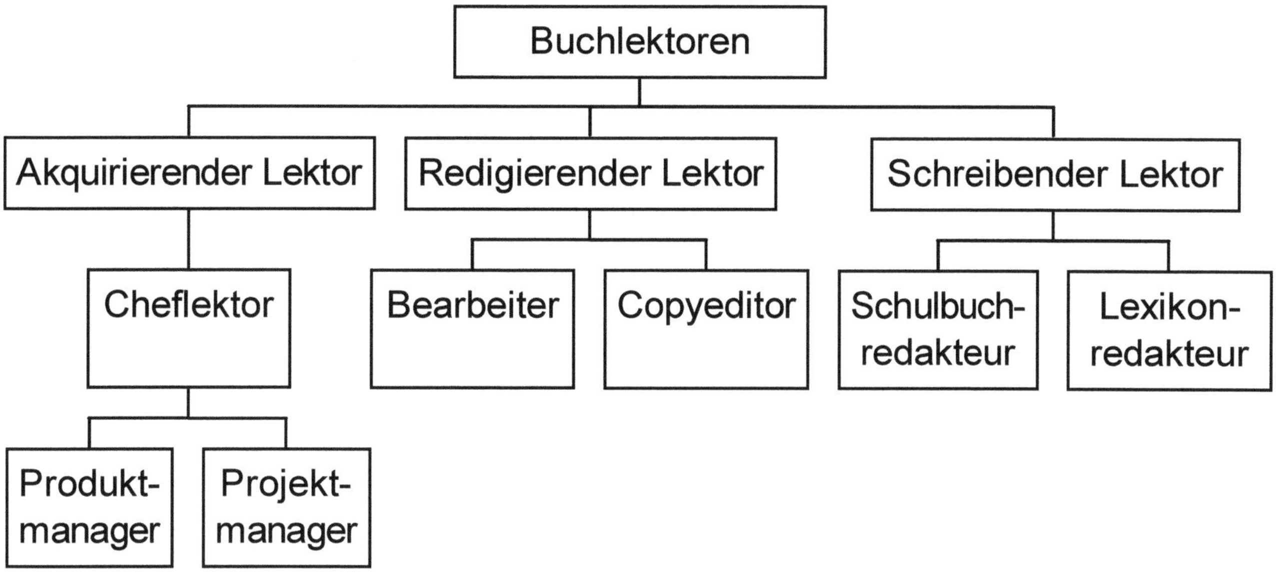

6.2 Lektoratsfunktionen

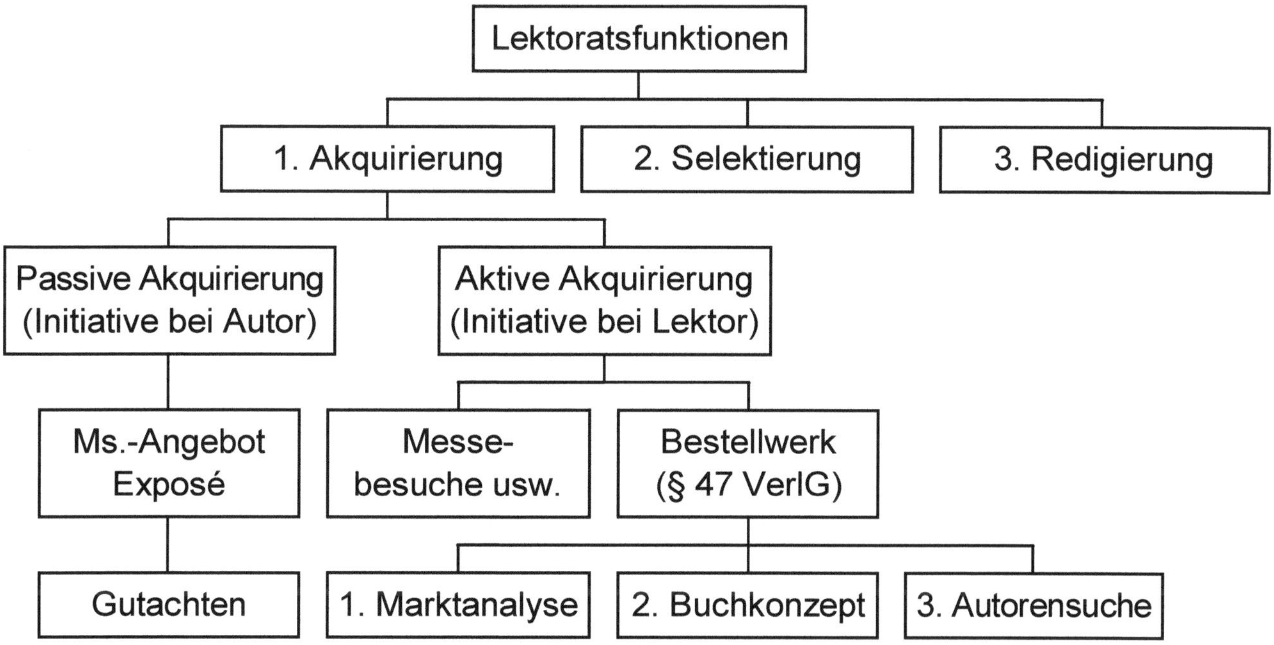

6.3 Akquirierung von Nebenrechten

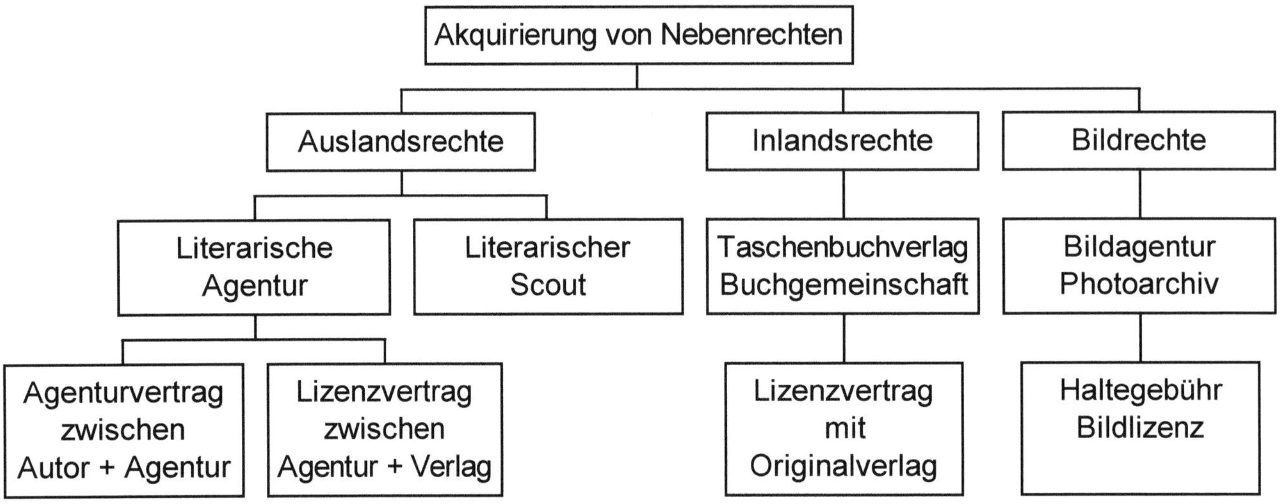

6.4 Selektionskriterien bei Büchern

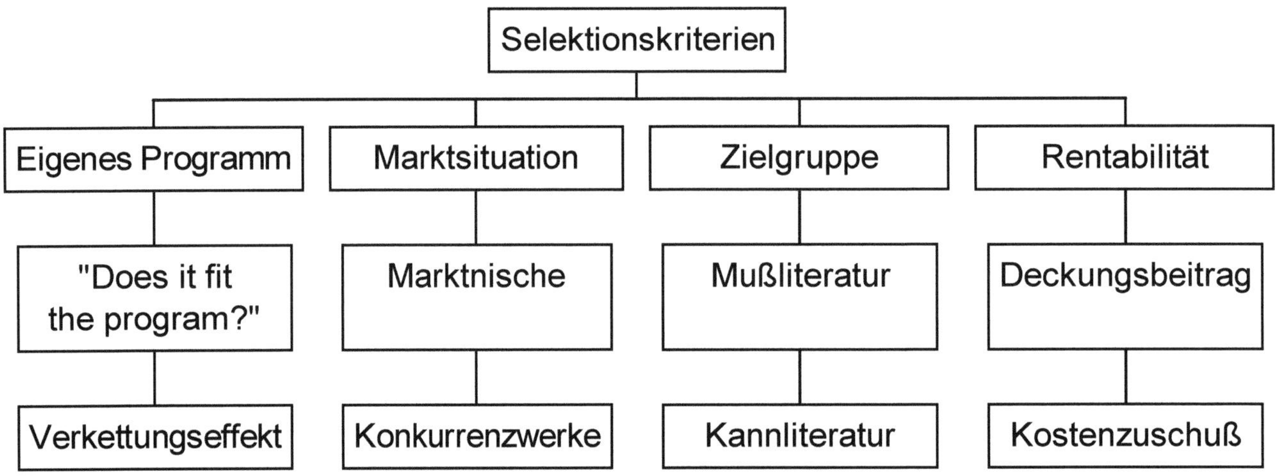

6.5 Buchmarktforschung

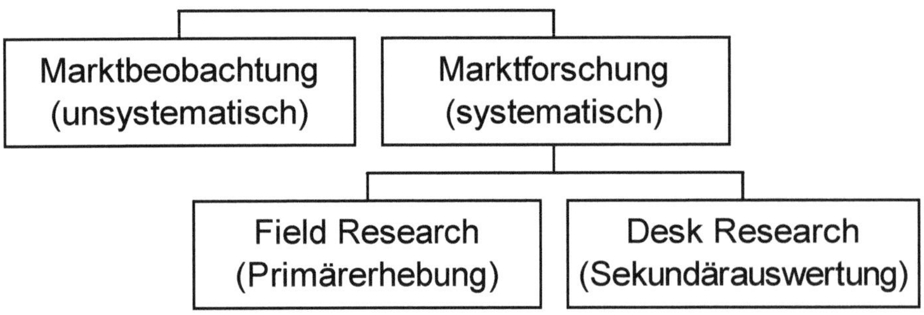

6.6 Redigierung von Büchern

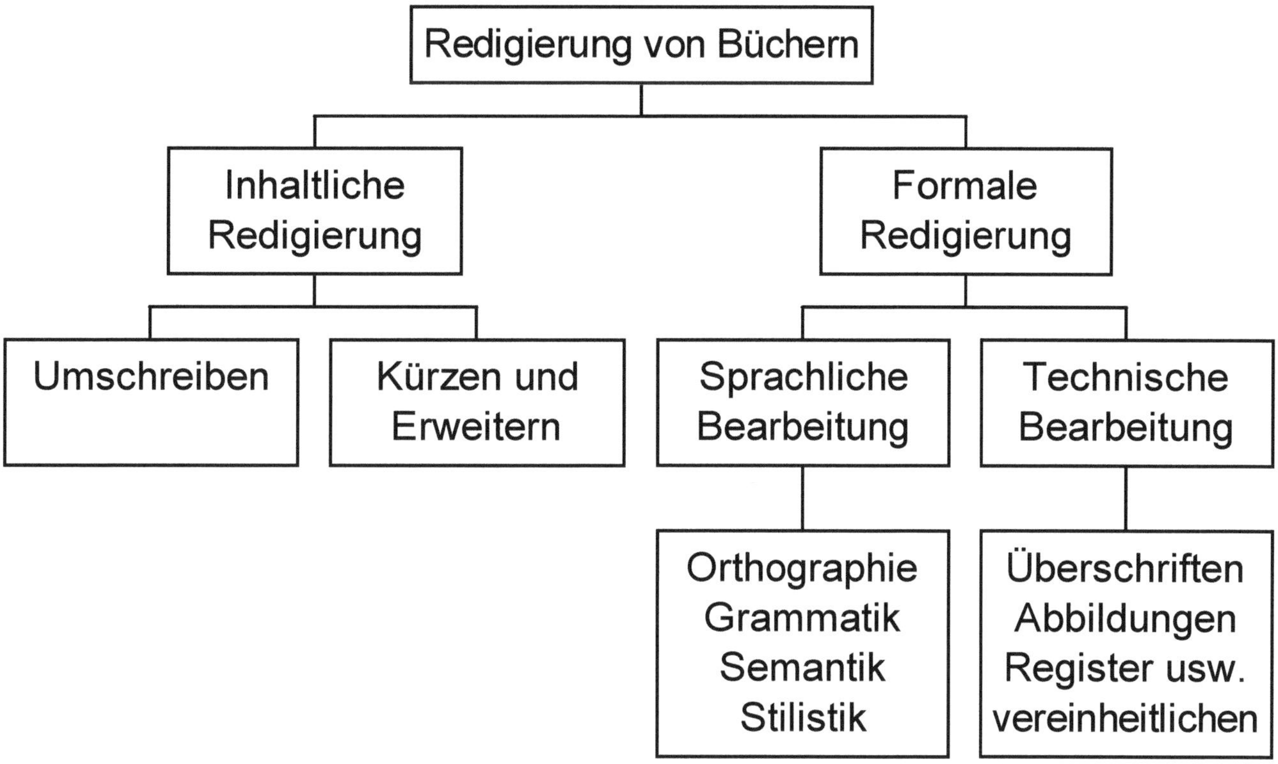

6.7 Presseredakteure

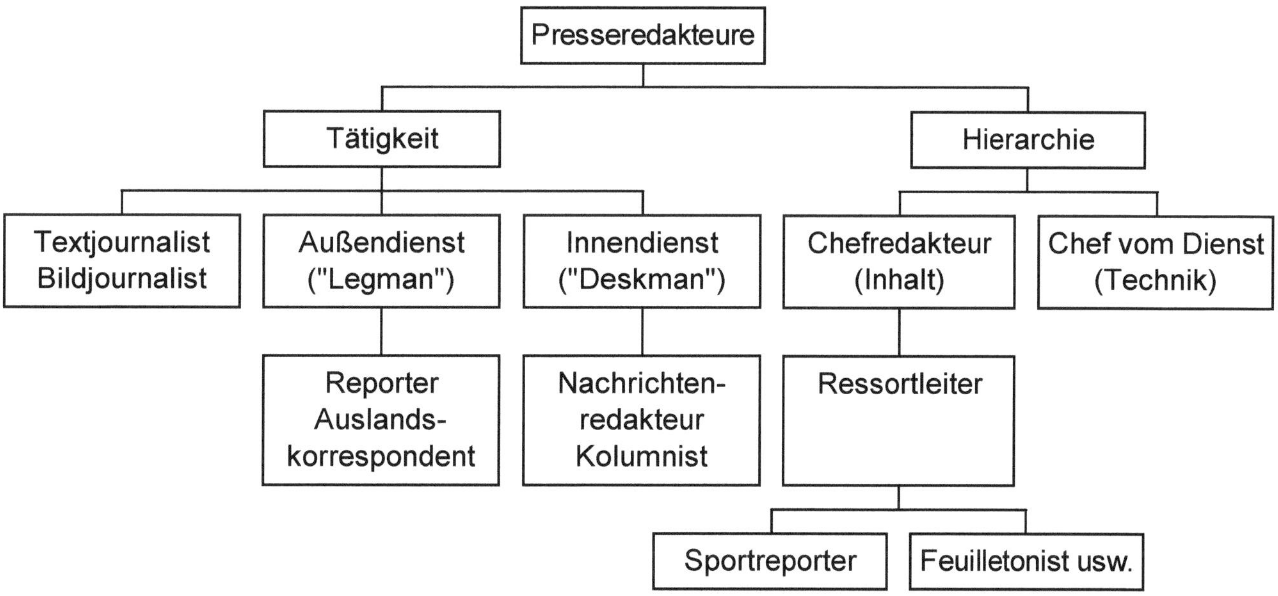

6.8 Organisationsformen der Redaktion

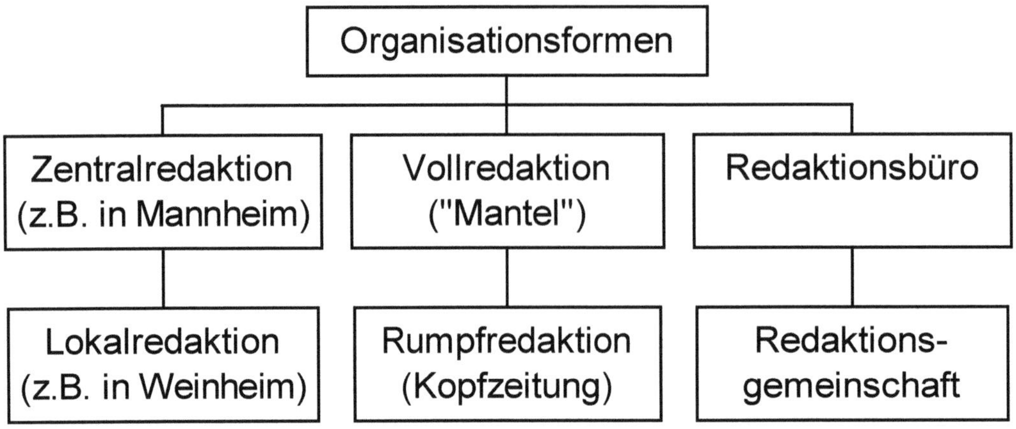

6.9 Redaktionsfunktionen

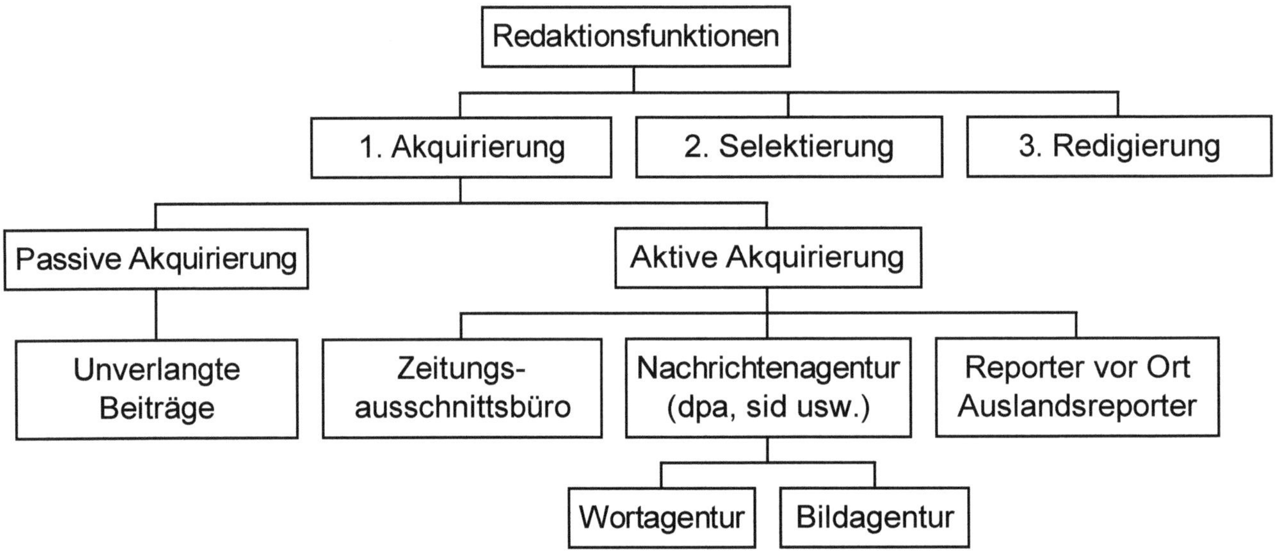

6.10 Selektionskriterien bei Presseartikeln

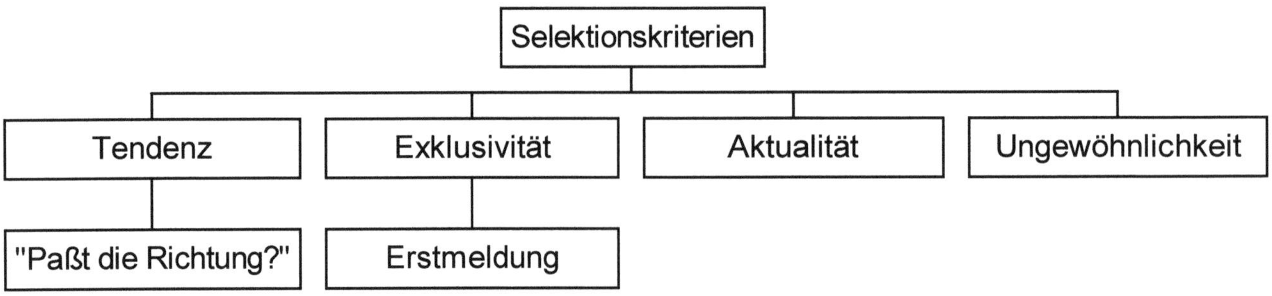

7. Urheber- und Verlagsrecht

7.1 Geschützte Werke

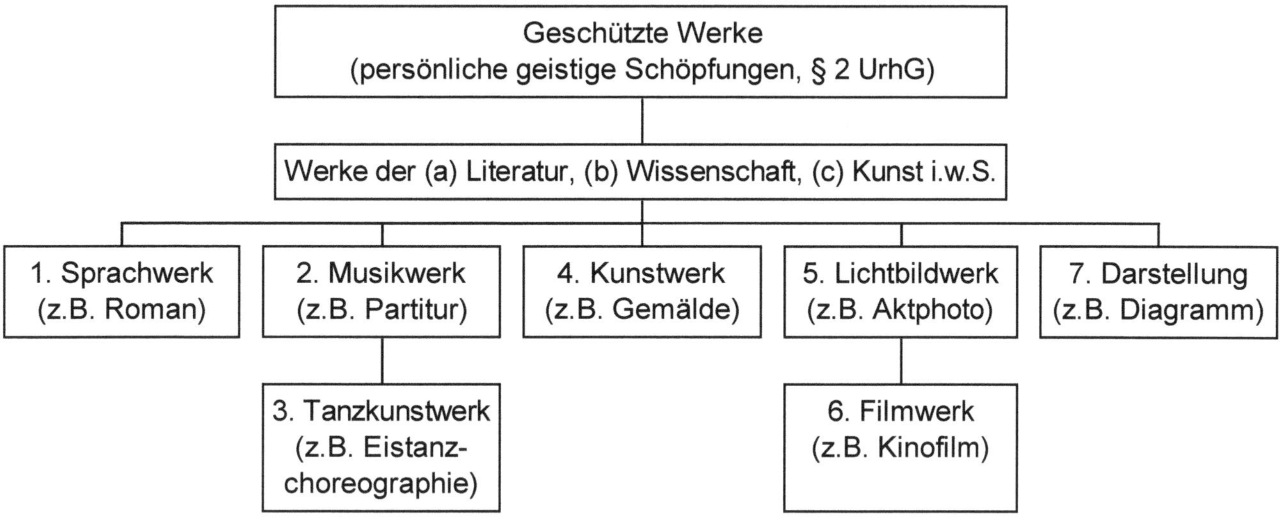

7.2 Ungeschützte Werke

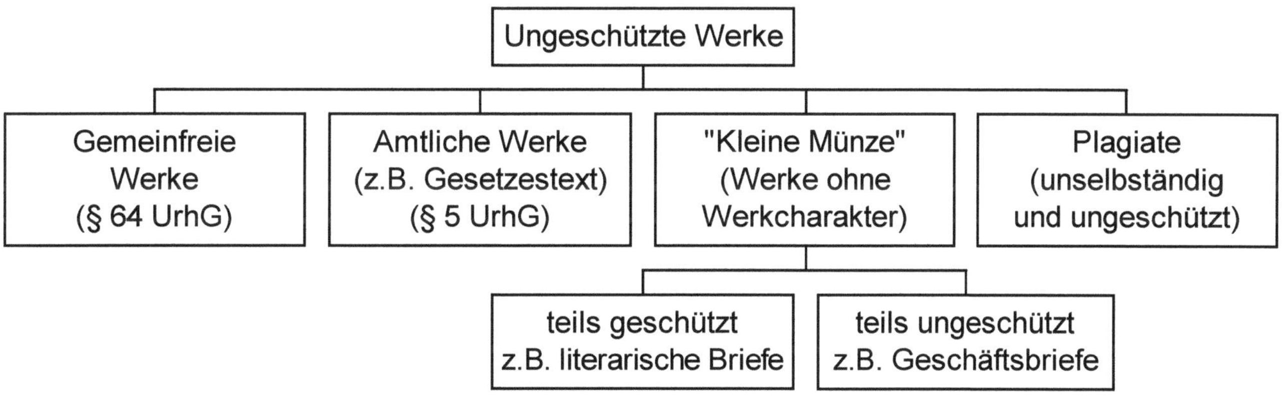

7.3 Unselbständige Werke

7.4 Verbundene Werke und Sammelwerke

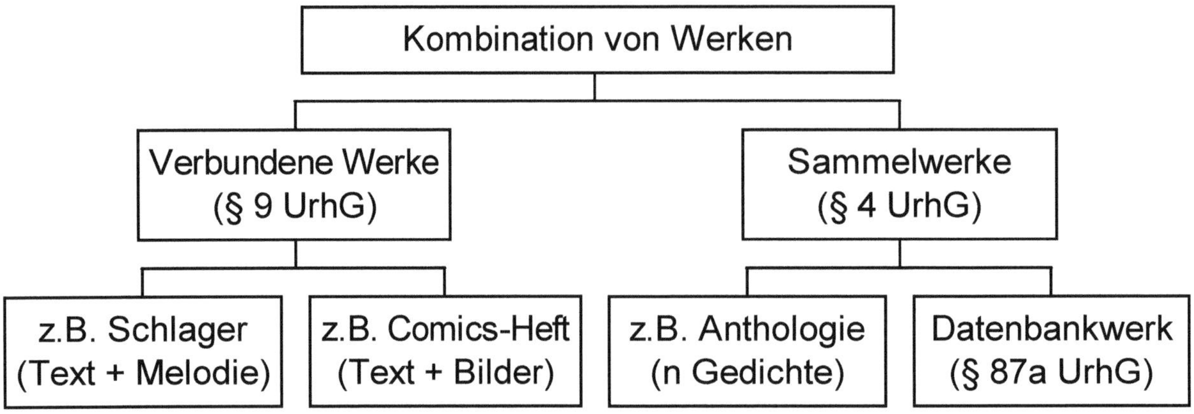

7.5 Werke versus Leistungen

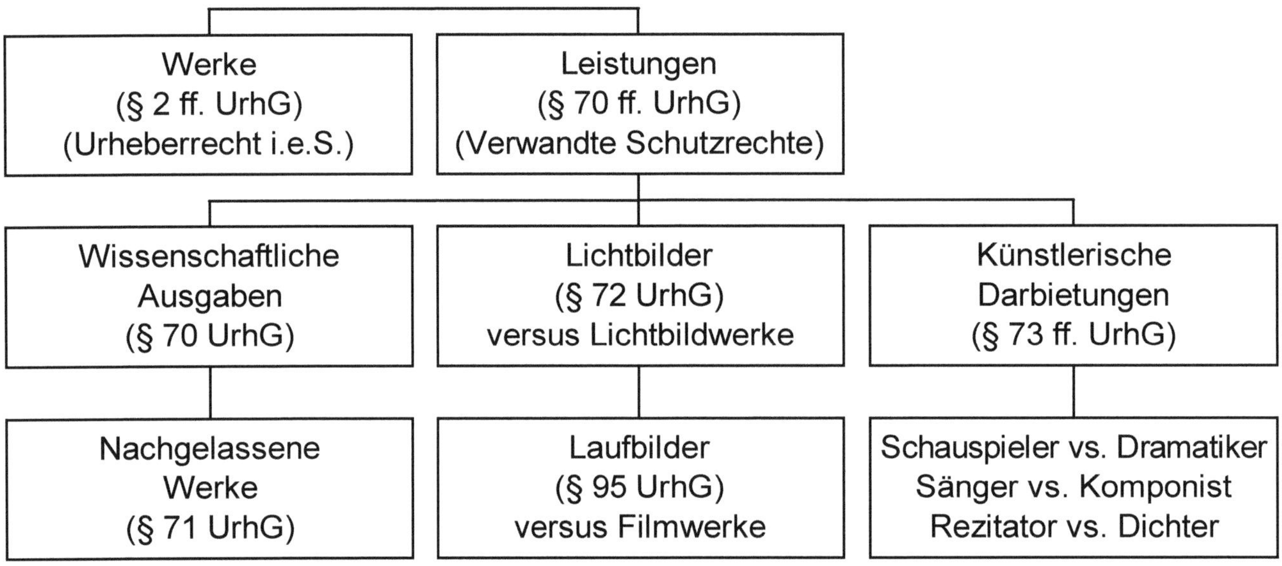

7.6 Werke und Urheber

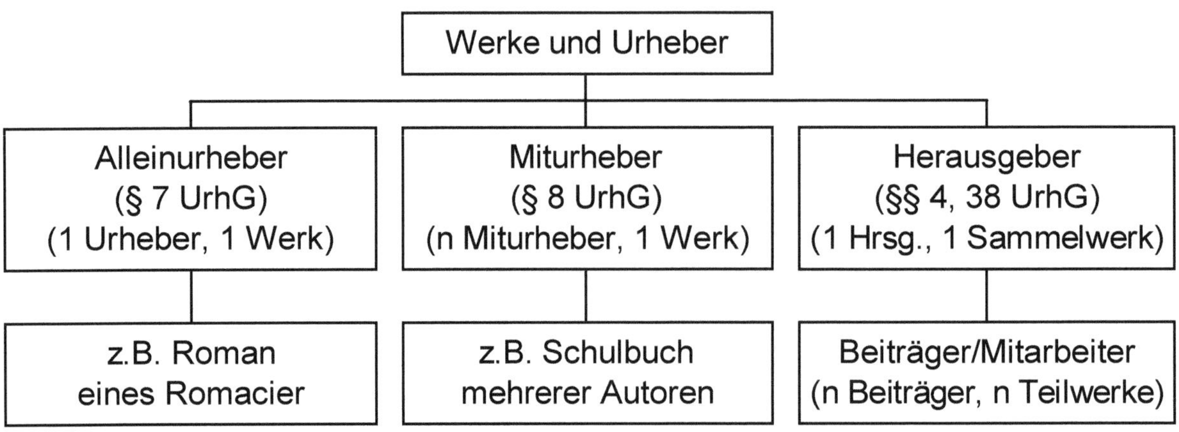

7.7 Rechte des Urhebers

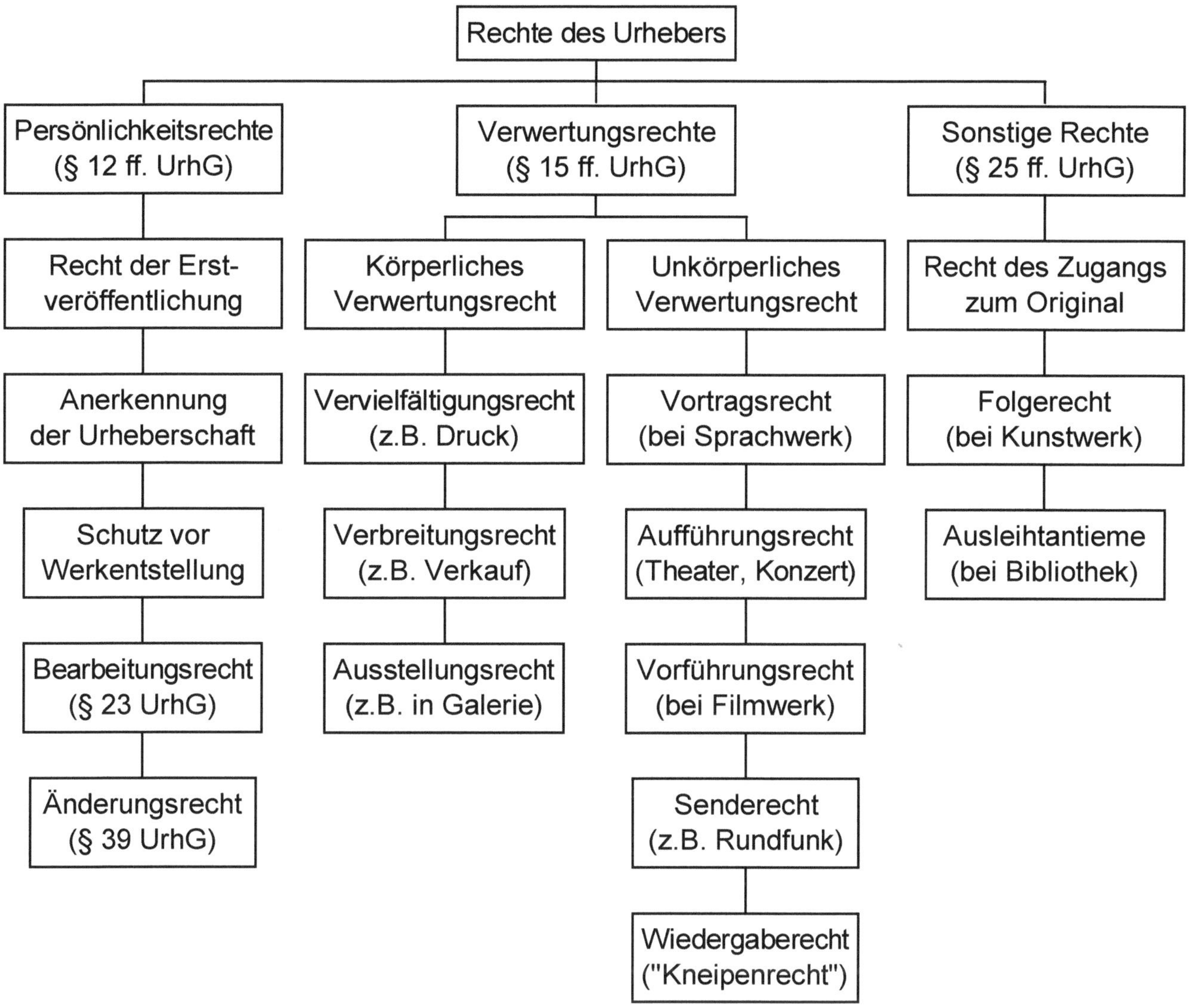

7.8 Veröffentlichen und Erscheinen

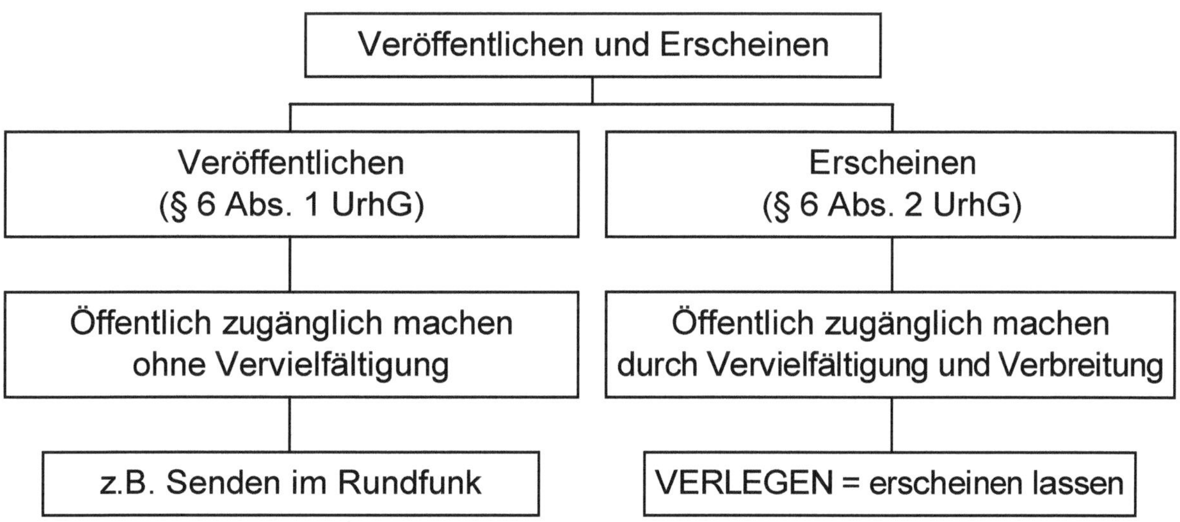

7.9 Sache und Werk

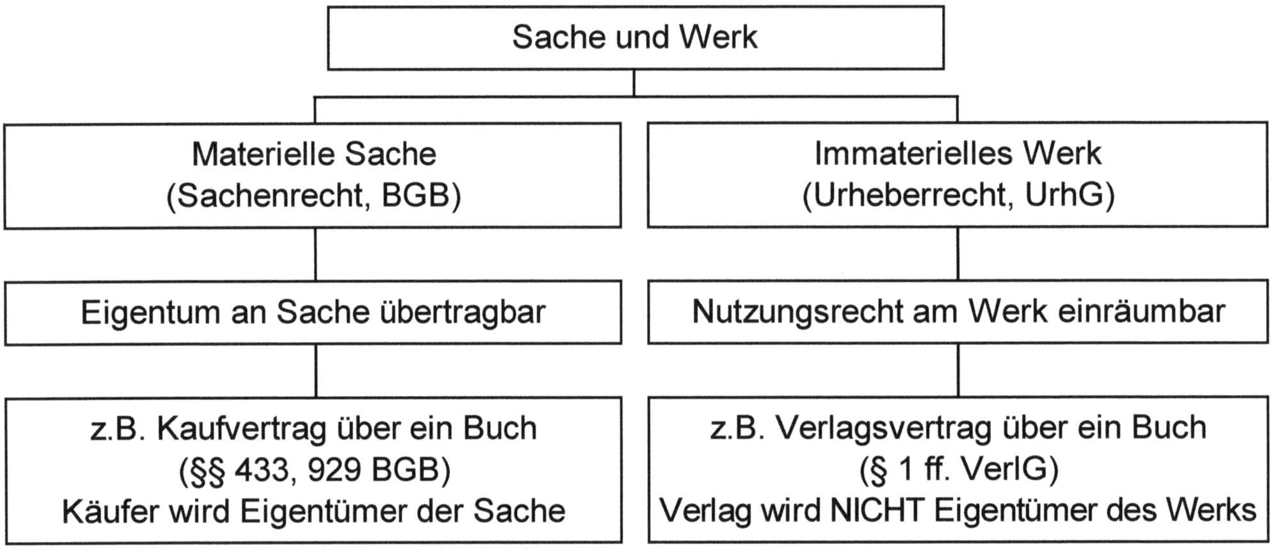

7.10 Einräumung von Nutzungsrechten

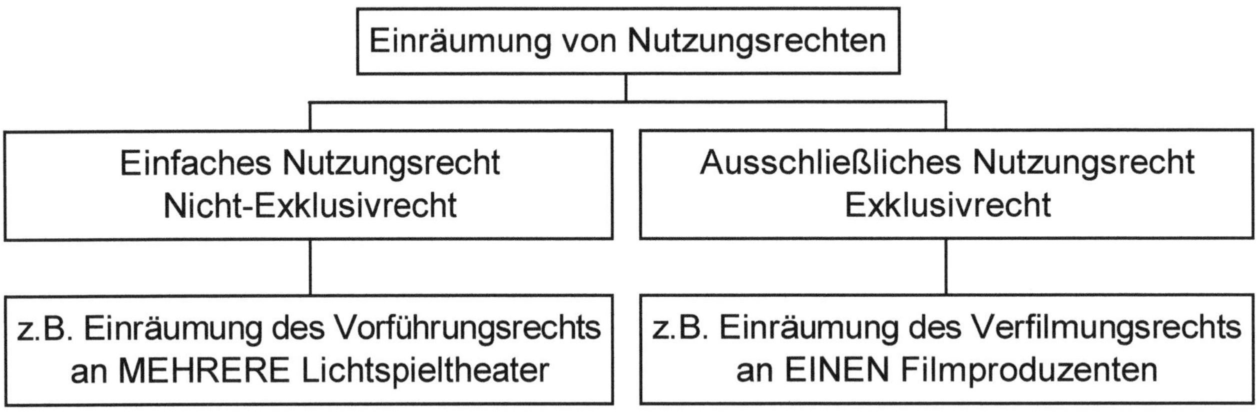

7.11 Beschränkung von Nutzungsrechten

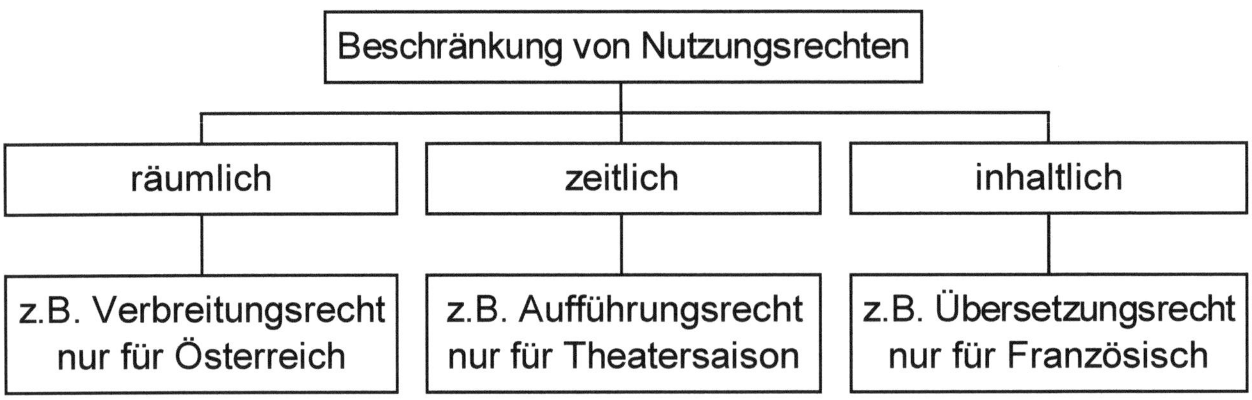

7.12 Schranken der Vertragsfreiheit

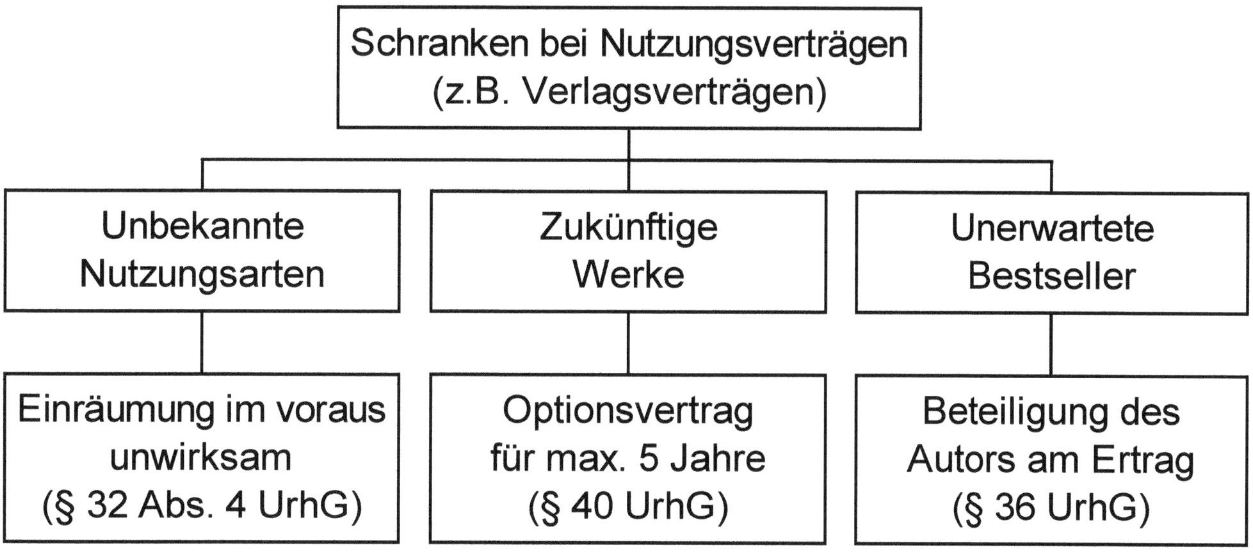

7.13 Rückrufsrecht

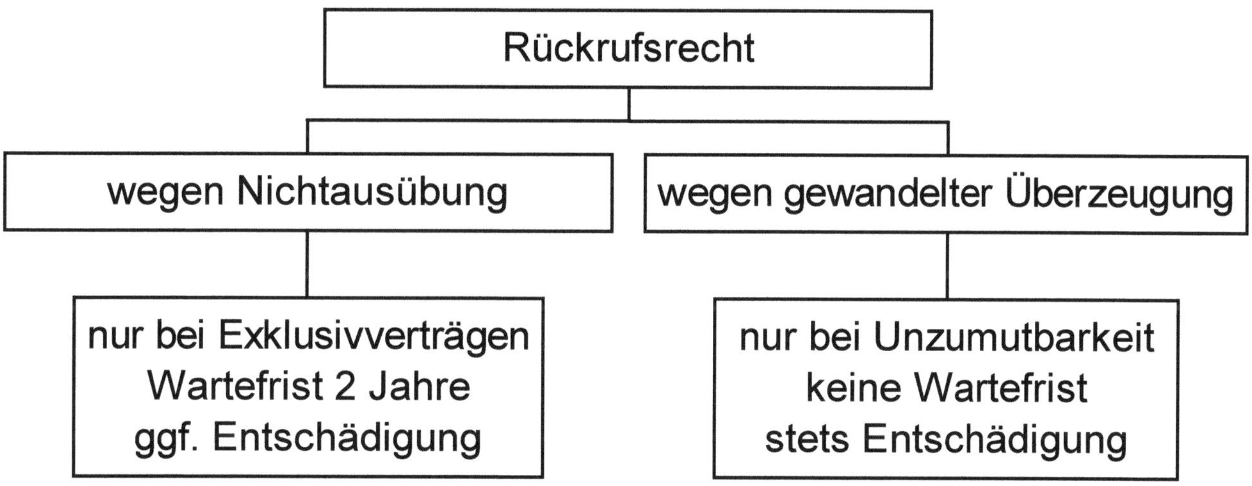

7.14 Schranken des Urheberrechts

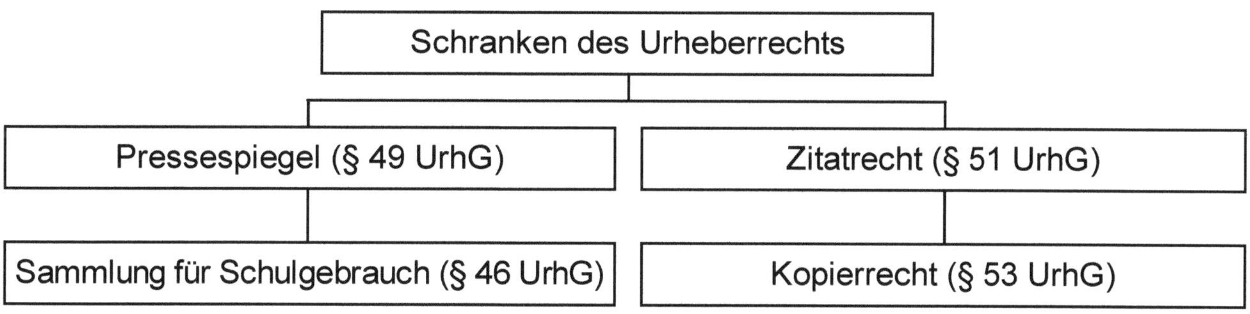

7.15 Zitatrecht

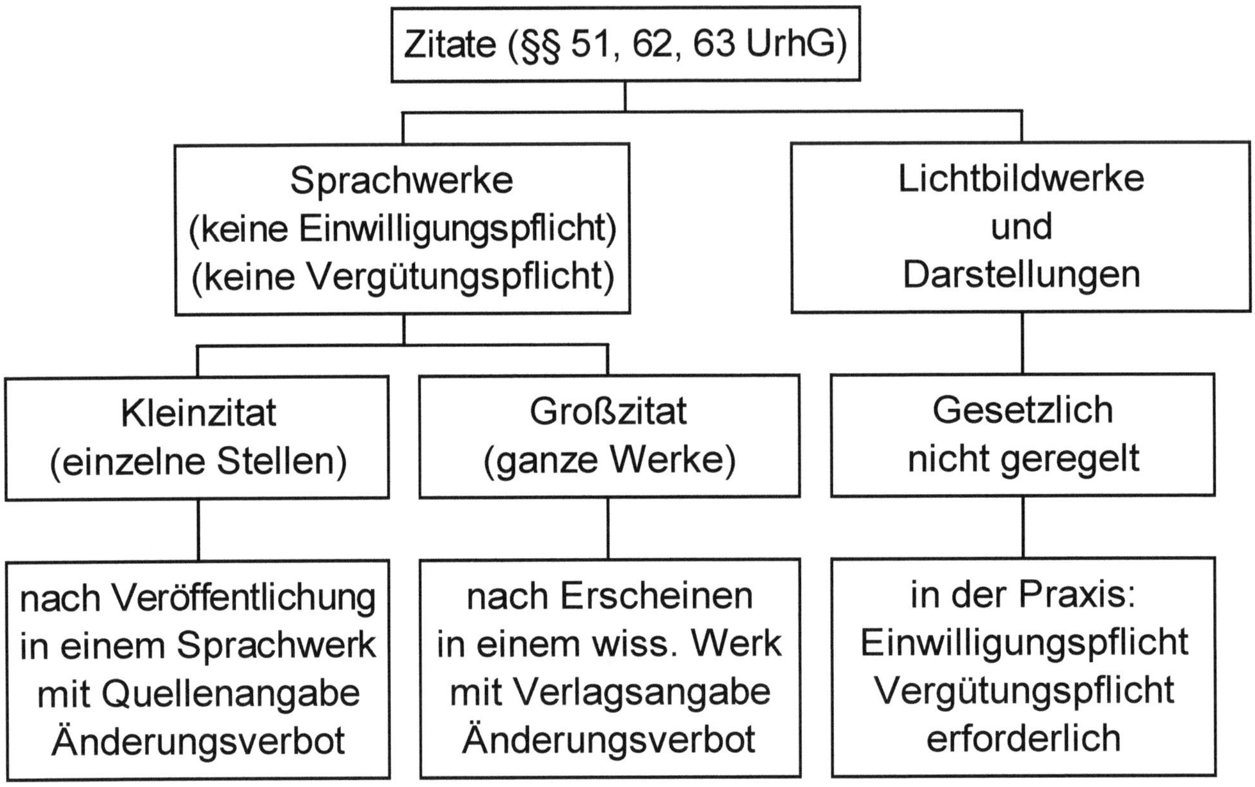

7.16 Kopierrecht (Photokopie, Videokopie usw.)

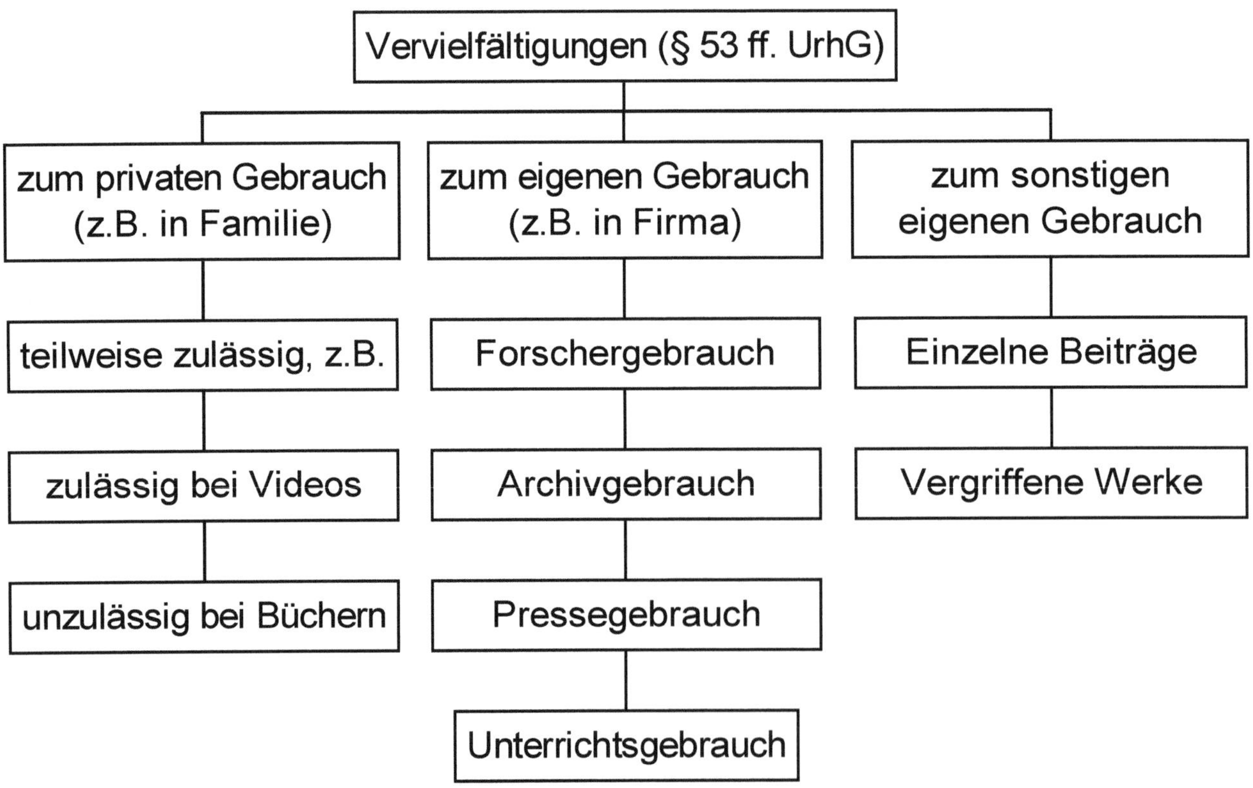

7.17 Vergütungspflicht für Kopien

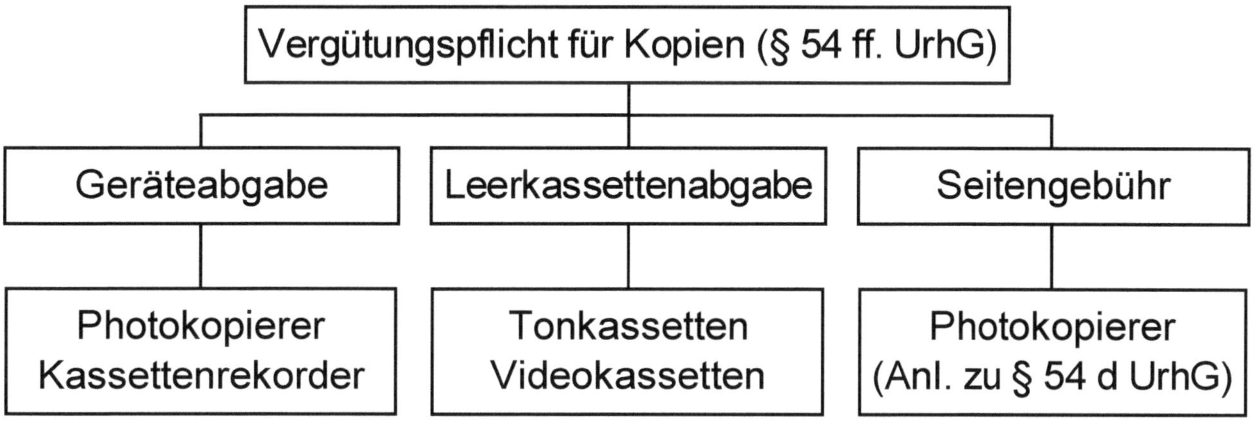

7.18 Schutzfristen

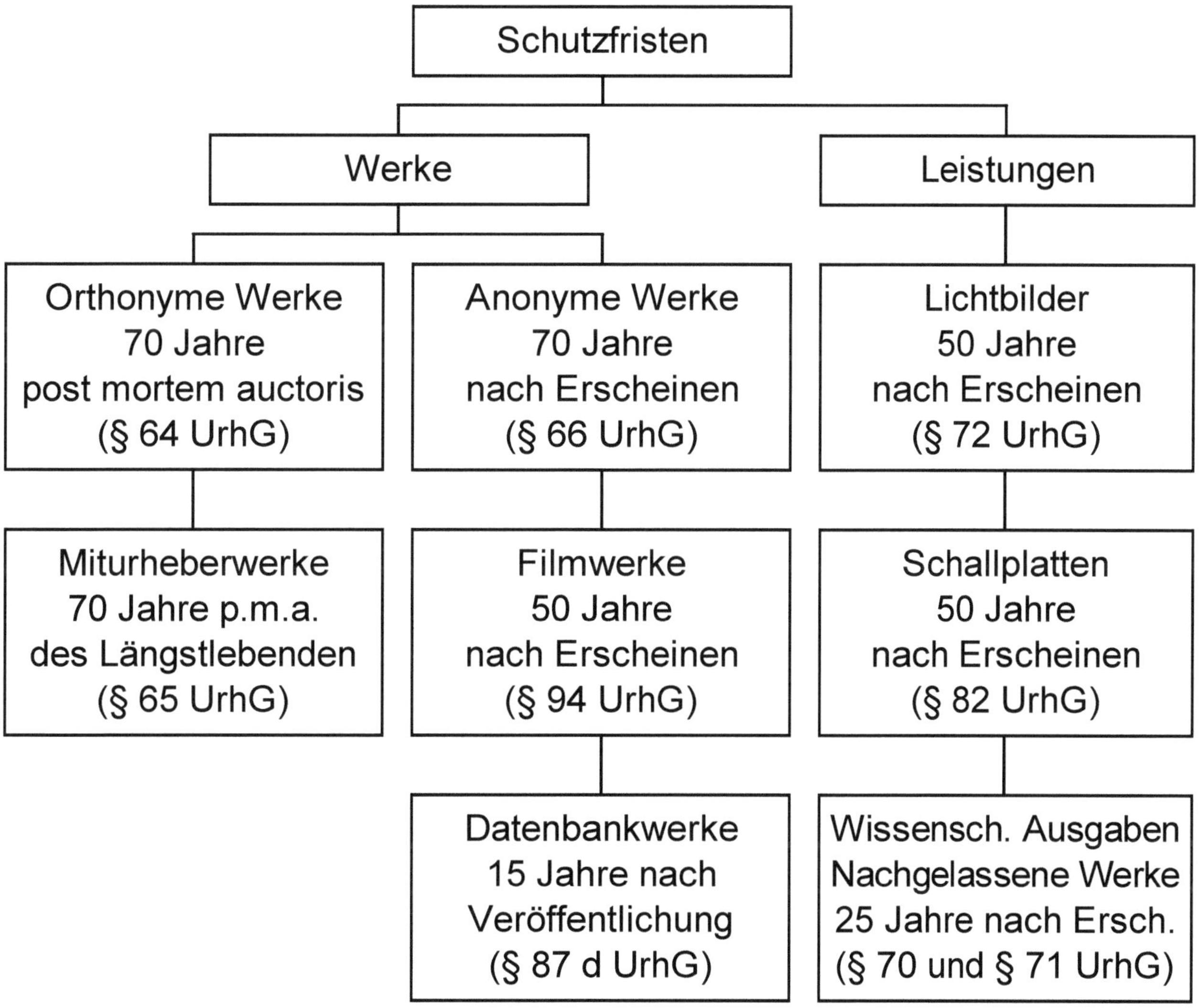

7.19 Urheberrechtsschutz im Ausland

7.20 Wahrnehmungsgesellschaften

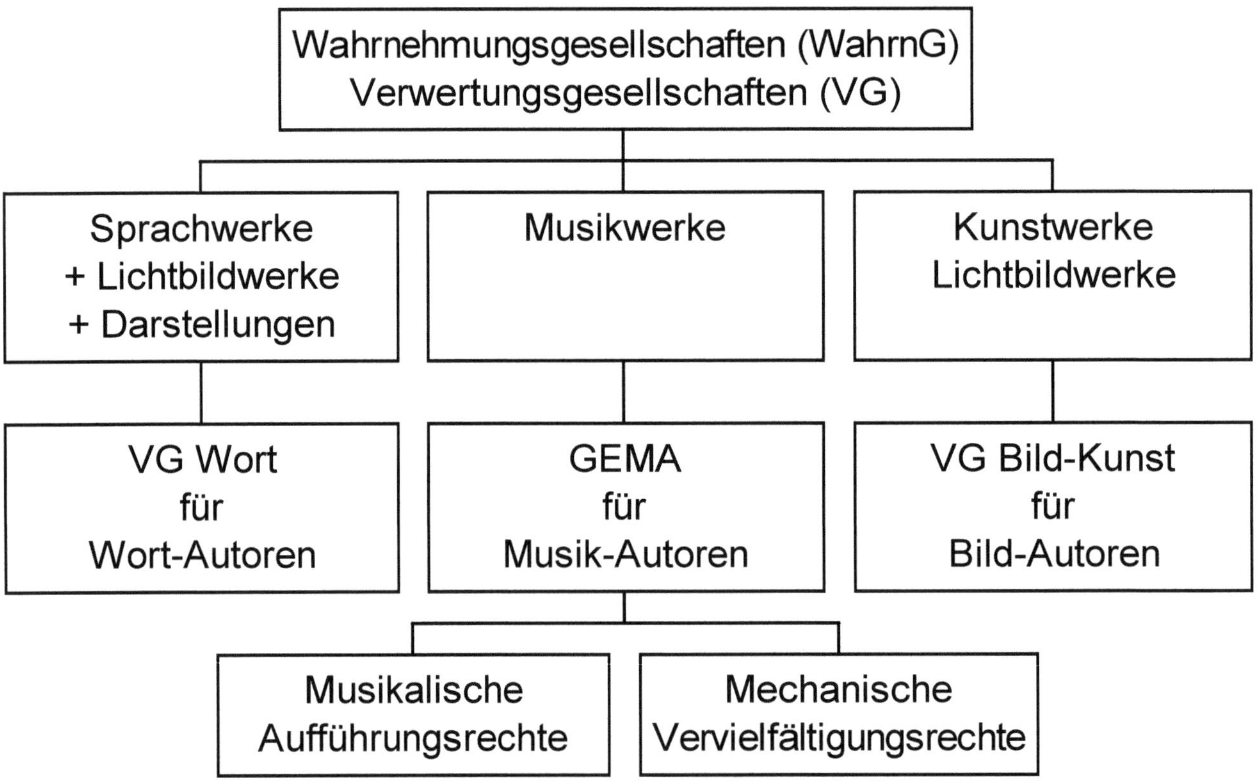

7.21 Urheberrechtsverletzungen

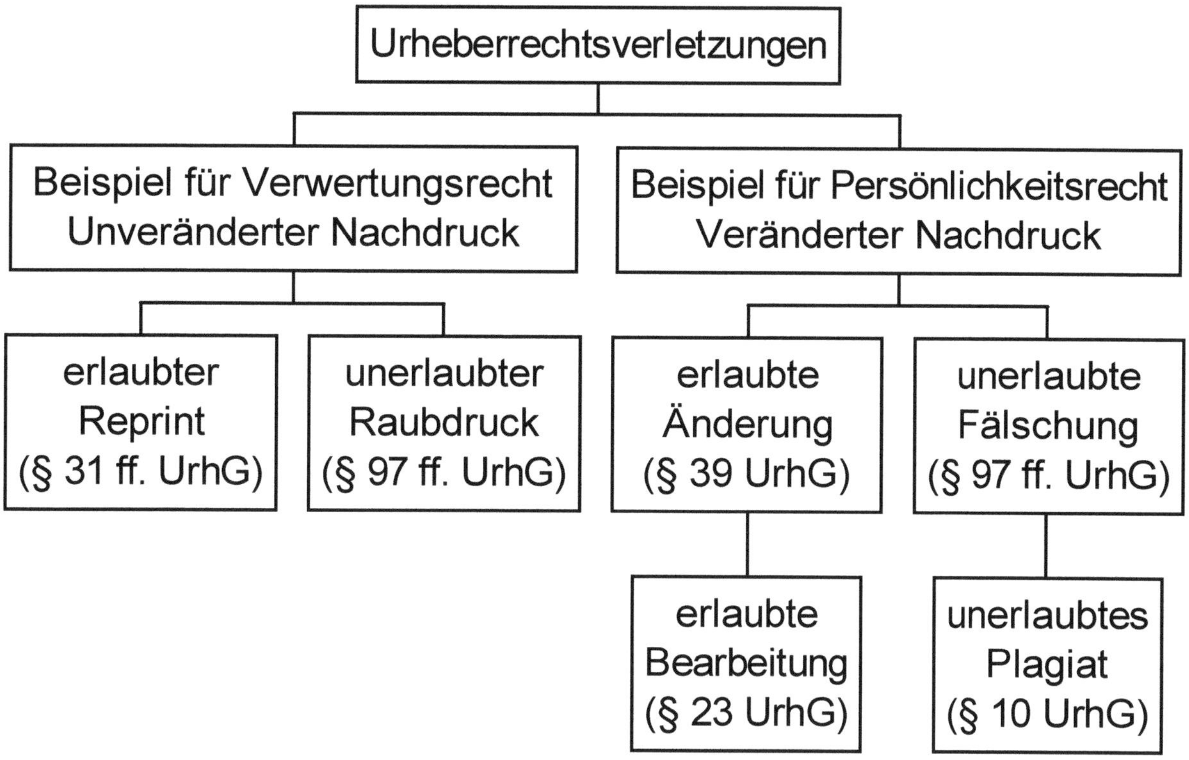

7.22 Zivilrechtliche Ansprüche

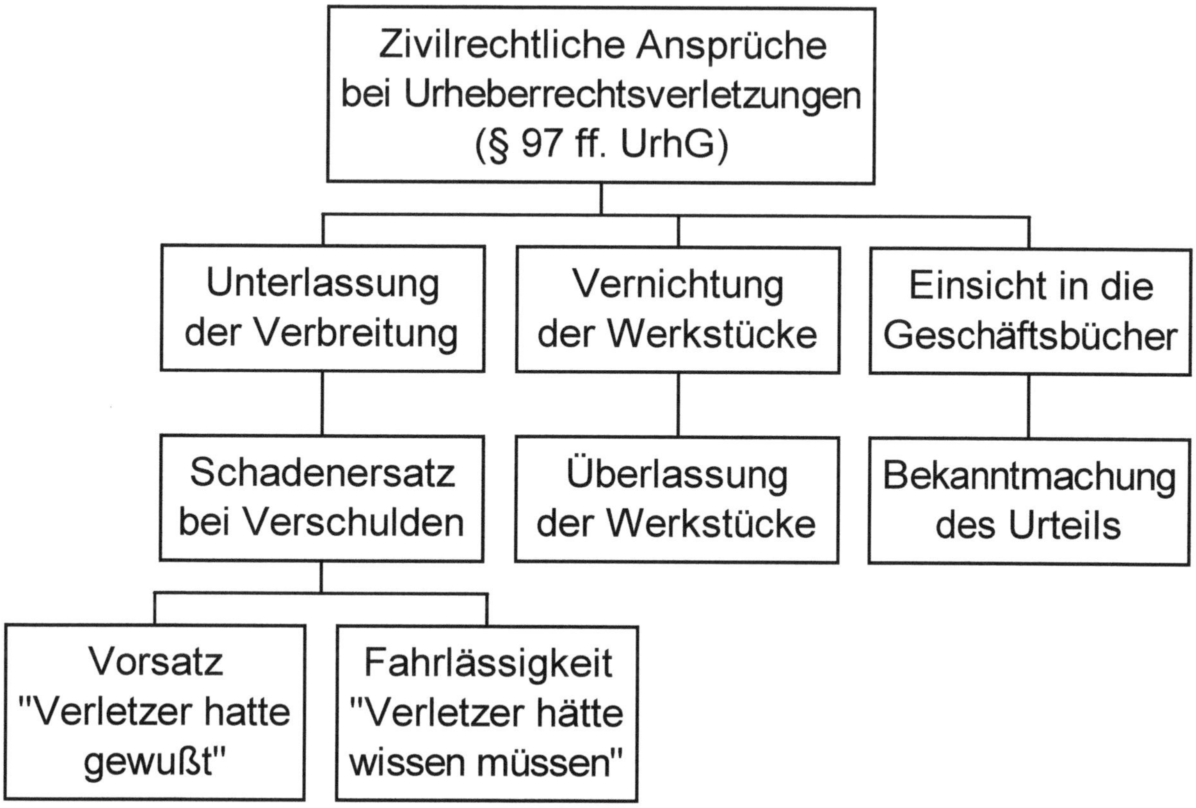

7.23 Verlagsverträge

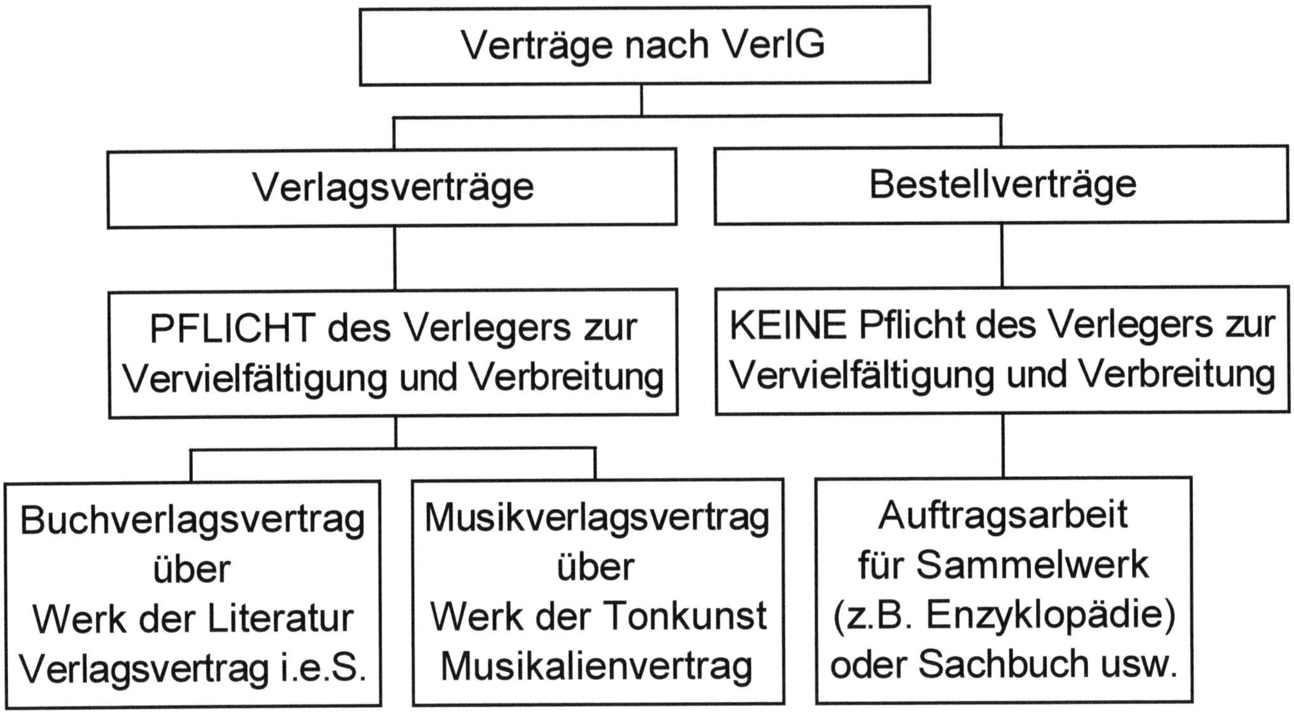

7.24 Andere Nutzungsverträge

7.25 Pflichten und Rechte des Verlegers nach Verlagsgesetz

Pflichten des Verlegers	Rechte des Verlegers
Vervielfältigungs- u. Verbreitungspflicht (§ 1)	Recht zu nur 1 Auflage von 1000 Ex. (§ 5)
Pflicht zur sofortigen Vervielfältigung (§ 15)	Recht zu max. 5% Freixemplaren (§ 6)
Pflicht zur zweckmäßigen Verbreitung (§ 14)	Recht zur Bestimmung der Ausstattung (§14)
Pflicht zur Korrektur des Satzes (§ 20)	Keine Verpflichtung zur Neuauflage (§ 17)
Pflicht zur Zahlung angem. Honorars (§ 22)	Kündigungsrecht bei Zweck-Wegfall (§ 18)
Pflicht zur Honorarzahlung bei Ablieferung im Fall der Pauschalhonorarvereinbarung (§ 23)	Recht zur Bestimmung des Ladenpreises (§ 21); Erhöhung aber zustimmungspflichtig
Pflicht zur Rechnungslegung und Gewährung von Bucheinsicht bei Absatzhonorar (§ 24)	Recht zur Übertragung des Verlagsrechts z.B. bei Verkauf des Buchprogramms (§ 28)
Pflicht zur Lieferung von bis zu 15 Freiexemplaren und eines Aushängers (§ 25)	Rücktrittsrecht bei nicht rechtzeitiger Ablieferung des Manuskripts (§ 30)
Pflicht zur Überlassung von Exemplaren zum Autorenrabatt (niedrigster Rabatt) (§ 26)	Rücktrittsrechts bei nicht vertragsgemäßer Beschaffenheit des Manuskripts (§ 31)
Pflicht zur Rückgabe des Manuskripts (§ 27)	Änderungsrecht bei Sammelwerken (§ 44)
Mitteilungspflicht, ob Auflage vergriffen (§ 29)	Recht zum Weglassen von Beiträgen bei Neuauflagen von Sammelwerken (§ 19)

7.26 Pflichten und Rechte des Verfassers nach Verlagsgesetz

Pflichten des Verfassers	Rechte des Verfassers
Pflicht zur Überlassung des Werkes zur Vervielfältigung und Verbreitung (§ 1 VerlG)	Recht zur Veranstaltung einer Gesamtausgabe nach 20 Jahren (§ 2 Abs. 3 VerlG)
Enthaltungspflicht (§ 2 Abs. 1 und § 8)	Recht auf andere Verwertungen wie z.B. die Übersetzung in andere Sprache (§ 2 Abs. 2)
Pflicht zur Ablieferung des Werkes, d.h. des Manuskriptes (§ 10)	Änderungsrecht bis zur Beendigung der Vervielfältigung, d.h. bis Druckbeginn (§ 12)
Pflicht zur sofortigen Ablieferung des vollendeten Manuskriptes (§ 11)	Rücktrittsrecht bei nicht vertragsgemäßer Vervielfältigung oder Verbreitung (§ 32)
	Recht auf Honorar bei zufälligem Untergang des Manuskriptes nach Ablieferung (§ 33)
	Rücktrittsrecht wegen veränderter Umstände (§ 35) oder wegen Verlagskonkurs (§ 36)

7.27 Verlagsrecht und Nebenrechte

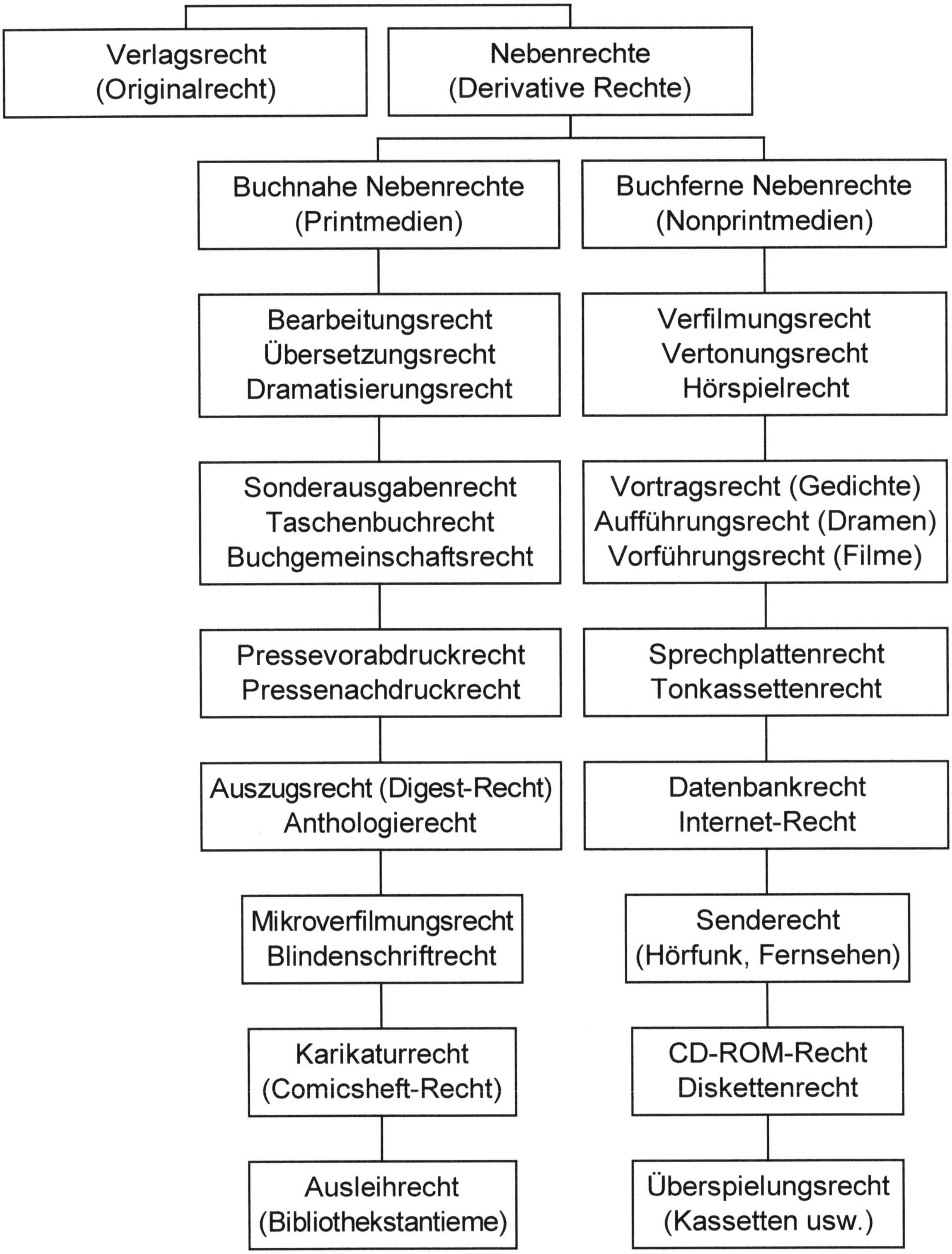

8. Typographie

8.1 Arten der Typographie

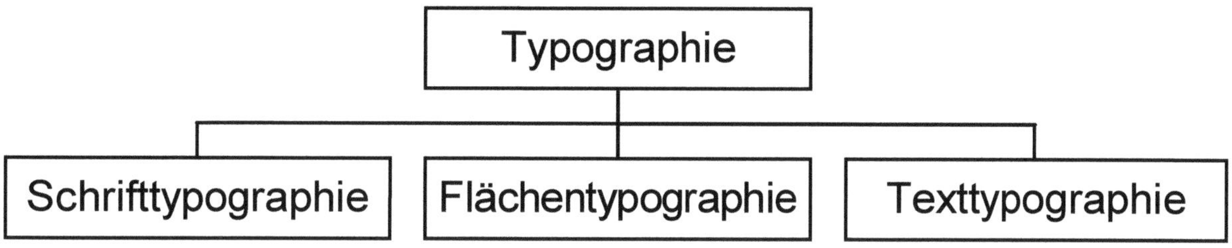

8.2 Schriftzeichen

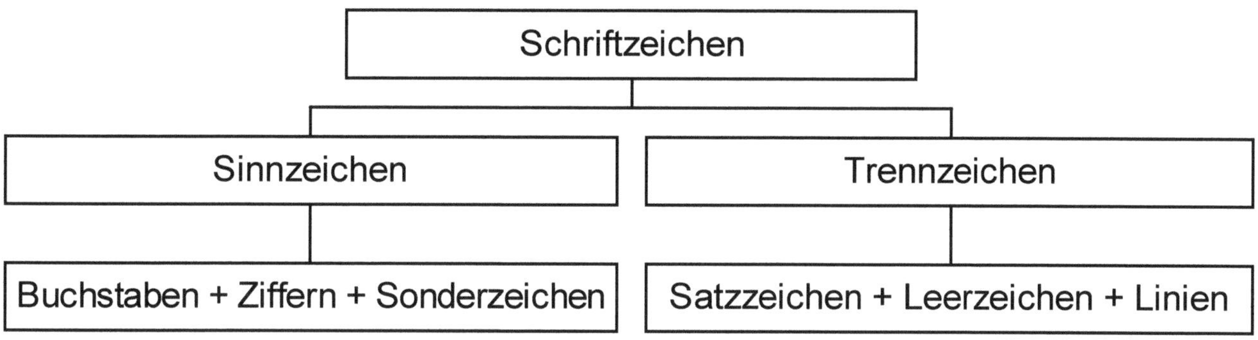

8.3 Buchstaben

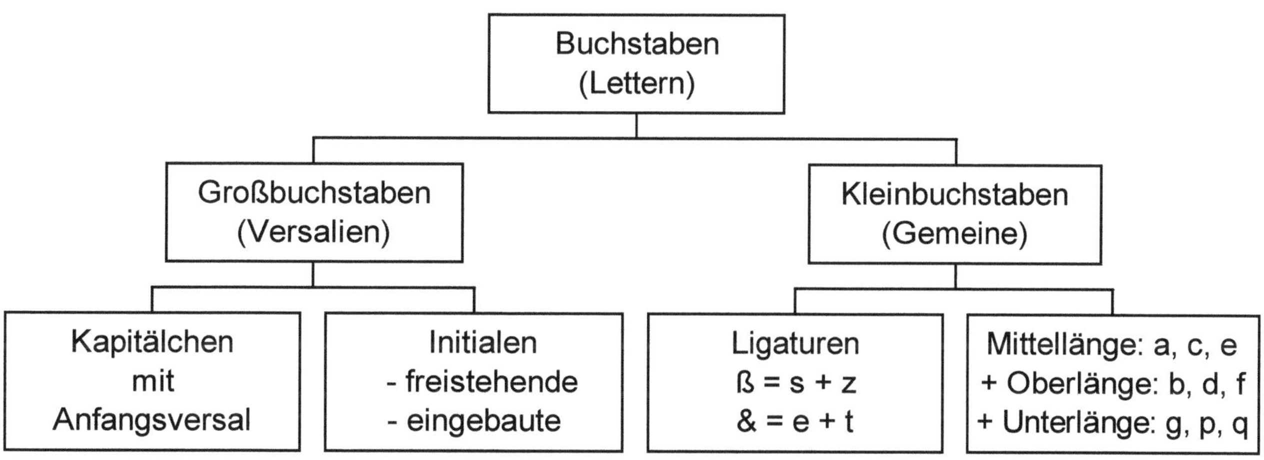

8.4 Ziffern

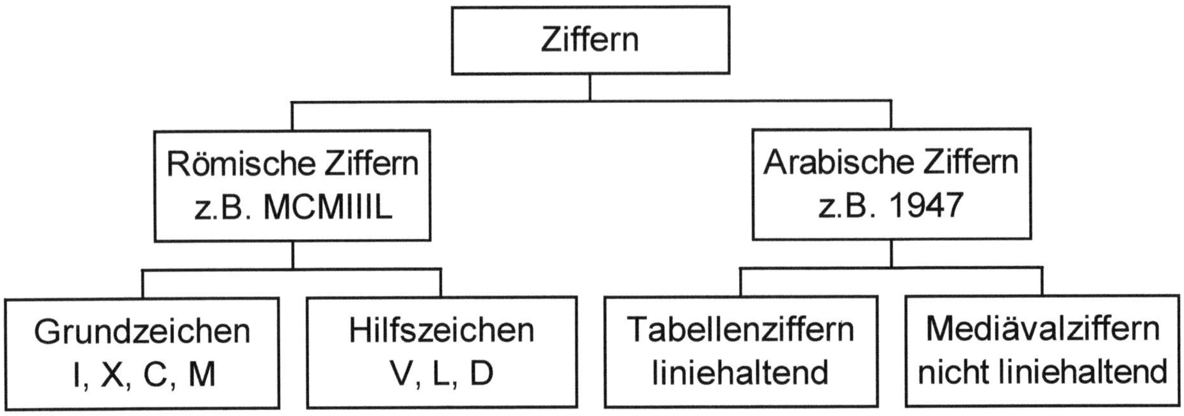

8.5 Sonderzeichen

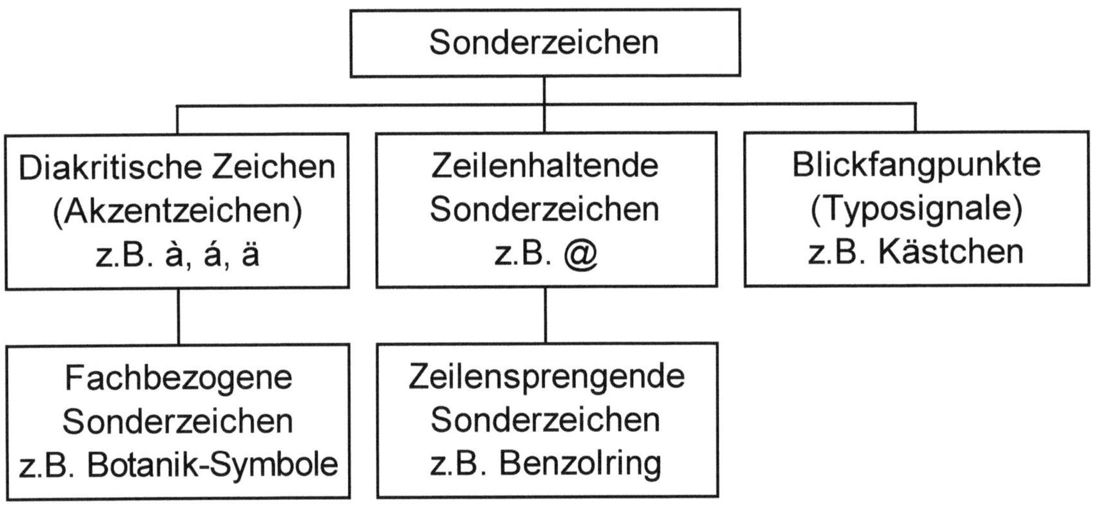

8.6 Satzzeichen

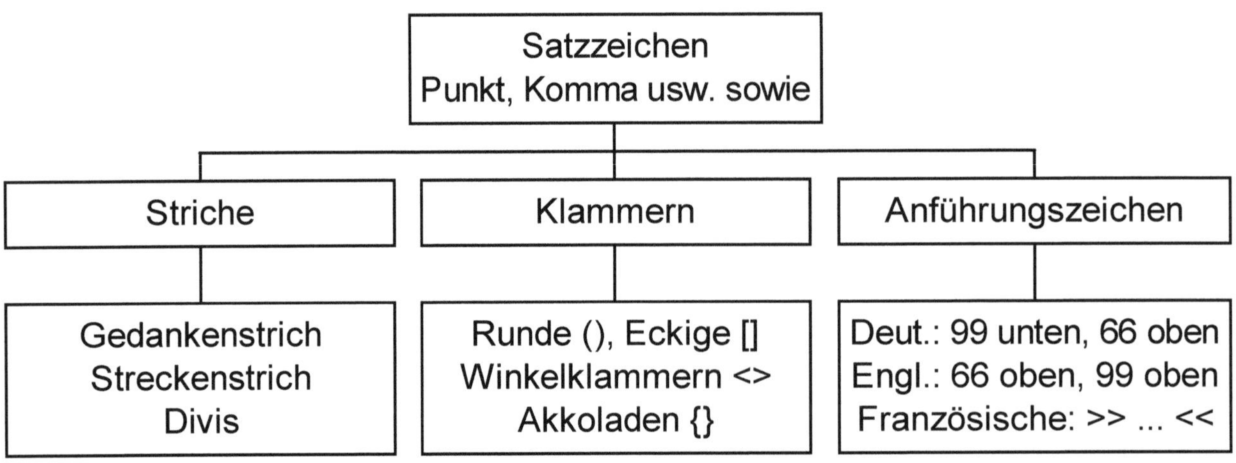

8.7 Leerzeichen

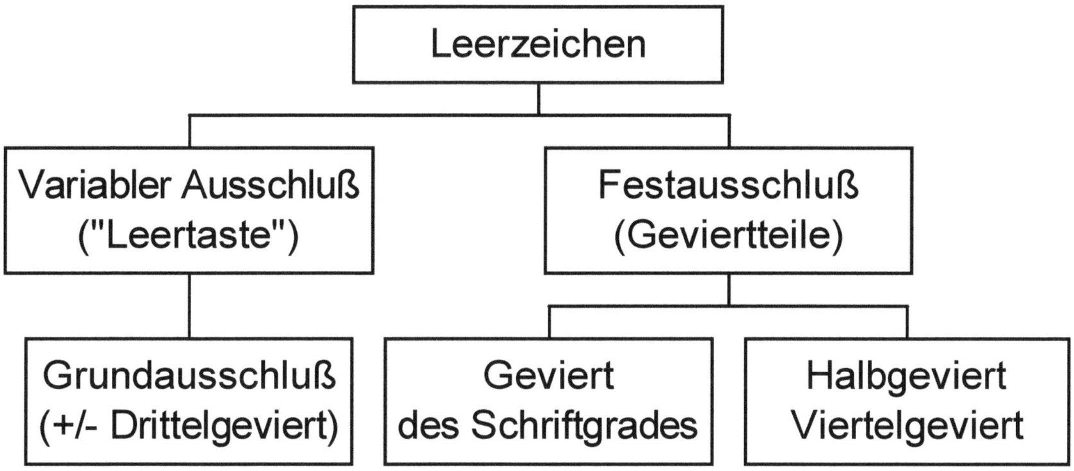

8.8 Linien

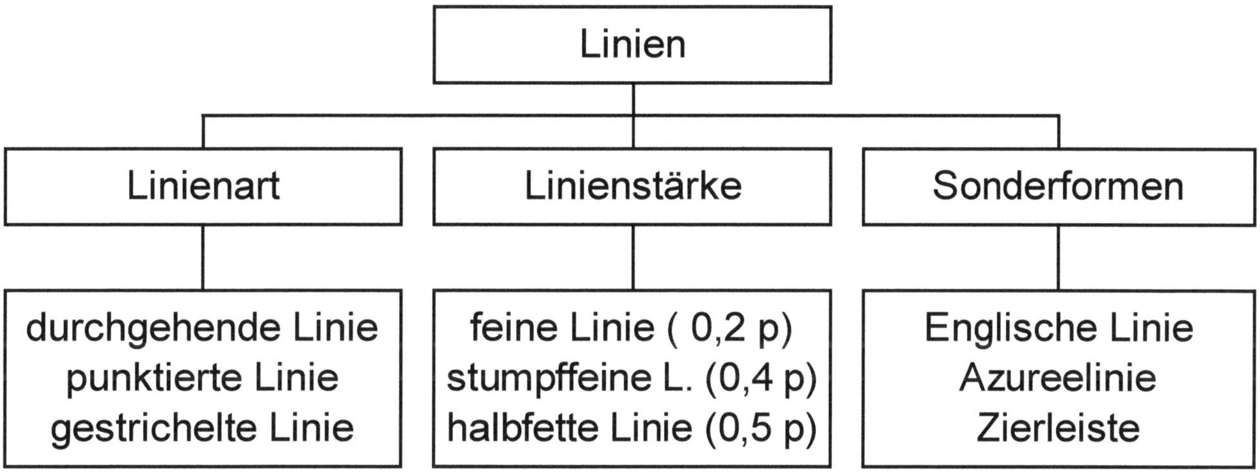

8.9 Schriftzeichenteile

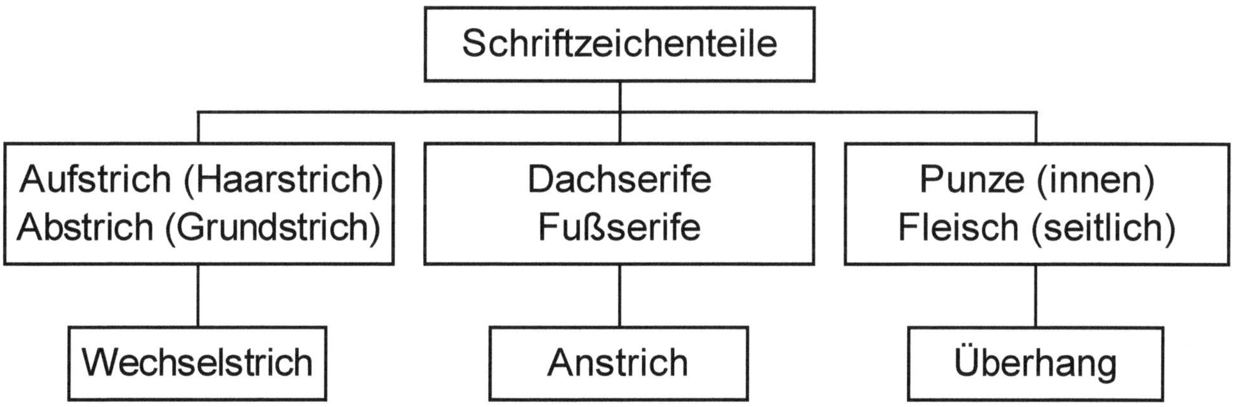

8.10 Schriftzeichenmerkmale

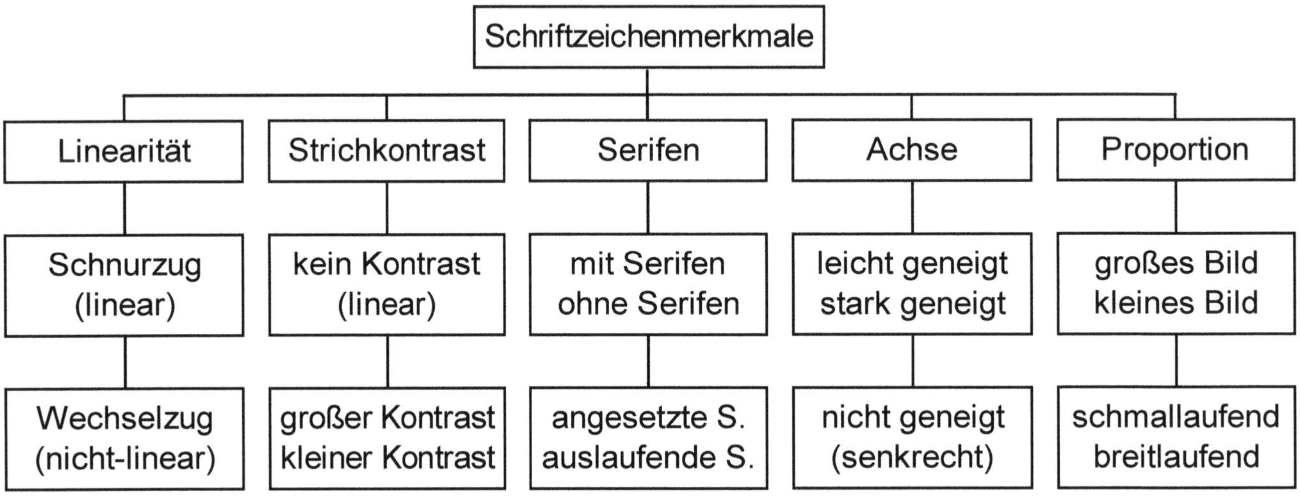

8.11 Schriftzeichensatz der Times (7-Bit-ASCII und 8-Bit-ANSI)

	0	**1**	**2**	**3**	**4**	**5**	**6**	**7**	**8**	**9**	**10**	**11**	**12**	**13**	**14**	**15**
032		!	"	#	$	%	&	'	(	)	*	+	,	-	.	/
048	0	1	2	3	4	5	6	7	8	9	:	;	<	=	>	?
064	@	A	B	C	D	E	F	G	H	I	J	K	L	M	N	O
080	P	Q	R	S	T	U	V	W	X	Y	Z	[	\	]	^	_
096	`	a	b	c	d	e	f	g	h	i	j	k	l	m	n	o
112	p	q	r	s	t	u	v	w	x	y	z	{	|	}	~	▯
128	€	▯	‚	*f*	„	…	†	‡	ˆ	‰	Š	‹	Œ	▯	Ž	▯
144	▯	‘	’	“	”	•	–	—	˜	™	š	›	œ	▯	ž	Ÿ
160		¡	¢	£	¤	¥	¦	§	¨	©	ª	«	¬	-	®	¯
176	°	±	²	³	´	µ	¶	·	¸	¹	º	»	¼	½	¾	¿
192	À	Á	Â	Ã	Ä	Å	Æ	Ç	È	É	Ê	Ë	Ì	Í	Î	Ï
208	Ð	Ñ	Ò	Ó	Ô	Õ	Ö	×	Ø	Ù	Ú	Û	Ü	Ý	Þ	ß
224	à	á	â	ã	ä	å	æ	ç	è	é	ê	ë	ì	í	î	ï
240	ð	ñ	ò	ó	ô	õ	ö	÷	ø	ù	ú	û	ü	ý	þ	ÿ

8.12 Schriftarten

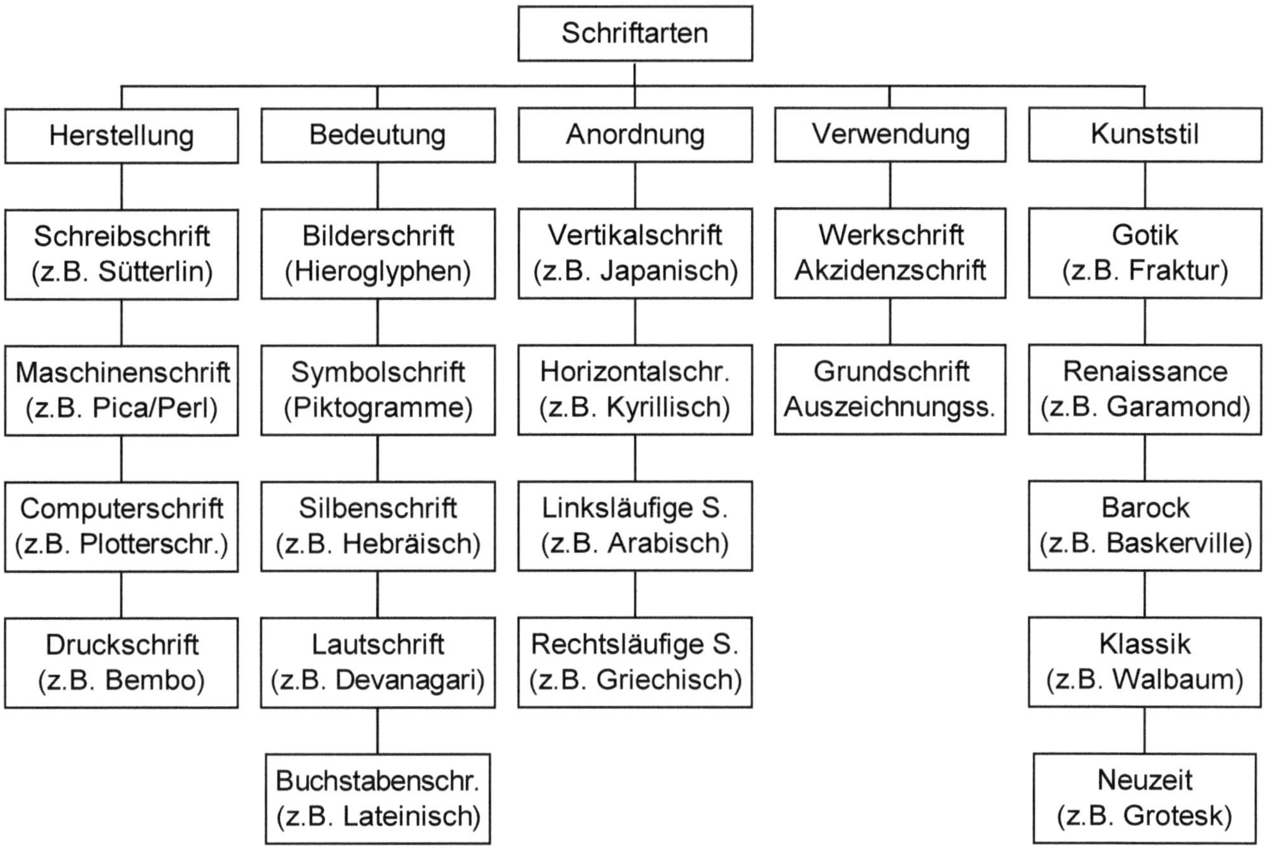

8.13 Schriftgruppen (DIN 16518)

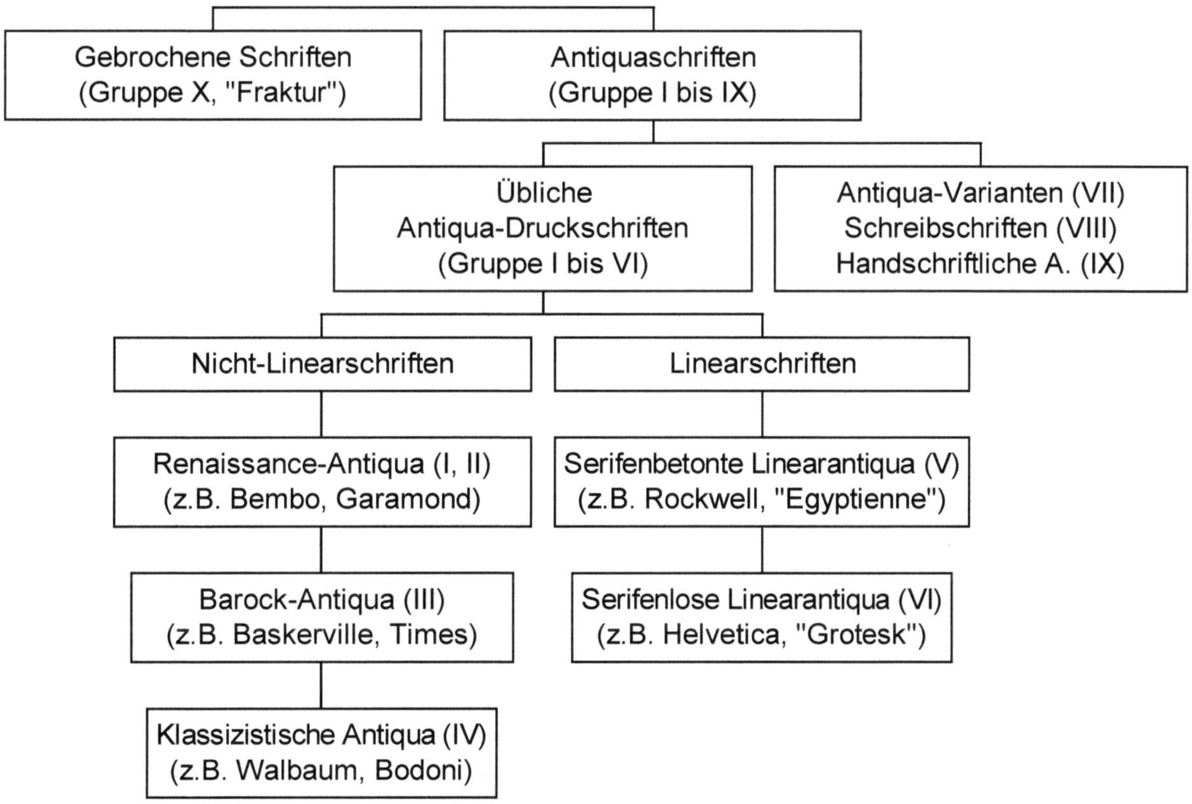

8.14 Schriftschnitte

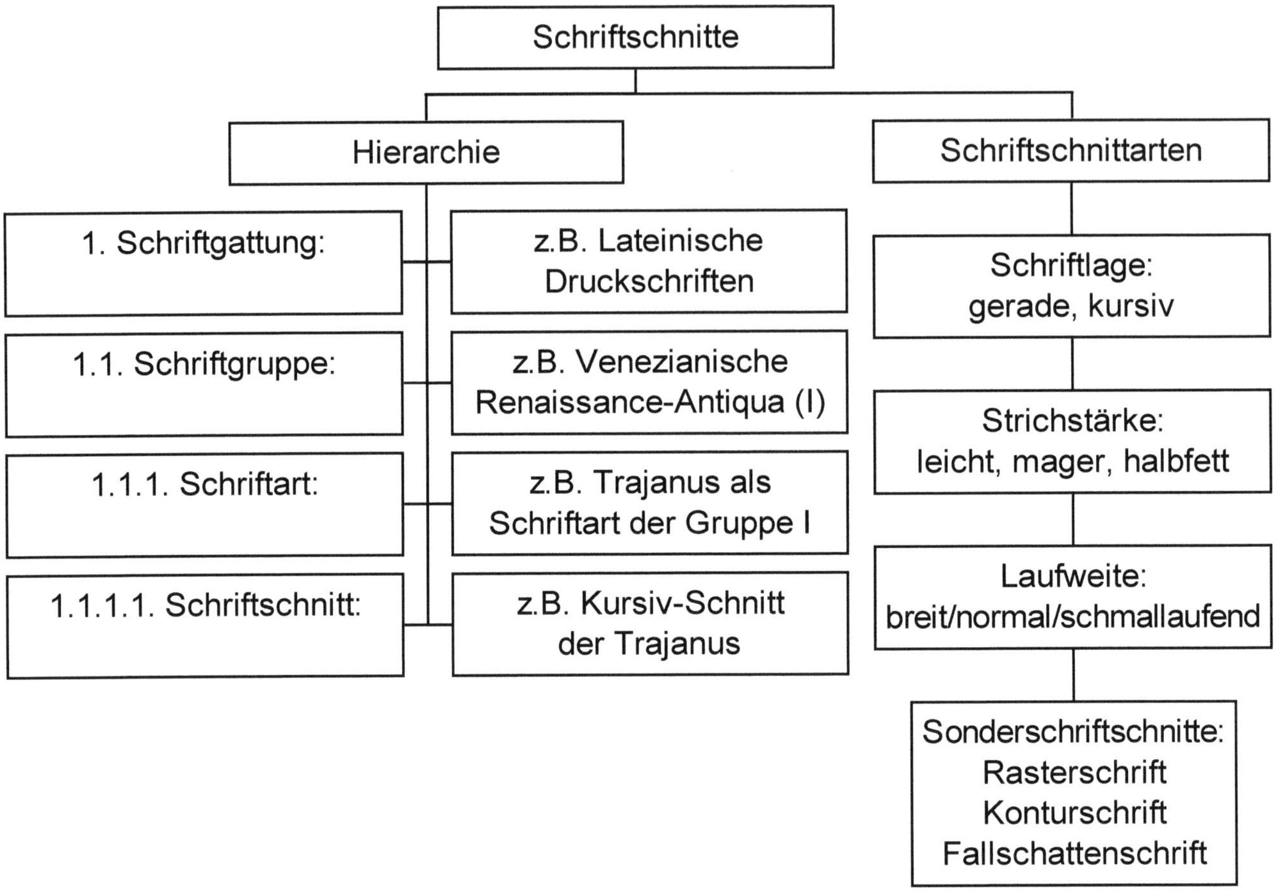

8.15 Auszeichnungsmöglichkeiten

Hervorhebung innerhalb des Textes	**Hervorhebung von Überschriften**
Kursivschrift	Größerer Schriftgrad
Halbfettdruck	Andere Schriftart
Kapitälchensatz	Farbfeld (unterlegter Farbraster)
Sperrsatz	Fettdruck (statt Halbfettdruck)
Versalsatz	Einrahmung (z.B. Merksatz)
Unterstreichung	Schrägstellung (z.B. Schlagzeile)
Buntfarbe	Modifikation (z.B. Wellensatz)
Anführungszeichen	Schnittmischung (z.B. kursiv extrafett)

8.16 Typographischer Punkt

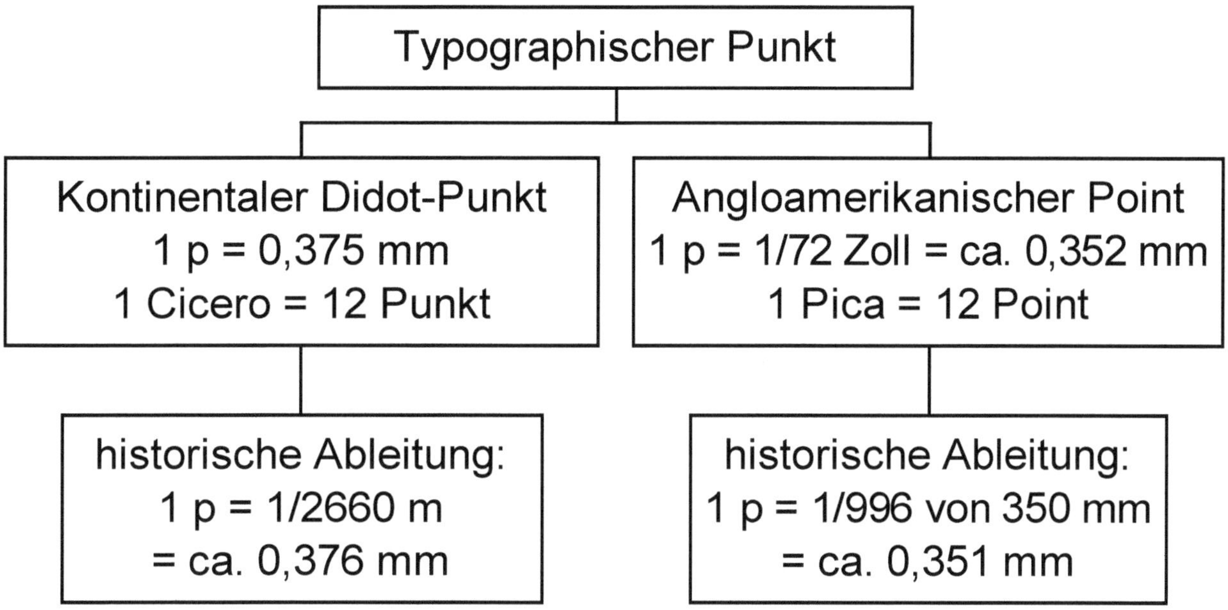

8.17 Schriftgrad (Zeichenhöhe)

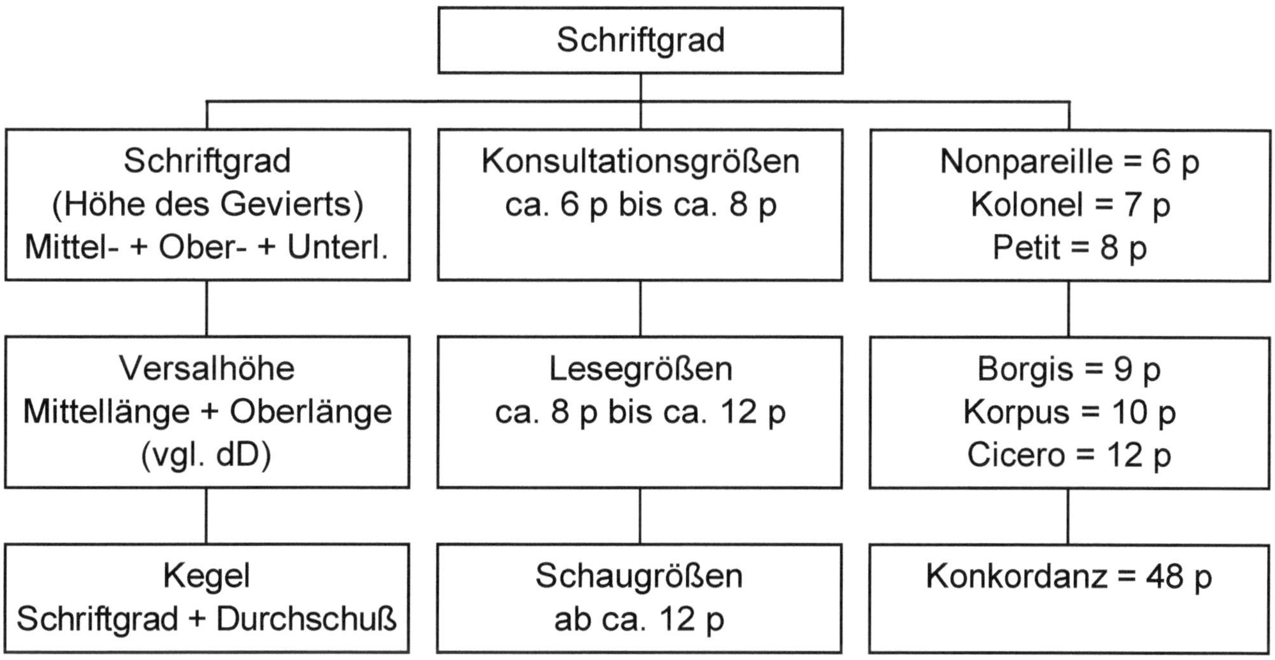

8.18 Dickte (Zeichenbreite)

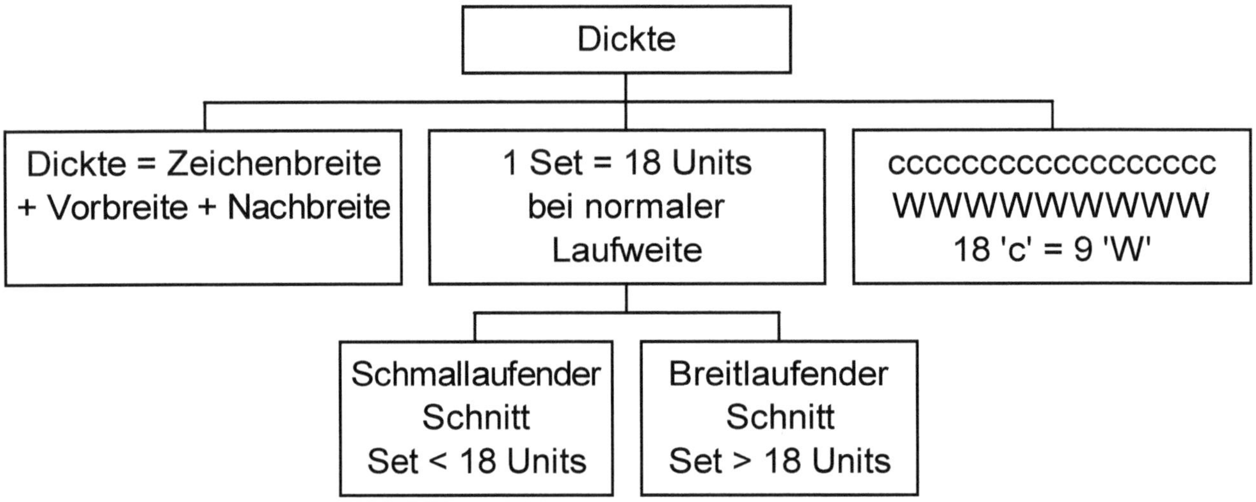

8.19 Seitenformate

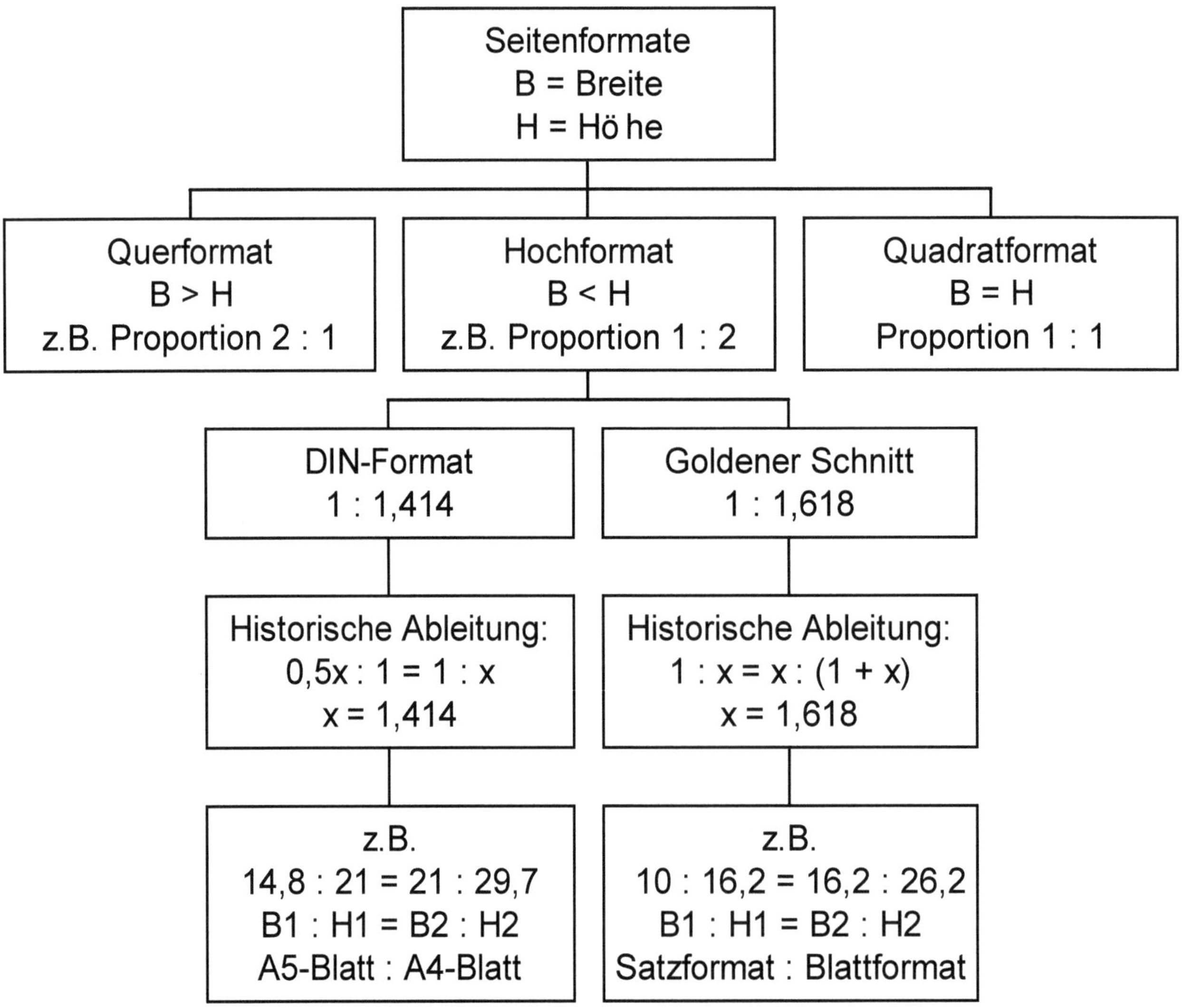

8.20 DIN-A-Formate

	Breite x Höhe	Verwendungsmöglichkeiten	Rohbogenformate
A0	84,1 x 118,9 cm	Plakate	86 x 122 cm
A1	59,4 x 84,1 cm	Plakate	61 x 86 cm
A2	42,0 x 59,4 cm	Plakate; vgl. Nordisches Format	43 x 61 cm
A3	29,7 x 42,0 cm	Coffeetabler, große Atlanten	
A4	21,0 x 29,7 cm	Briefbogen, Fachzeitschriften	
A5	14,8 x 21,0 cm	Lieferscheine, Schulbücher u.a.	
A6	10,5 x 14,8 cm	Postkarten, Gesangbücher u.a.	

8.21 Buch-, Zeitungs- und Zeitschriftenformate

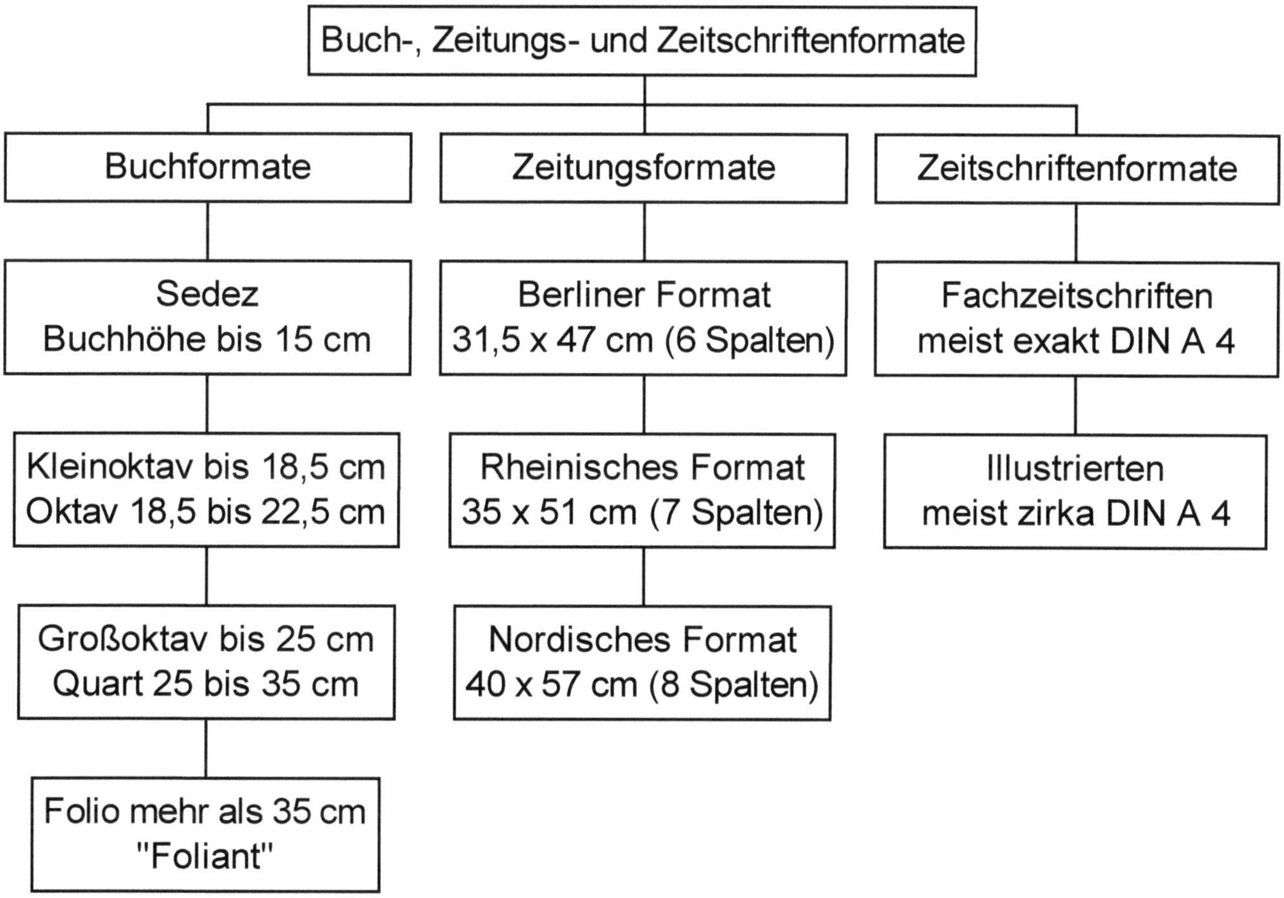

8.22 Satzspiegel

Innenrand < Kopfrand = Außenrand < Fußrand	
In den Satzspiegel fallen	In die Ränder fallen
– Eigentliche Texte nebst Überschriften	– Marginalien (Randtitel, Randbilder)
– Textabbildungen nebst Legenden	– Zeilenzähler (bei Schulbüchern usw.)
– Fußnoten nebst Fußnotenlinien	– Bogensignatur und Bogennorm
– Lebender Kolumnentitel nebst Kopflinie	– Toter Kolumnentitel (Pagina oben/unten)

8.23 Einzelzeile

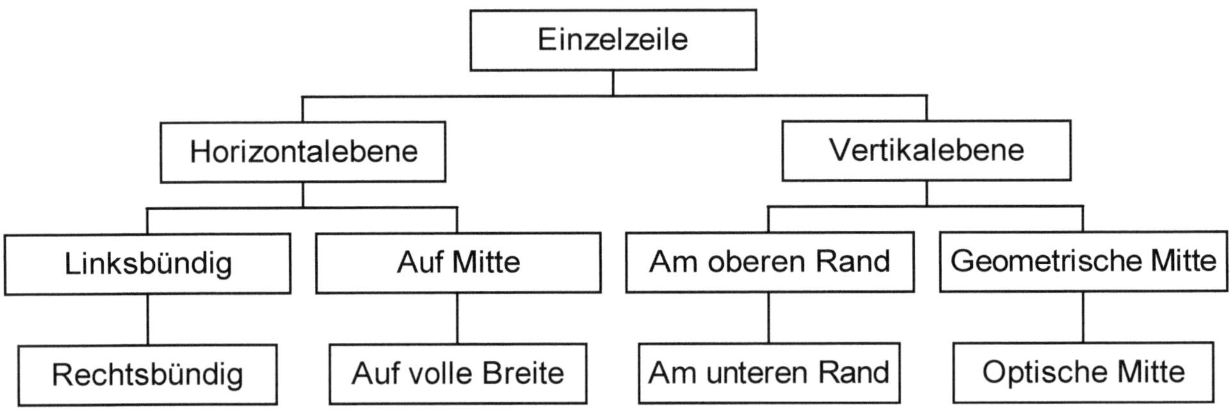

8.24 Dreizeilenfall

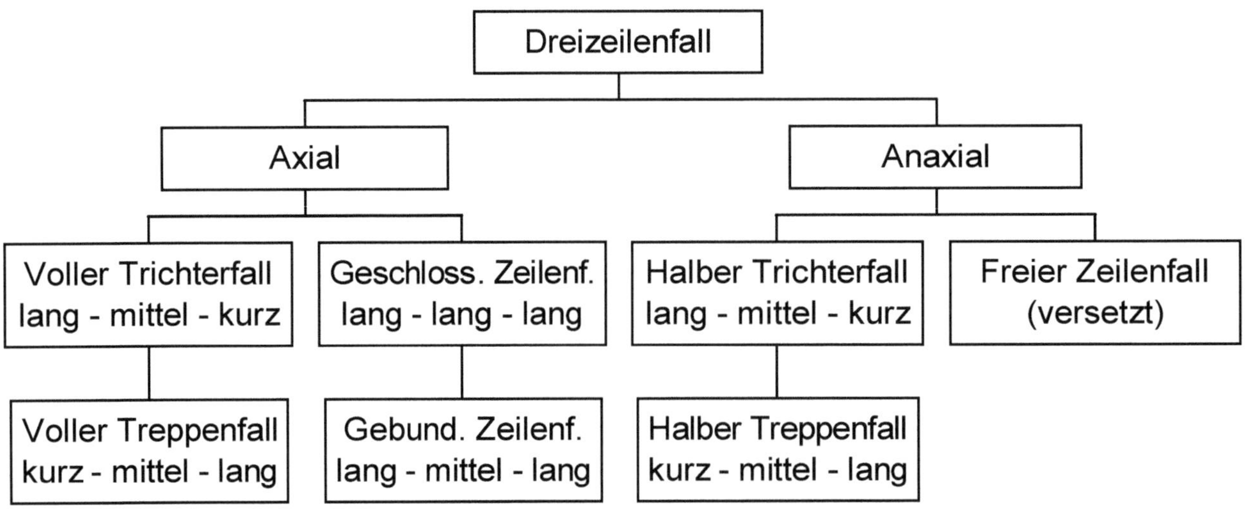

8.25 Absatz

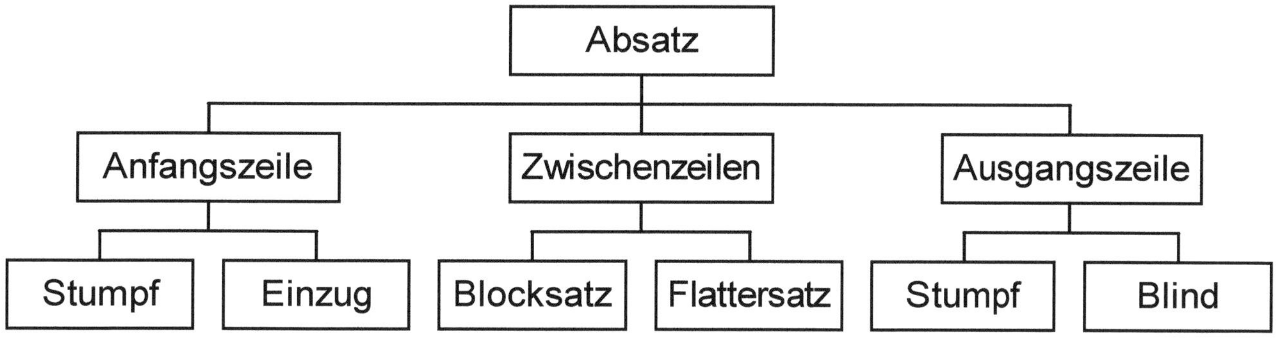

8.26 Ausschluß und Durchschuß

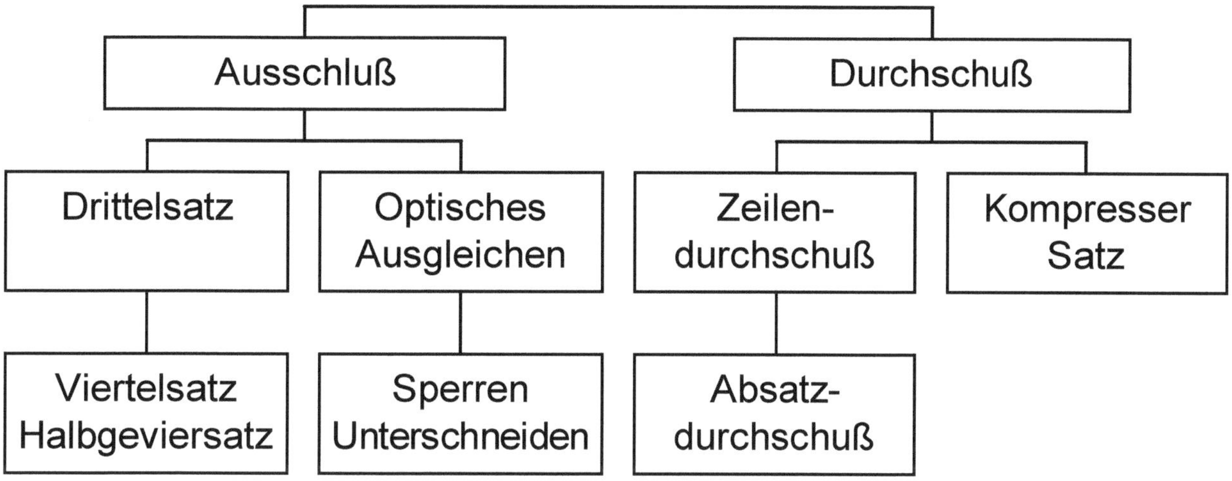

8.27 Textseiten

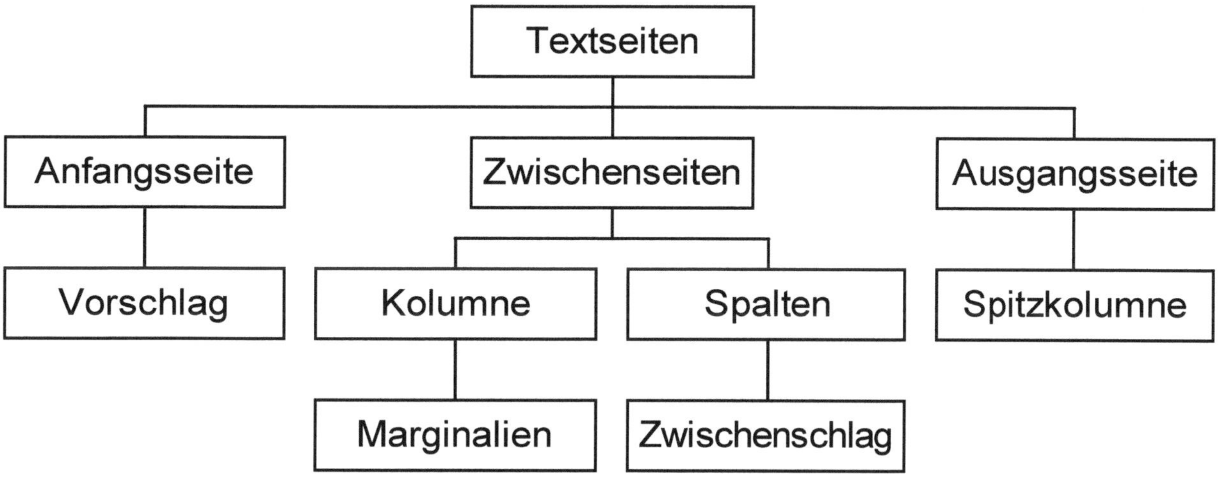

8.28 Textteile des Buches

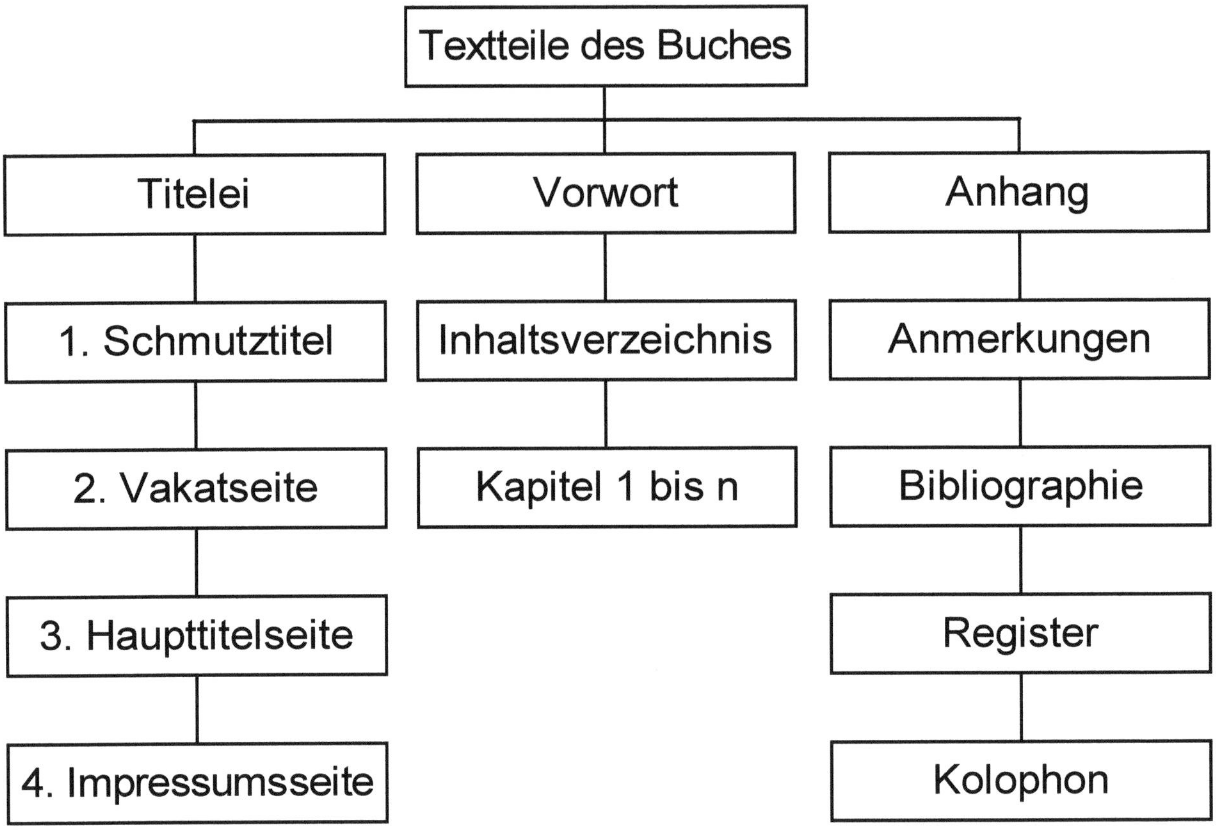

8.29 Textteile des Periodikums

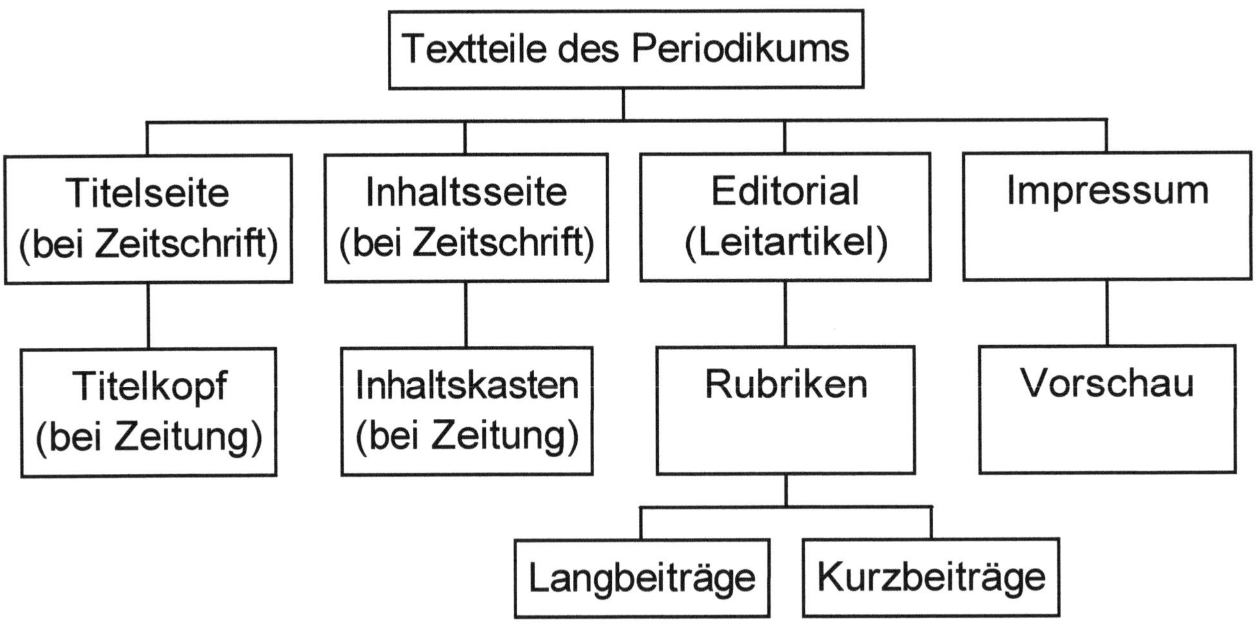

9. Textverarbeitung

9.1 Perioden der Satztechnik

9.2 Perioden der Reprotechnik

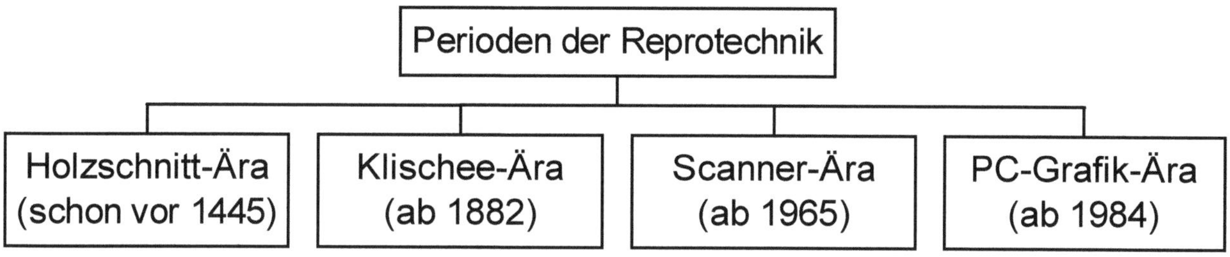

9.3 Direkte und indirekte Herstellung der Druckträger

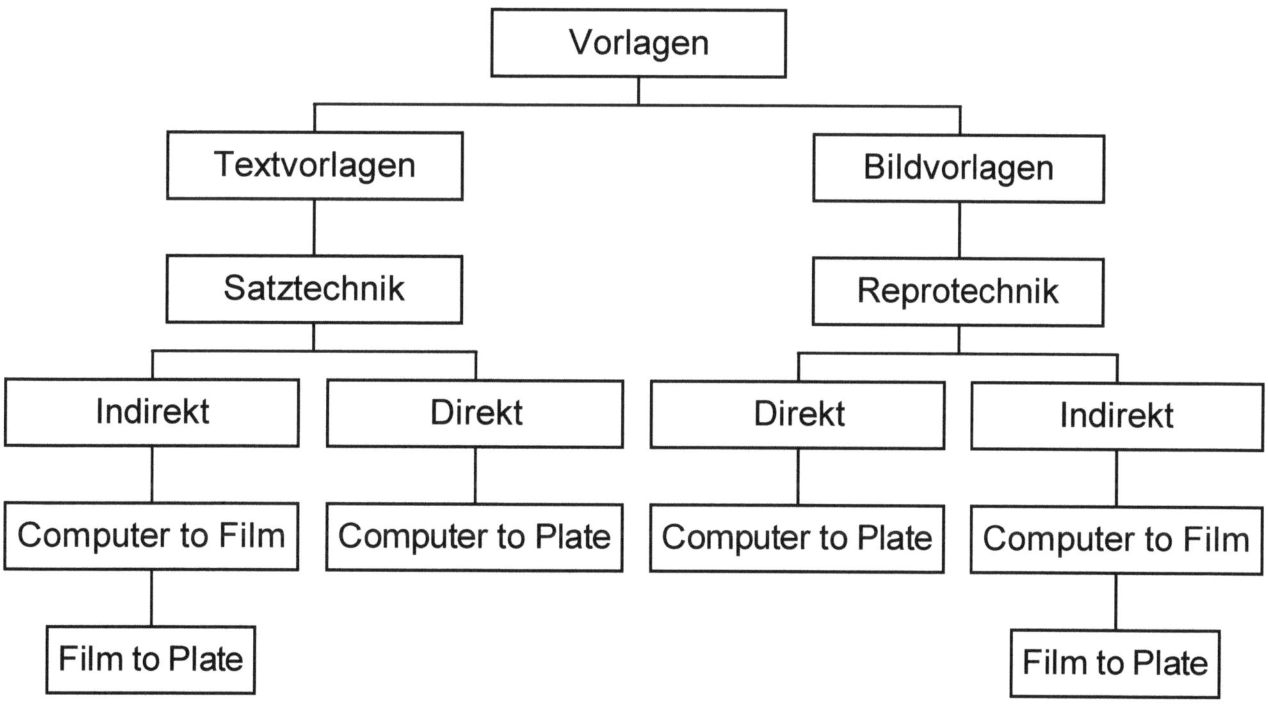

9.4 Handsatz und Maschinensatz

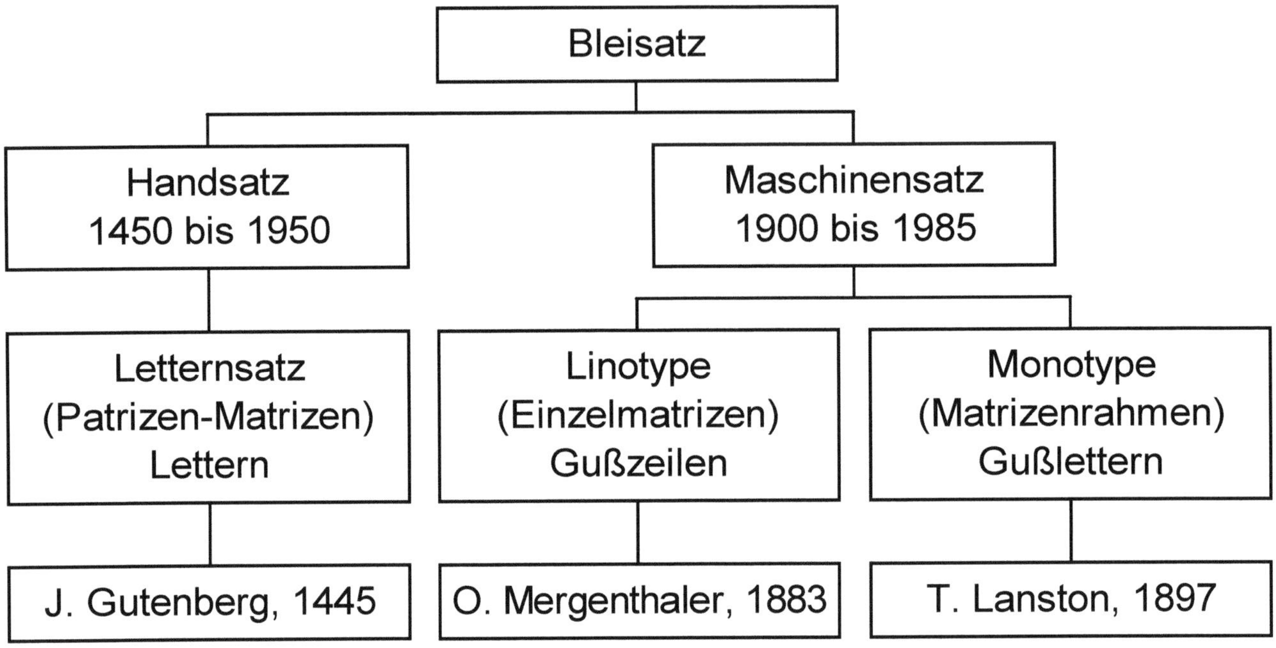

9.5 Photosatz und Lichtsatz

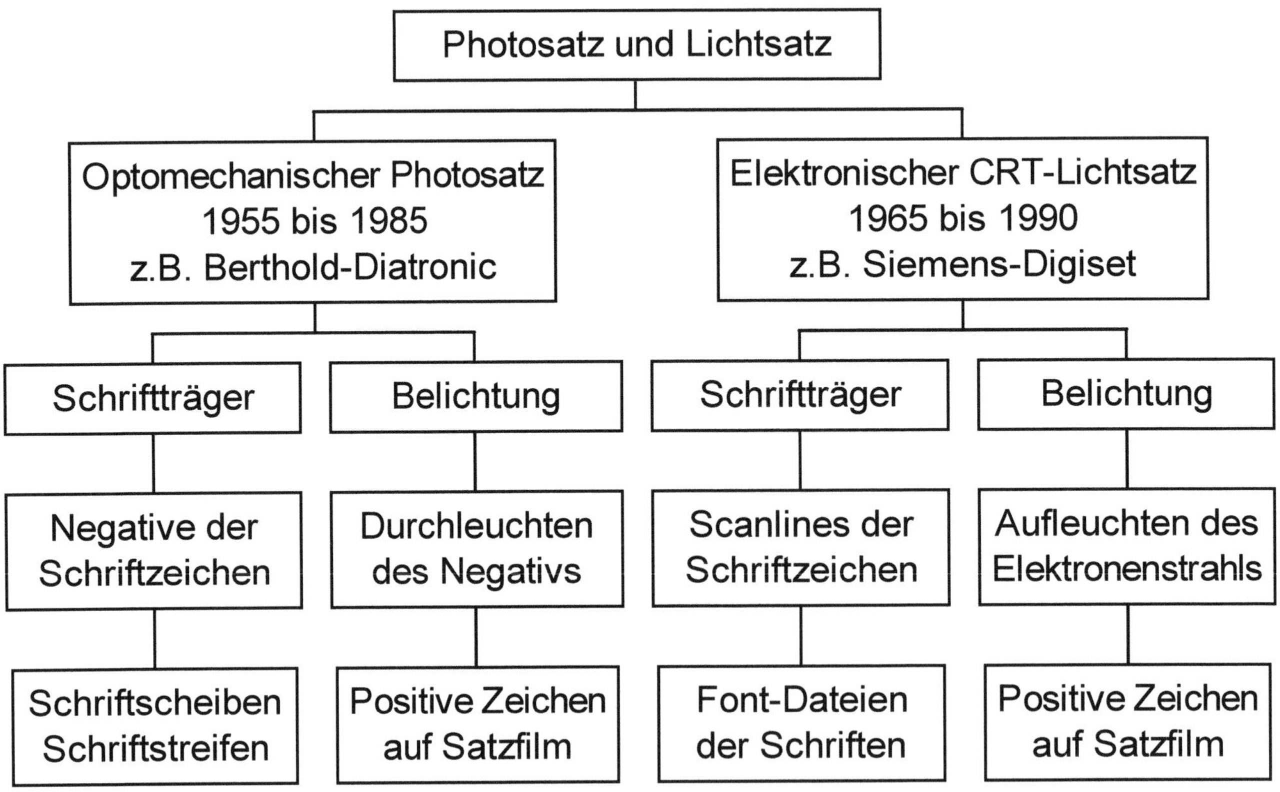

9.6 Lichtsatz versus Lasersatz

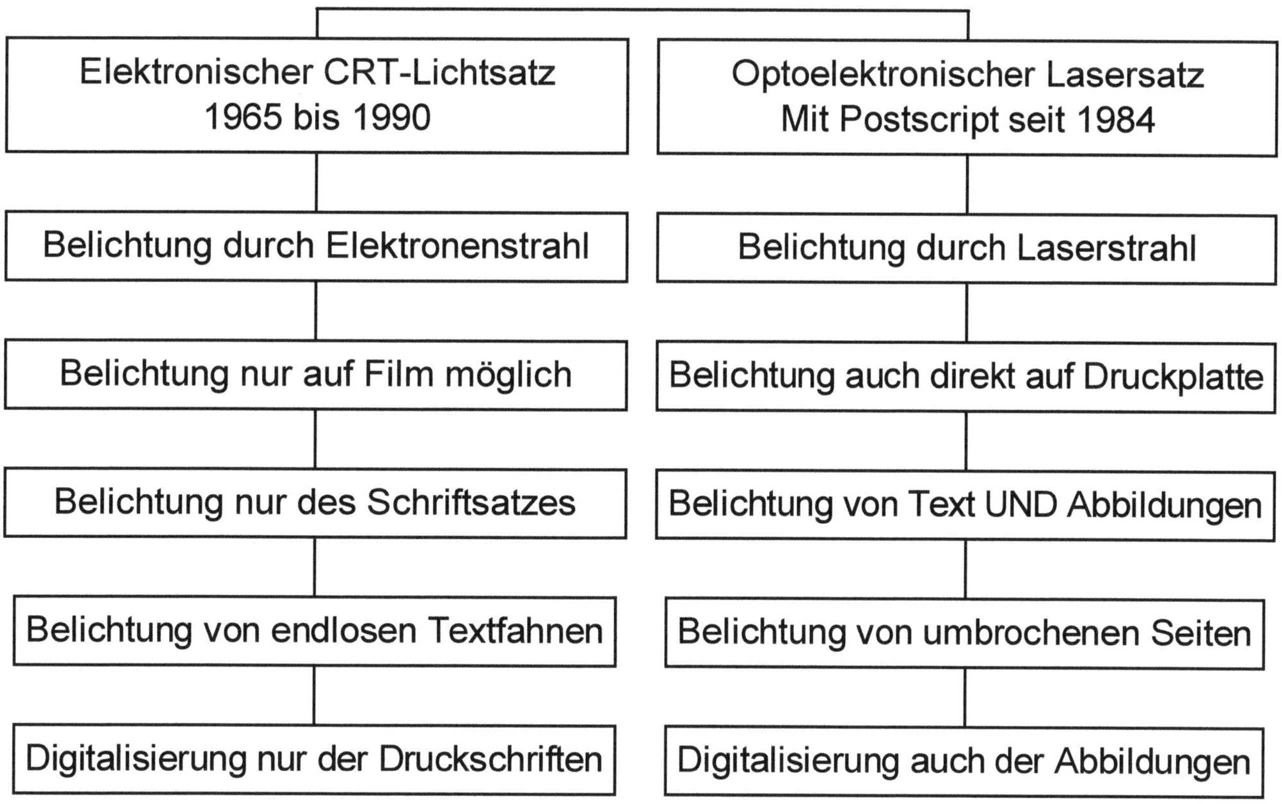

9.7 Setzen und Satzprodukte

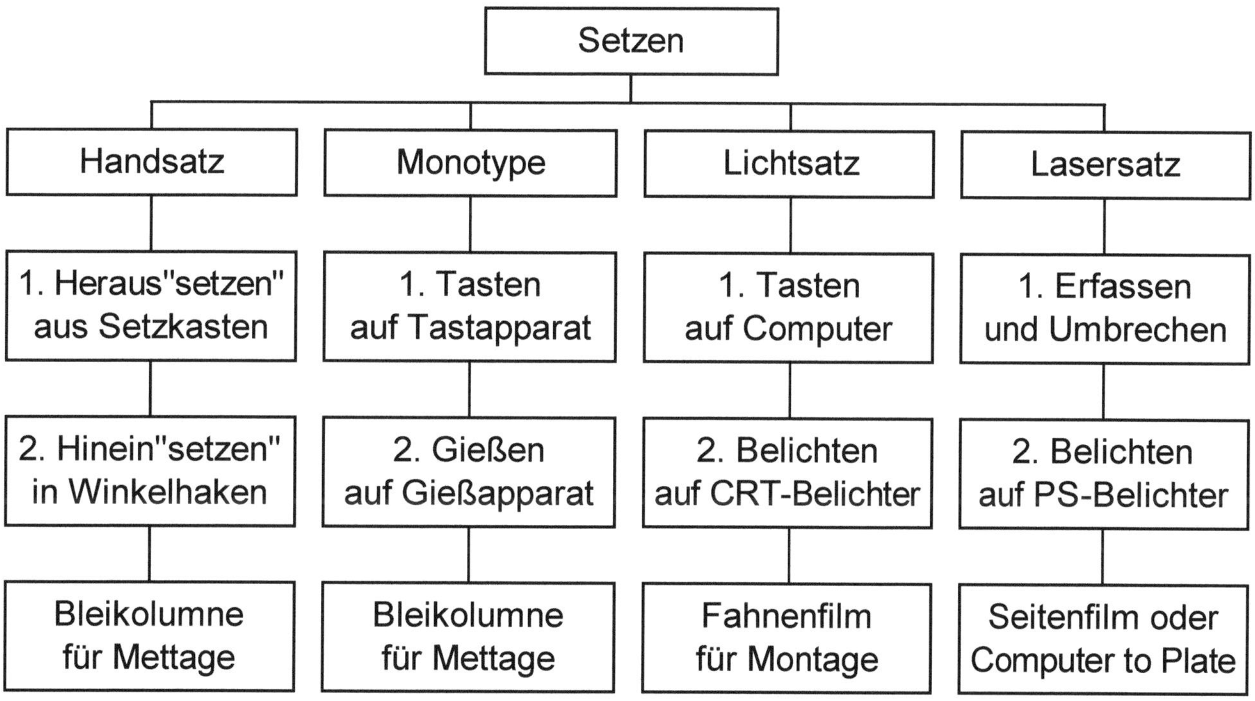

9.8 Arten von Textvorlagen

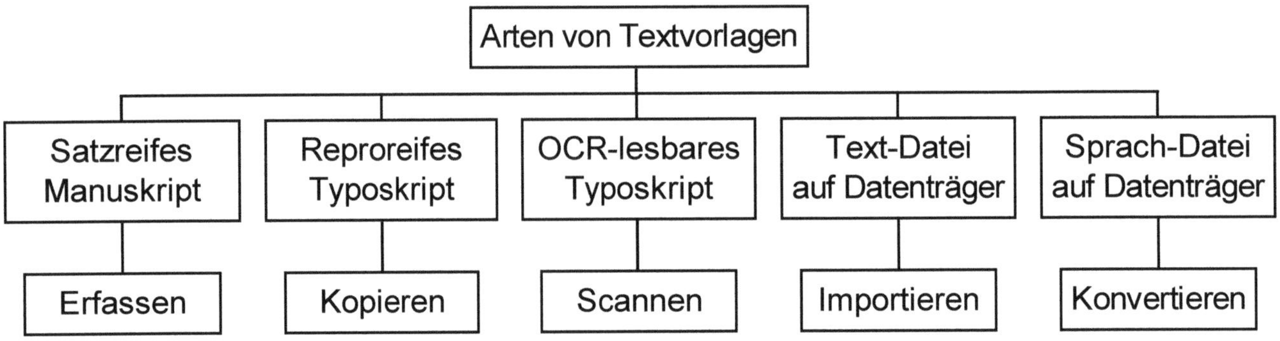

9.9 Text- und Satzarten

Merkmale	**Beispiele**
Verwendungszweck:	Werksatz (Mengensatz) und Akzidenzsatz
– Werksatzarten:	Buch-, Zeitungs- und Zeitschriftensatz
– Akzidenzsatzarten:	Anzeigen-, Katalog- und Plakatsatz usw.
Schwierigkeitsgrad:	glatter (einfacher) und erschwerter Satz
– Erschwernisarten:	Formelsatz, Tabellensatz, Gedichtsatz usw.
– Spezialsatzarten:	Fremdsprachensatz, Musiknotensatz usw.

9.10 Ausschließ- und Trennalgorithmen

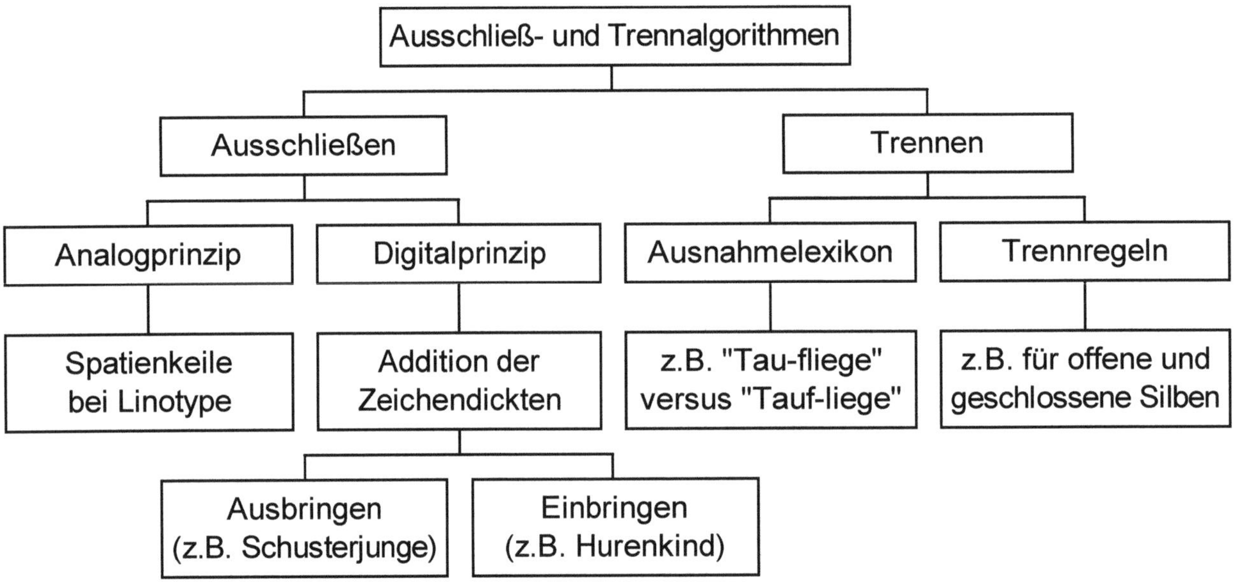

9.11 Konventioneller Korrekturgang bei Papiermanuskript

Schritt	Personen	Tätigkeiten
1.	**Autor**	Ablieferung z.B. eines Buches als **Papiermanuskript**
2.	Vorauskorrektor	Auszeichnung und Vorauskorrektur des Manuskriptes
3.	Verlagshersteller	Erteilung des Satzauftrages inklusive Satzanweisung
4.	Schriftsetzer	Absetzen des Manuskriptes gemäß Satzanweisung
5.	Hauskorrektor	Hauskorrektur eines Fahnenabzuges in der Setzerei
6.	Verlagshersteller	Verteilung der Fahnenabzüge an Autor und Korrektor
7.	**Autor**	Autorkorrektur, zudem oft auch inhaltliche Änderungen
8.	Verlagskorrektor	Verlagskorrektur der Druckfehler, keine Inhaltsänderung
9.	Verlagshersteller	Erstellung eines Klebeumbruches, soweit erforderlich
10.	Verlagshersteller	Rückgabe eines kollationierten Fahnenabzugs an Setzerei
11.	Setzereimontierer	Ausführung der Korrekturen und Umbrucherstellung
12.	Verlagshersteller	Verteilung der Umbruchabzüge an Autor und Korrektor
13.	**Autor**	Erstellung des Registers und Erteilung des Imprimaturs
14.	Verlagskorrektor	Umbruchkorrektur (Überprüfung der Kolumnentitel usw.)
15.	Verlagshersteller	Rückgabe eines korrigierten Umbruchabzugs an Setzerei
16.	Setzereimontierer	Lieferung eines Revisionsabzuges, falls erforderlich
In kleineren Verlagen übernimmt der Lektor oder Redakteur die Funktion des Korrektors		

9.12 Korrekturabzüge

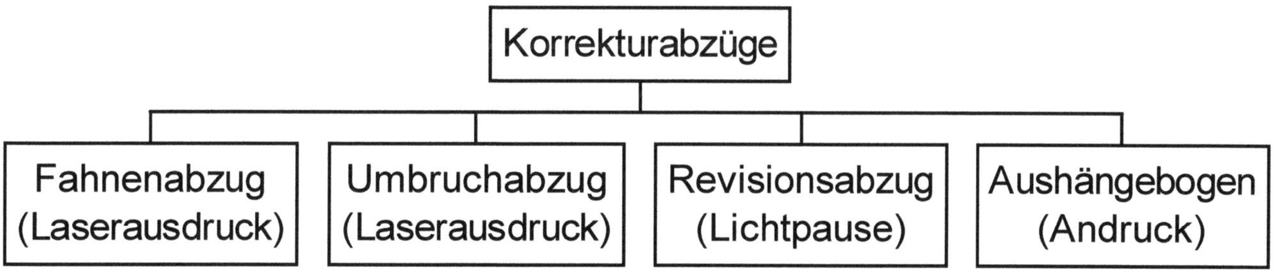

9.13 Textzeichen-Kodierung

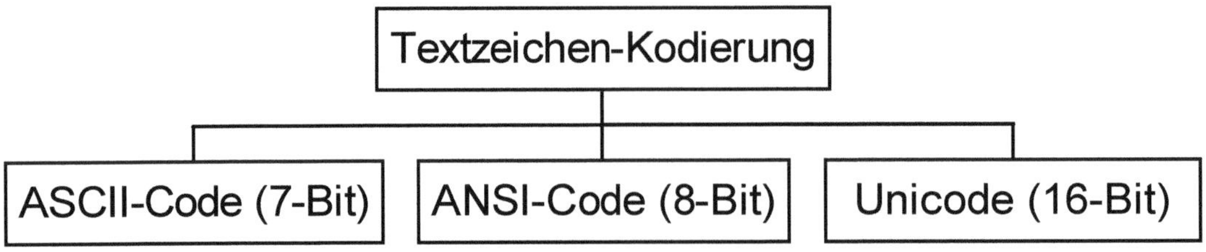

9.14 Text-Kodierung

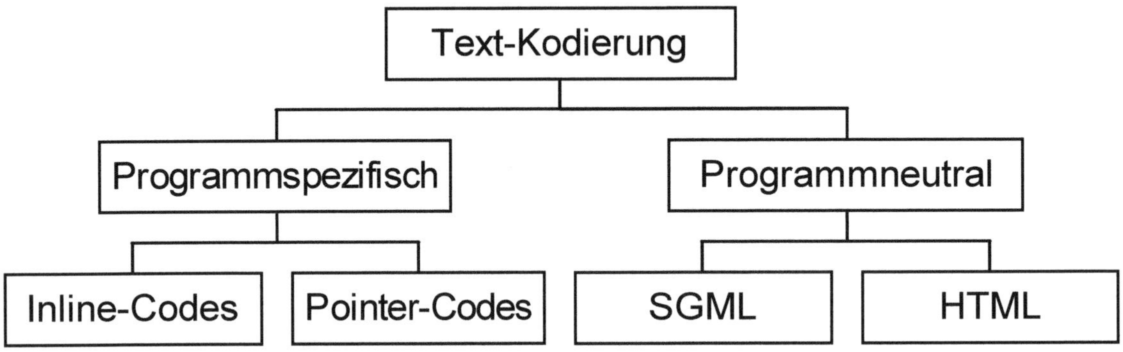

9.15 Text-Übertragung

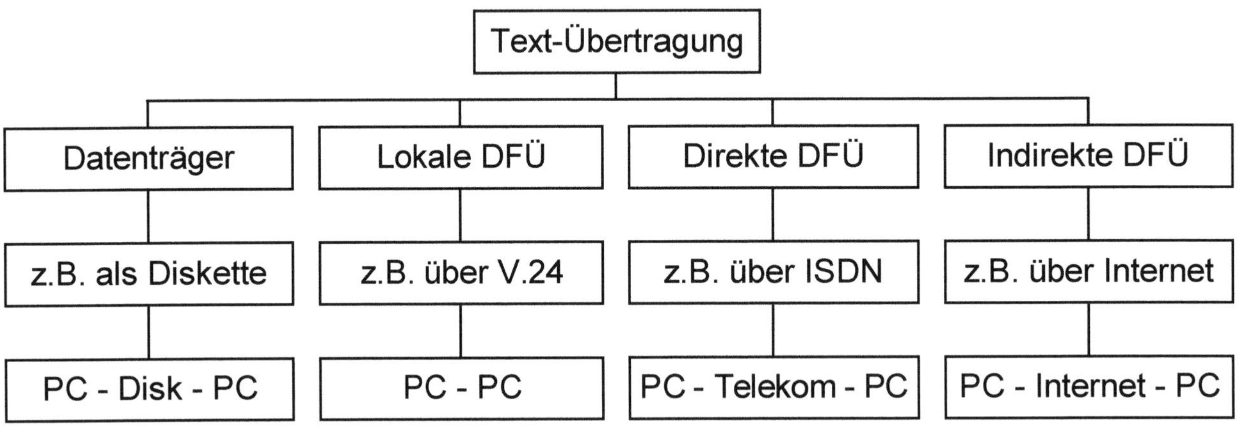

9.16 Text-Konvertierung

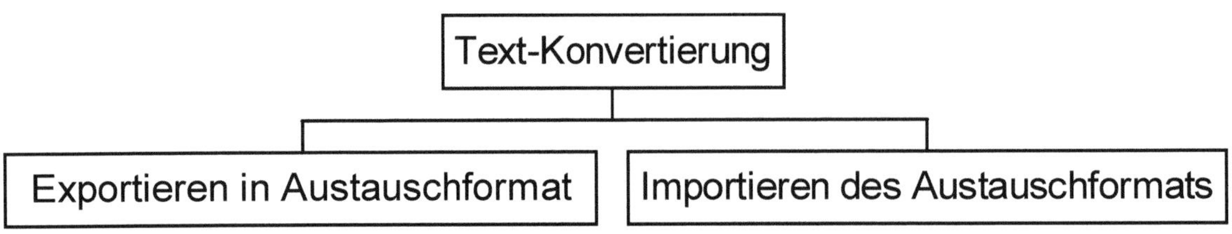

9.17 Text-Ausgabe

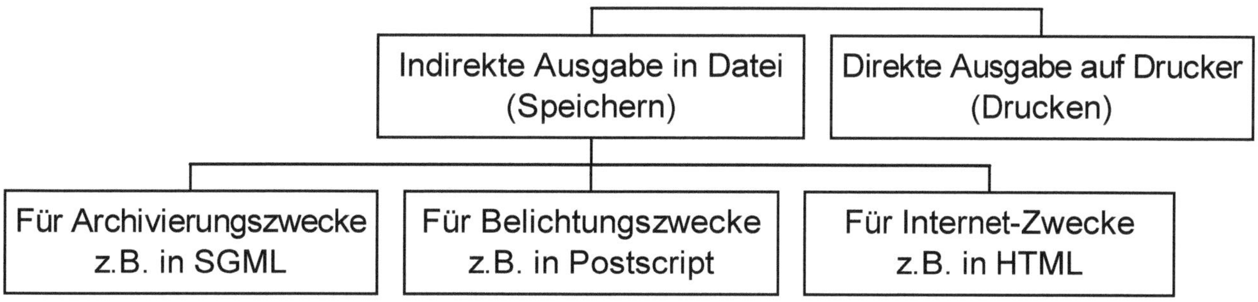

9.18 Laserbelichter und Laserdrucker

	Laserbelichtung auf Film	**Laserausdruck auf Papier**
Zweck	Herstellung von Seitenfilmen	Herstellung von Seitenausdrucken
Quelldatei	Postscript-Seitendatei	
Interpreter	Umwandlung der Postscript-Datei in Bitmap-Datei	
Zieldatei	Bitmap-Seitendatei (1 Bit = 1 Dot = 1 Pixel)	
Belichtung	Laserstrahl generiert die Dots der Seite auf Belichtungsmedium	
Medium	Lith-Film (harter s/w-Film)	Selen-Halbleiterwalze
Auflösung	1000 Linien pro cm = lpi 2540 Dots per Inch = dpi	300 dpi = ca. 120 lpi 600 dpi = ca. 240 lpi usw.
Technik	Laserphotographie	Elektrophotographie
	1. Laserstrahl-Blitze erzeugen Dots auf dem Lith-Film 2. Film-Dots werden schwarz (photograph. Schwärzung) 3. Text und Grafik werden damit schwarz auf dem Seitenfilm 4. Photographisches Negativ ist damit „positiver“ Seitenfilm	1. Laserstrahl-Blitze erzeugen Dots auf negativ geladener Selen-Walze 2. Negative Ladung an Selen-Dots wird dann ins Walzeninnere abgeleitet 3. Negativ aufgeladene Tonerpartikel werden von Selen-Dots angezogen 4. Danach zieht positiv aufgeladenes Papier (++) die Toner-Dot (--) an

9.19 Laserdruckerschriften

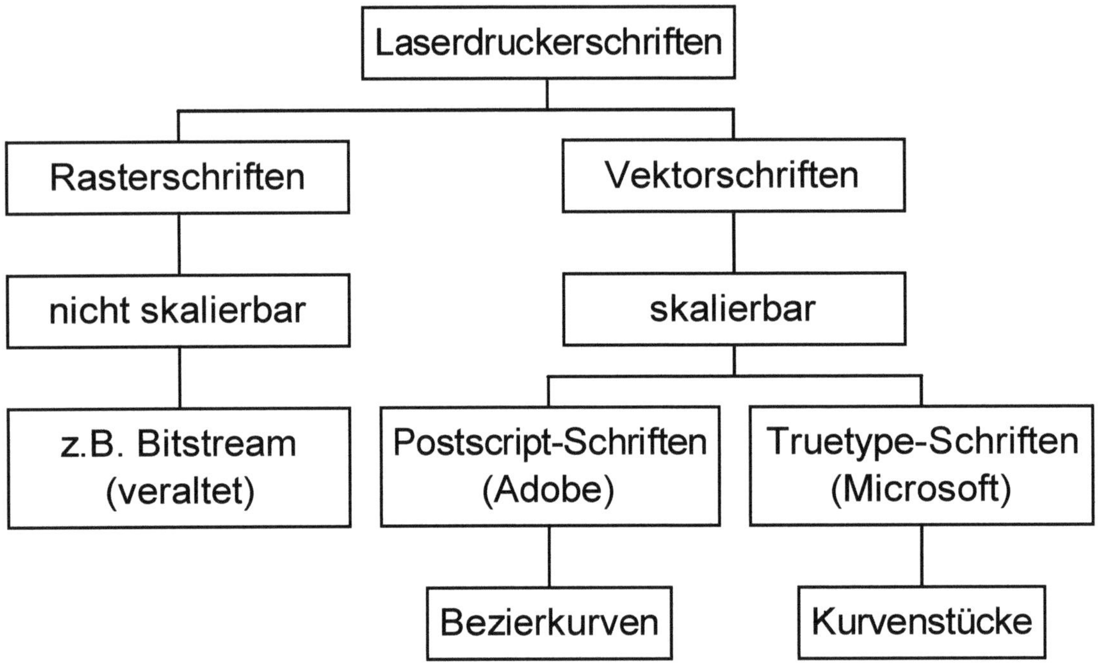

9.20 DTP-Technik

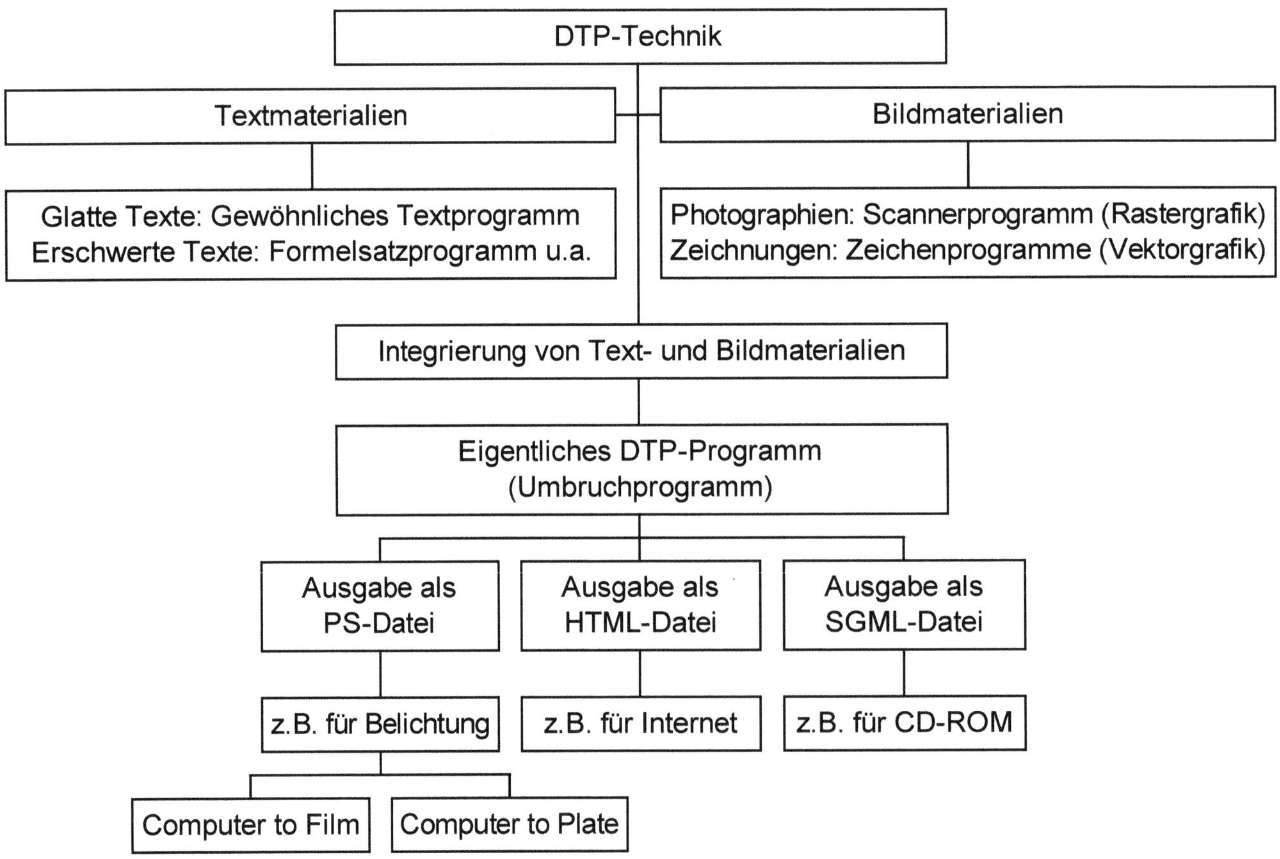

10. Bildverarbeitung

10.1 Künstlerische Druckgrafiken

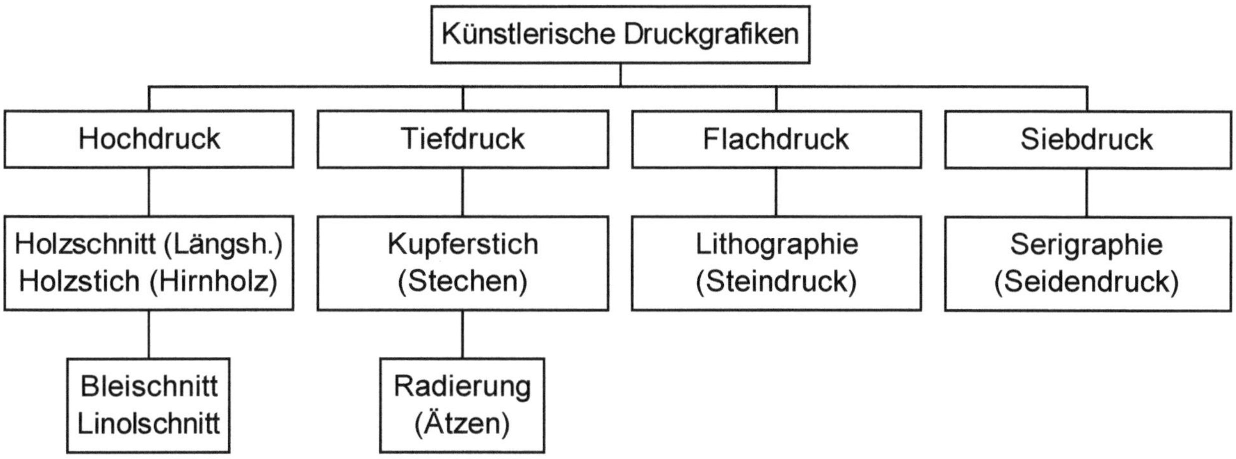

10.2 Konventionelle Bildvorlagen

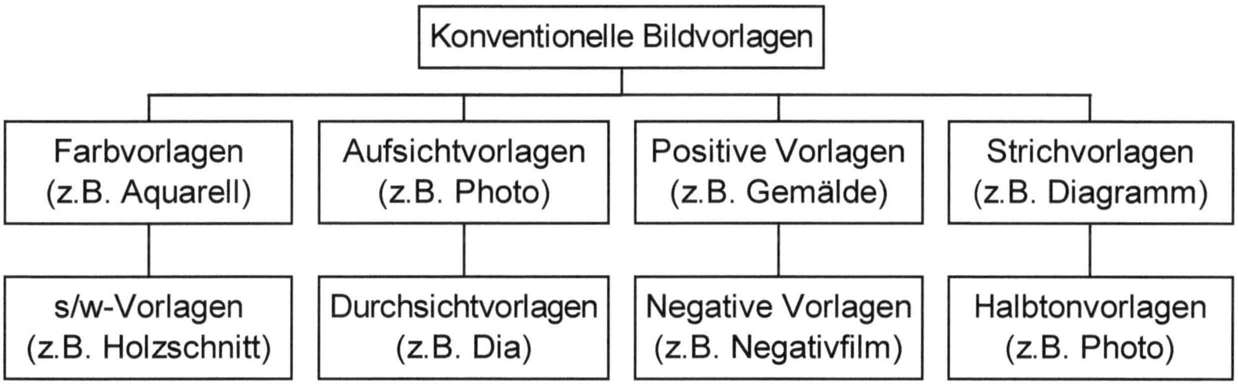

10.3 Moderne Bildvorlagen

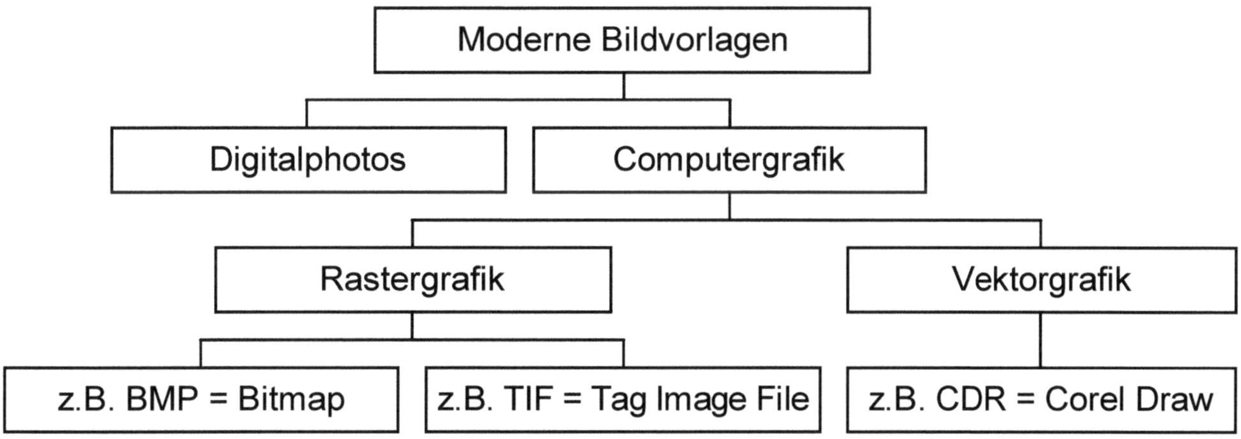

10.4 Historische Klischeeherstellung

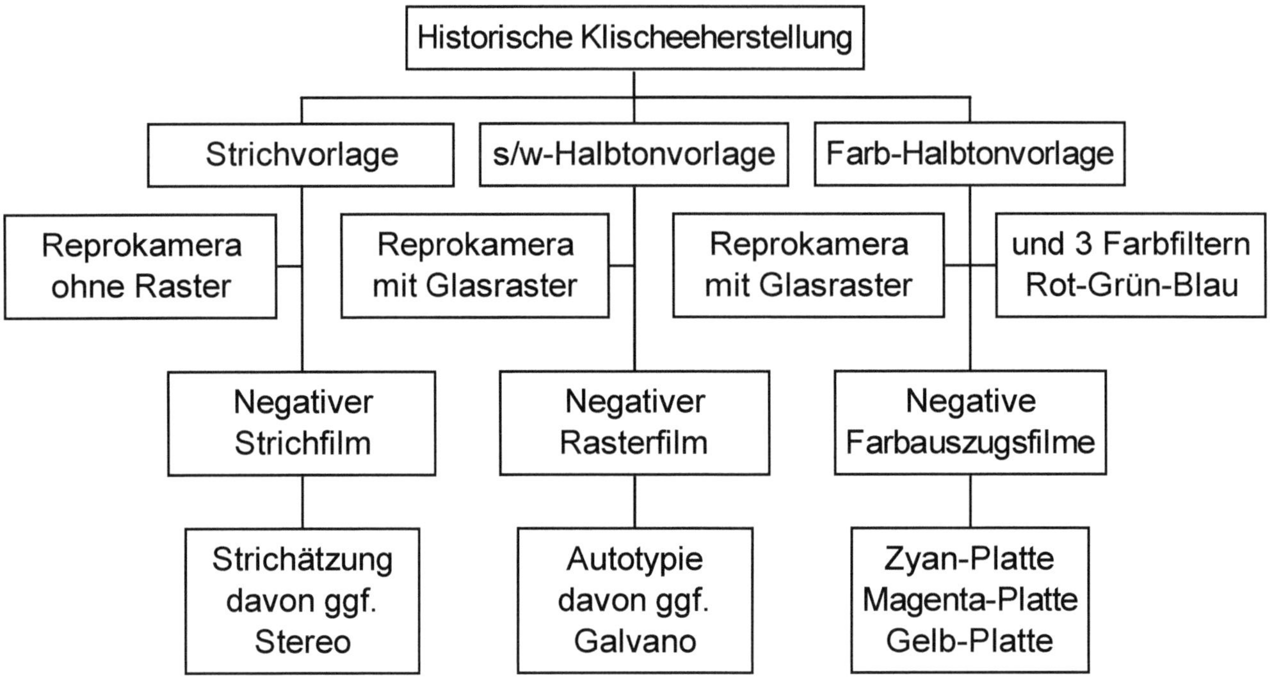

10.5 Bildkorrektur (Retusche)

Ausflecken	Wegretuschieren von Schmutzflecken usw.
Maskieren	Abdecken von unerwünschten Bildteilen
Freistellen	Abdecken des ganzen Bildhintergrundes
Kolorieren	Nachfärben, z.B. Weißen von Zähnen
Auskopieren	Ausschneiden eines Bildteiles
Einkopieren	Einfügen eines anderen Bildes
Verstärken	Erhöhen der Tonwertkontraste
Abschwächen	Verringern der Tonwertkontraste
Morphing	Verzerrung eines Bildes
Invertieren	Positiv-Negativ-Umkehrung
Kontern	Rechts-Links-Umkehrung
Umdrehen	Oben-Unten-Umkehrung

10.6 Prinzipien der Lichtwirkungen

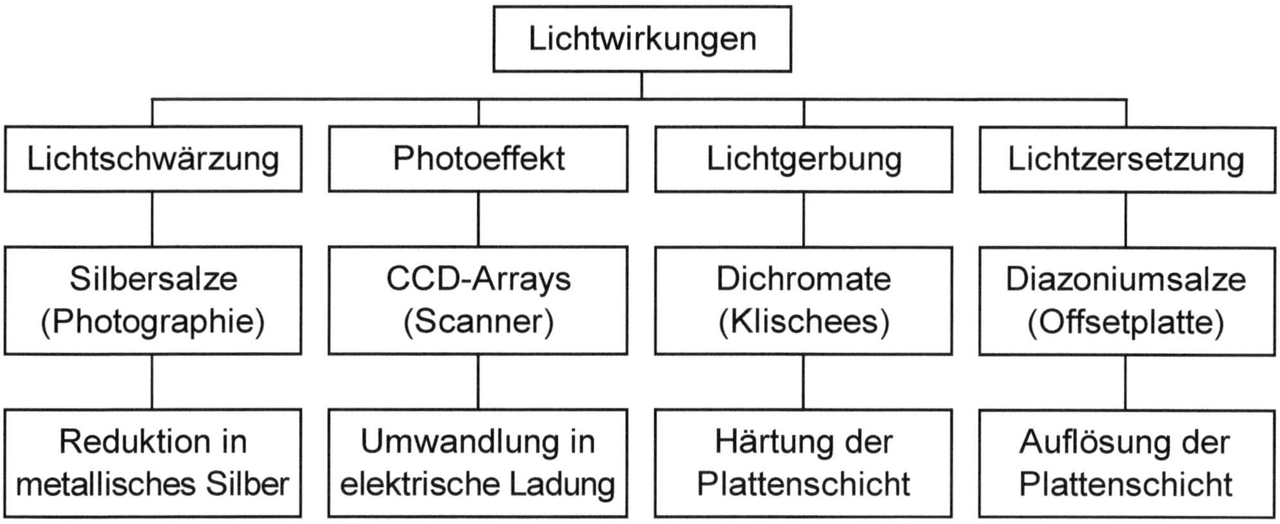

10.7 Photographischer Prozeß

10.8 Arten photographischer Filme

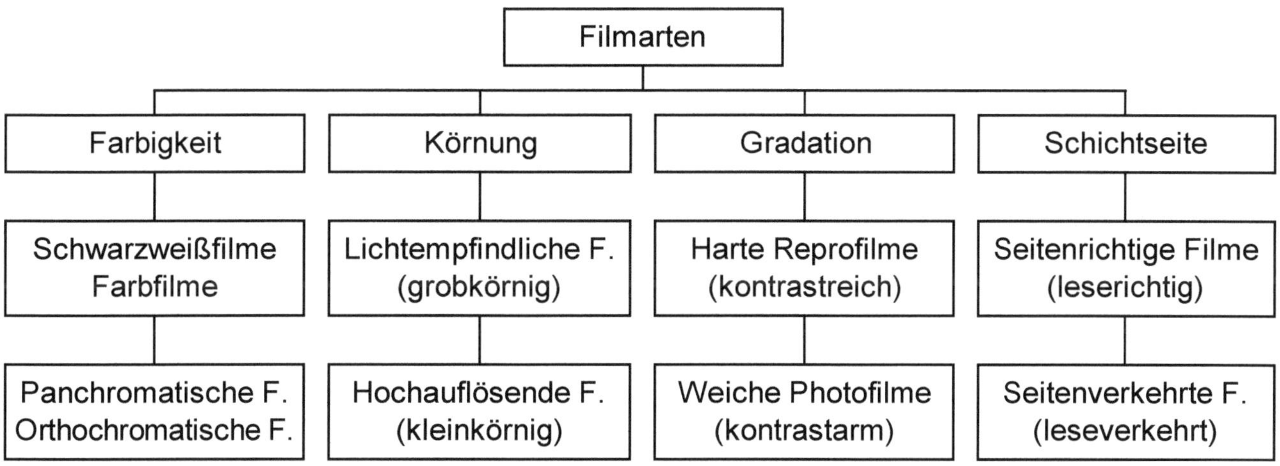

10.9 Dichte (Logarithmus der Opazität)

Lichteinfall	L	100,000%	100,00%	100,00%	100,00%	100,0000%
Transmission	T	99,000%	60,00%	40,00%	2,00%	0,0100%
Absorption	L - T	1,000%	40,00%	60,00%	98,00%	99,9900%
Transparenz	T : L	0,999	0,60	0,40	0,02	0,0001
Opazität	L : T	1,010	1,67	2,50	50,00	10000,0000
Dichte	log(L : T)	0.004	0.22	0.38	1.69	4.0000

10.10 Licht- und Körperfarben

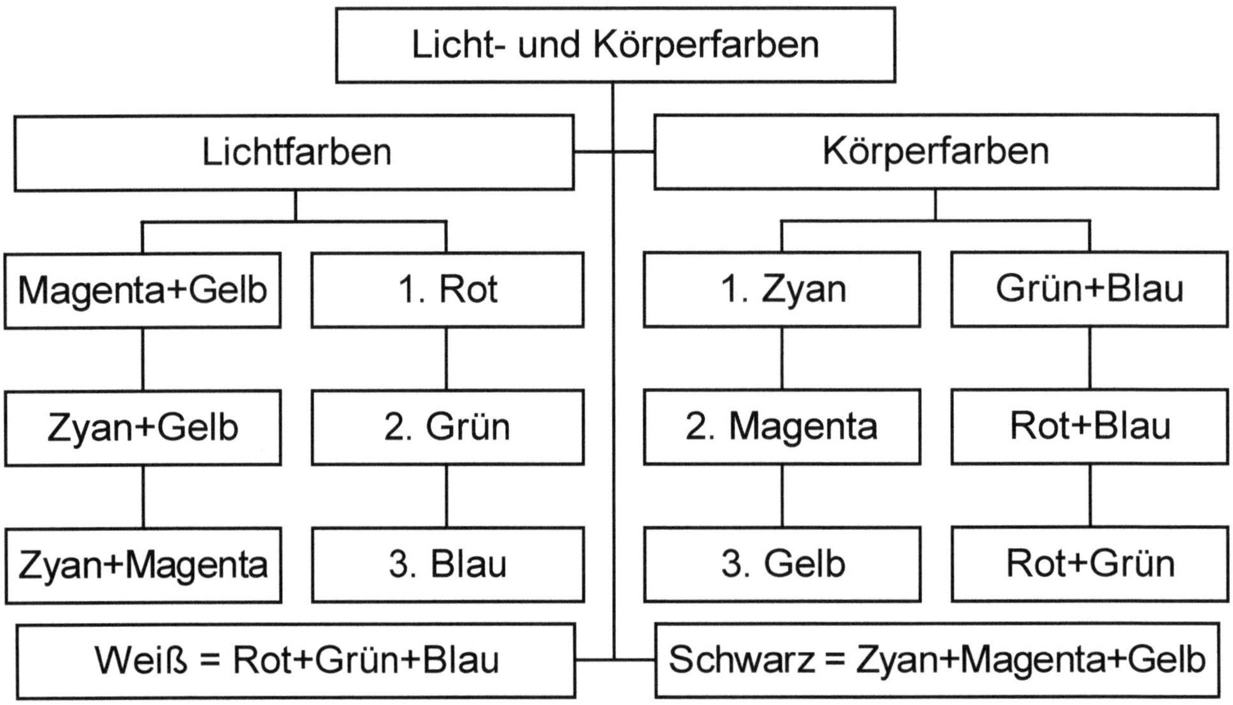

10.11 Unbuntaufbau (UCR = Under Color Removal)

65% Zyan	+	75% Magenta	+	100% Gelb	=	Dunkelbraun
– 65% Zyan	+	– 65% Magenta	+	– 65% Gelb	=	– Grau („Hellschwarz“)
= 0% Zyan	+	= 10% Magenta	+	= 35% Gelb	=	= Hellbraun

10.12 Rasterbegriffe

10.13 Luminanz und Chrominanz

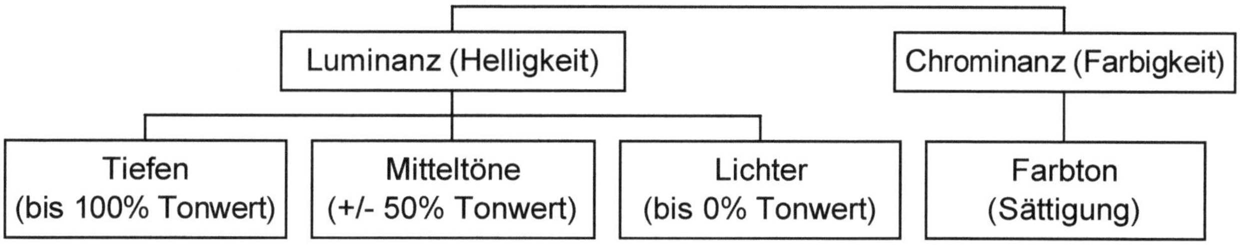

10.14 Scanner-Arten

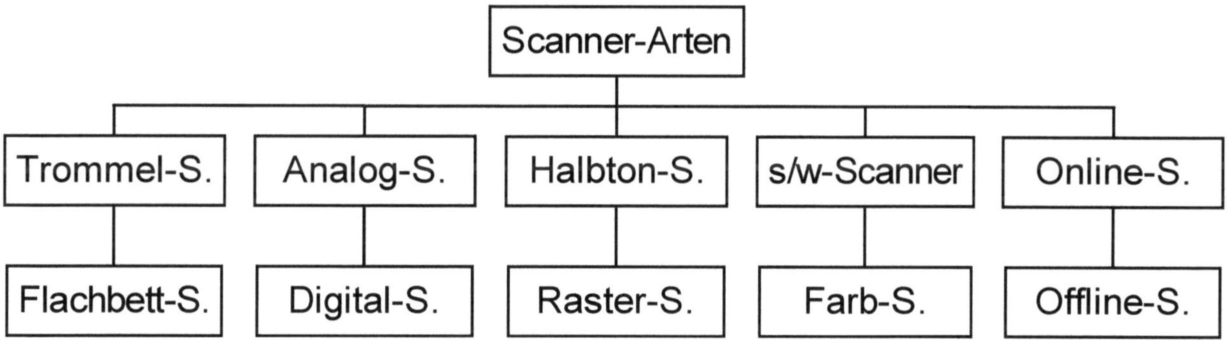

10.15 CCD-Prinzip bei Flachbett-Scanner

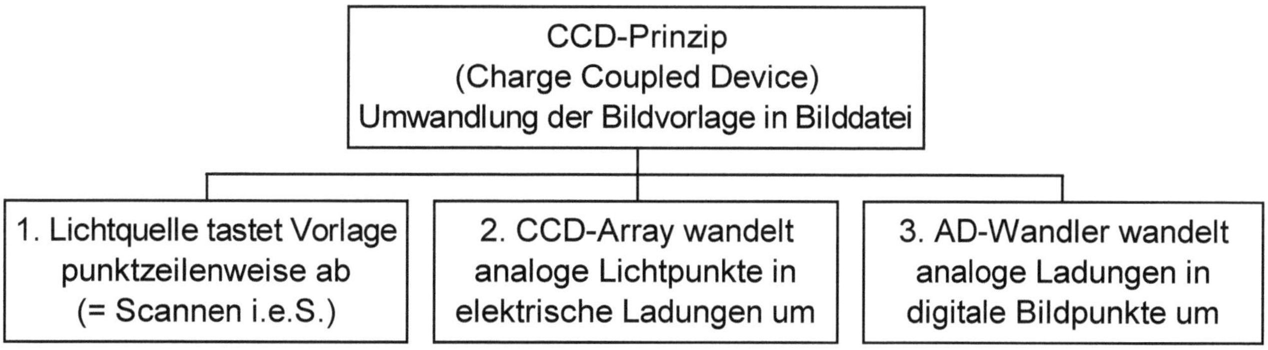

11. Drucktechnik

11.1 Vervielfältigungsverfahren

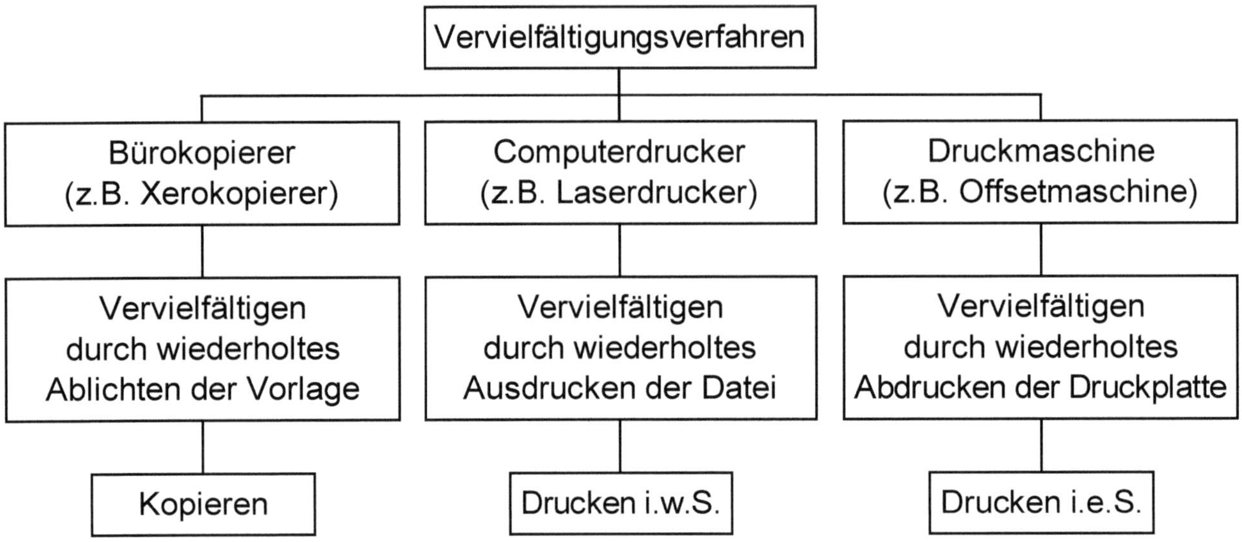

11.2 Druckverfahren

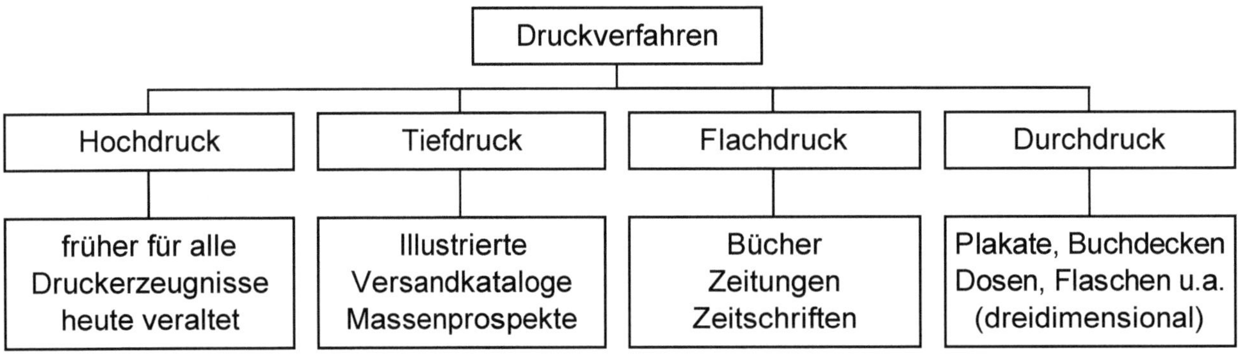

11.3 Druckprinzipien

11.4 Druckfarben

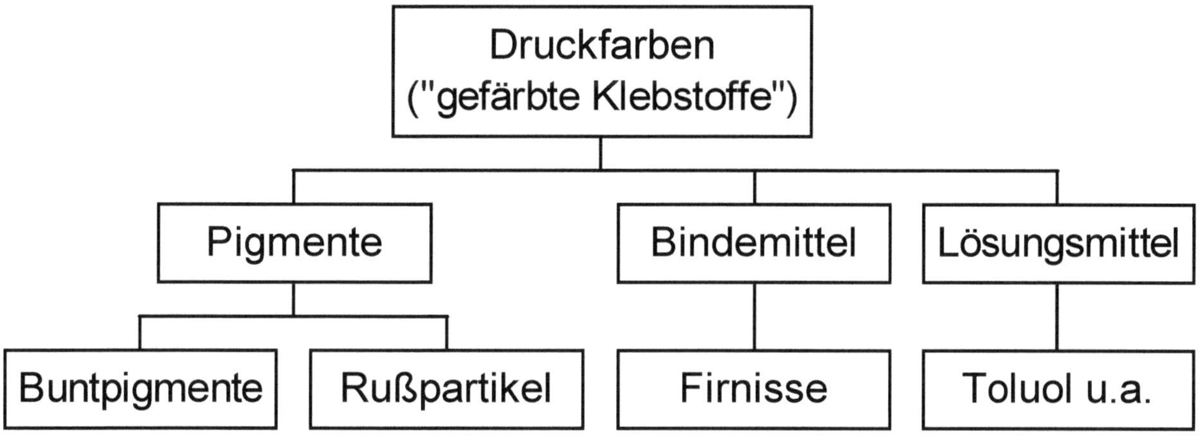

11.5 Trockung der Druckfarbe

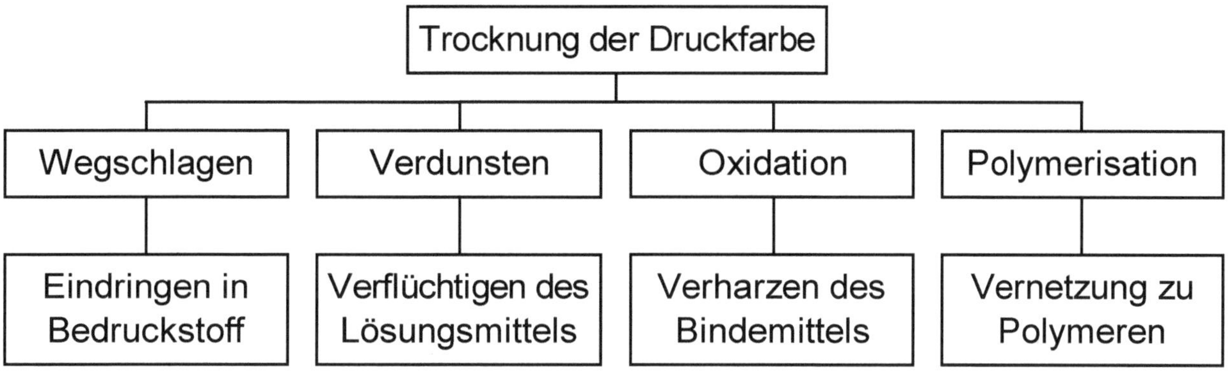

11.6 Druckschwierigkeiten mit Druckfarben

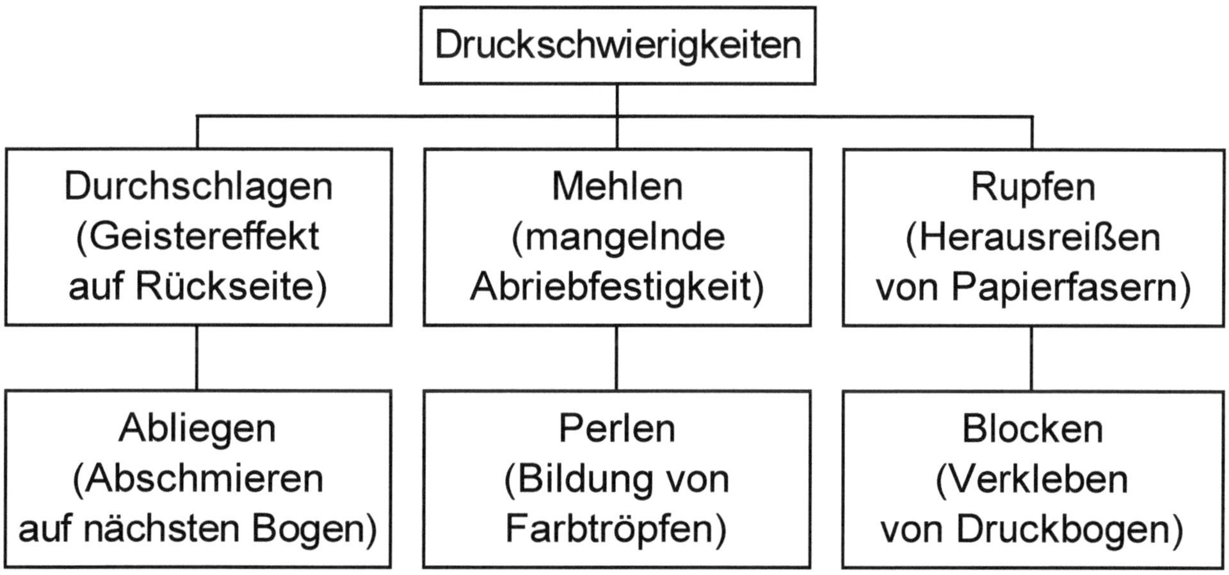

11.7 Druckmaschinen

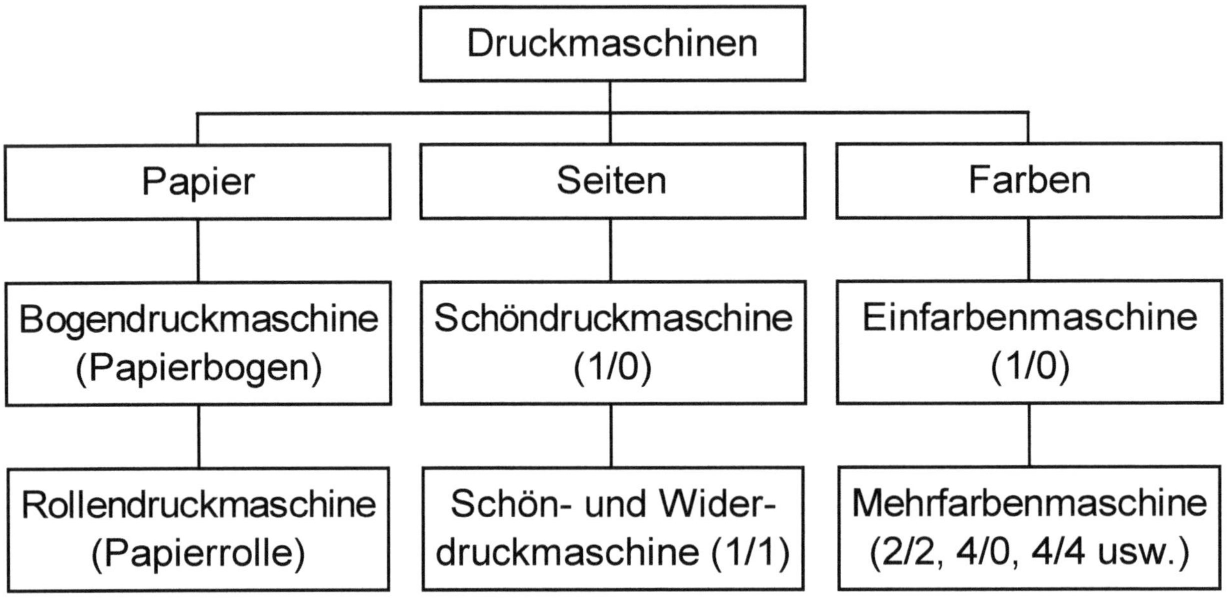

11.8 Druckgang im Bogenoffsetdruck mit einem Druckwerk

1.	Transport des Druckbogens vom **Anlegestapel** zum Gegendruckzylinder
2.1.	**Einfeuchten** der Plattenzylinders mittels **Feuchtwerk**
2.2.	**Einfärben** des Plattenzylinders mittels **Farbwerk**
2.3.	**Umdruck** des seitenrichtigen Druckbildes von Plattenzylinder auf Gummizylinder
2.4.	**Abdruck** des seitenverkehrten Druckbildes von Gummizylinder auf Druckbogen
3.	Transport des Druckbogens vom Gegendruckzylinder zum **Auslegestapel**

11.9 Druckgang im Rollentiefdruck mit mehreren Druckwerken

1.	Transport der Papierbahn vom **Rollenstern** zum Presseur des 1. Druckwerks
2.1.	**Einfärben** des Tiefdruckzylinders mittels **Farbwerk** für die 1. Farbe
2.2.	**Abdruck** des seitenverkehrten Druckbildes vom Tiefdruckzylinder auf Papierbahn
3.	Transport der Papierbahn zum 2. Druckwerk für den Druck der 2. Farbe usw.
4.	Transport der beidseitig mehrfarbig bedruckten Papierbahn zum **Falztrichter**

11.10 Druckarten

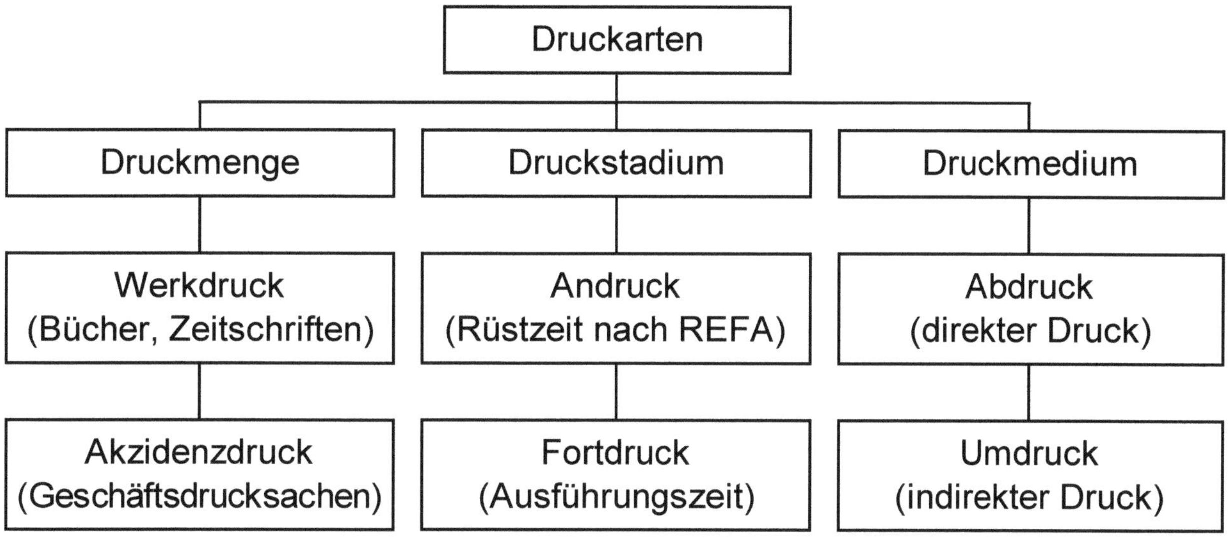

11.11 Nutzenbegriffe

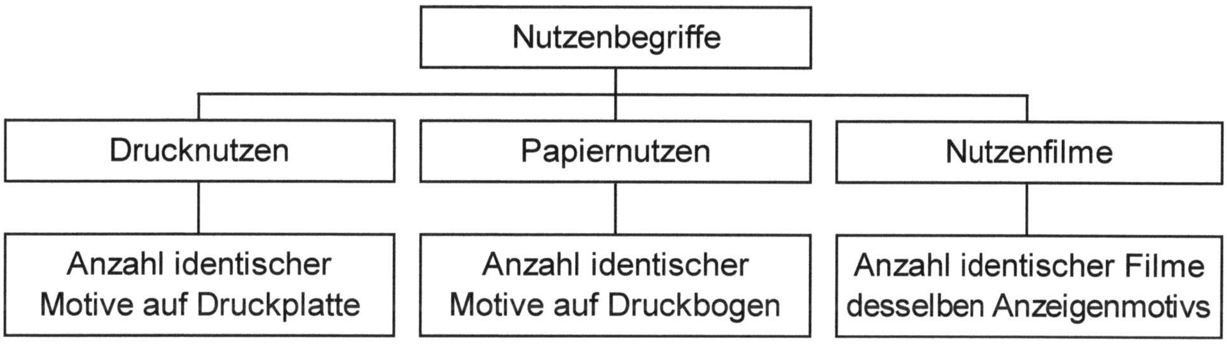

11.12 Schön- und Widerdruck versus Druck zum Umschlagen

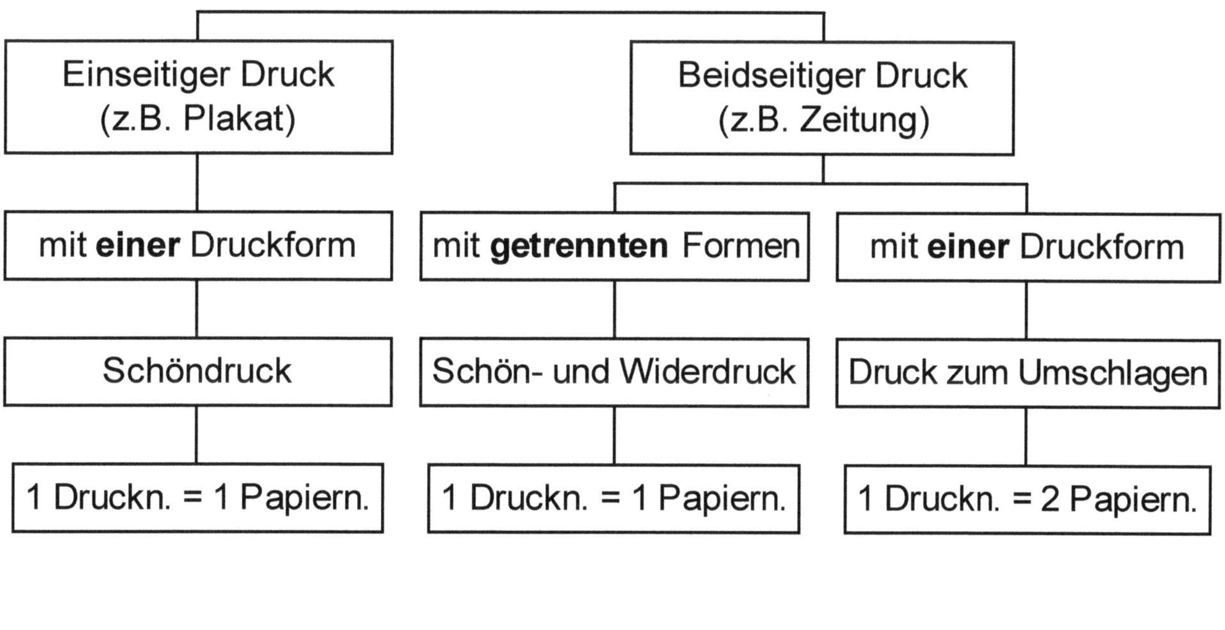

11.13 Ausschießen

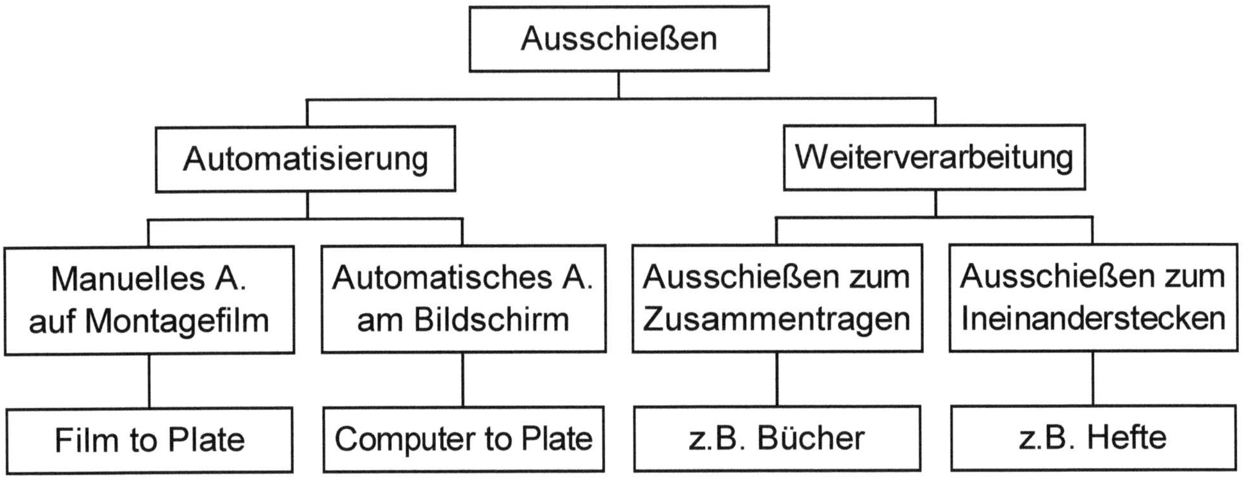

11.14 Arten der Montage

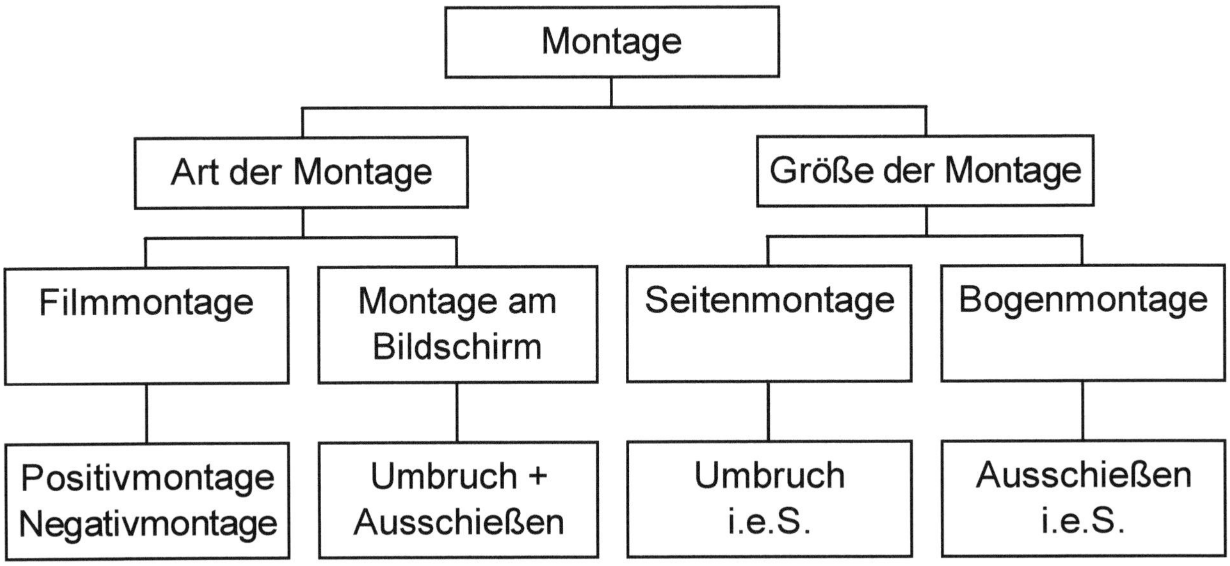

11.15 Erkennungsmerkmale der Druckverfahren

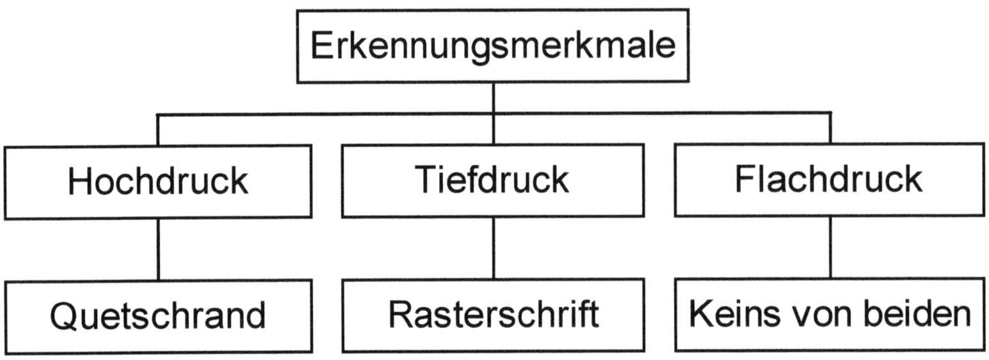

12. Papiertechnik

12.1 Papier als Informationsträger

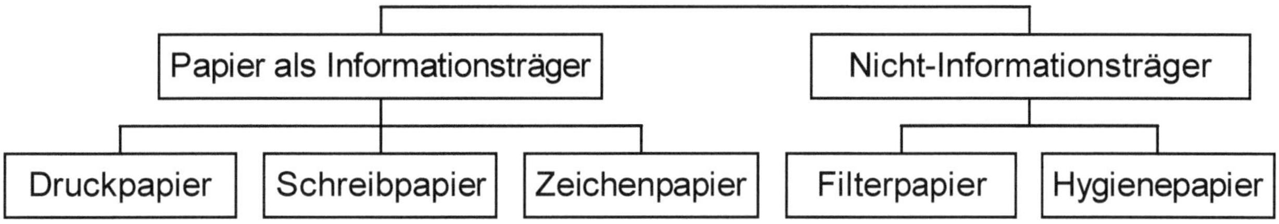

12.2 Bedruckstoffe

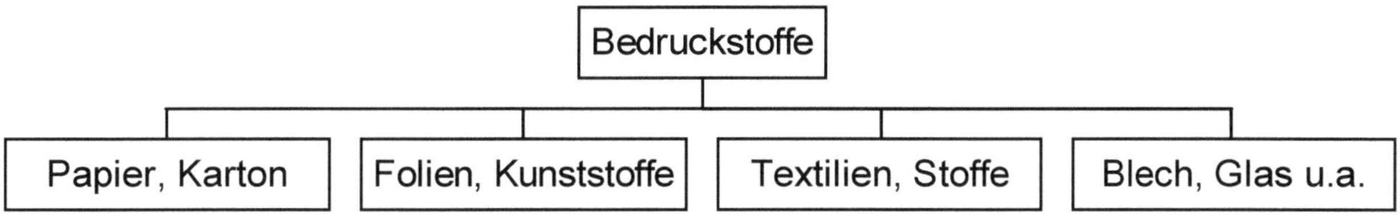

12.3 Papierarten

Kriterium	**Haupt- und Unterarten**
Rohstoffgehalt	holzfreies und holzhaltiges; hadernhaltiges, kunstfaserhaltiges Papier
Hilfsstoffgehalt	füllstoffreiches, füllstoffarmes; stoffgeleimtes, stoffgefärbtes Papier
Mahlgrad	rösch gemahlenes Papier und schmierig gemahlenes Papier
Produktionsart	Langsiebpapier, Rundsiebpapier; handgeschöpftes Büttenpapier
Zweiseitigkeit	zweiseitiges Papier, gegautschtes Doppelsiebpapier (zwei Filzseiten)
Laufrichtung	Schmalbahnpapier, Breitbahnpapier; Handpapier ohne Laufrichtung
Veredelung	satiniertes, gestrichenes, geripptes, gefärbtes, geleimtes Papier
Volumen	voluminöses (auftragendes) Papier und nicht auftragendes Papier
Papierform	Bogenpapier und Rollenpapier; Wellpappe
Flächengewicht	Papier, Karton (dicker als Papier), Pappe (dicker als Karton)
Verwendung	Druck-, Schreib-, Zeichen-, Pack-, Filter-, Hygienepapier
Druckverfahren	Tiefdruckpapier, Offsetpapier, Siebdruckpapier, Hochdruckpapier

12.4 Halbstoffe und Hilfsstoffe

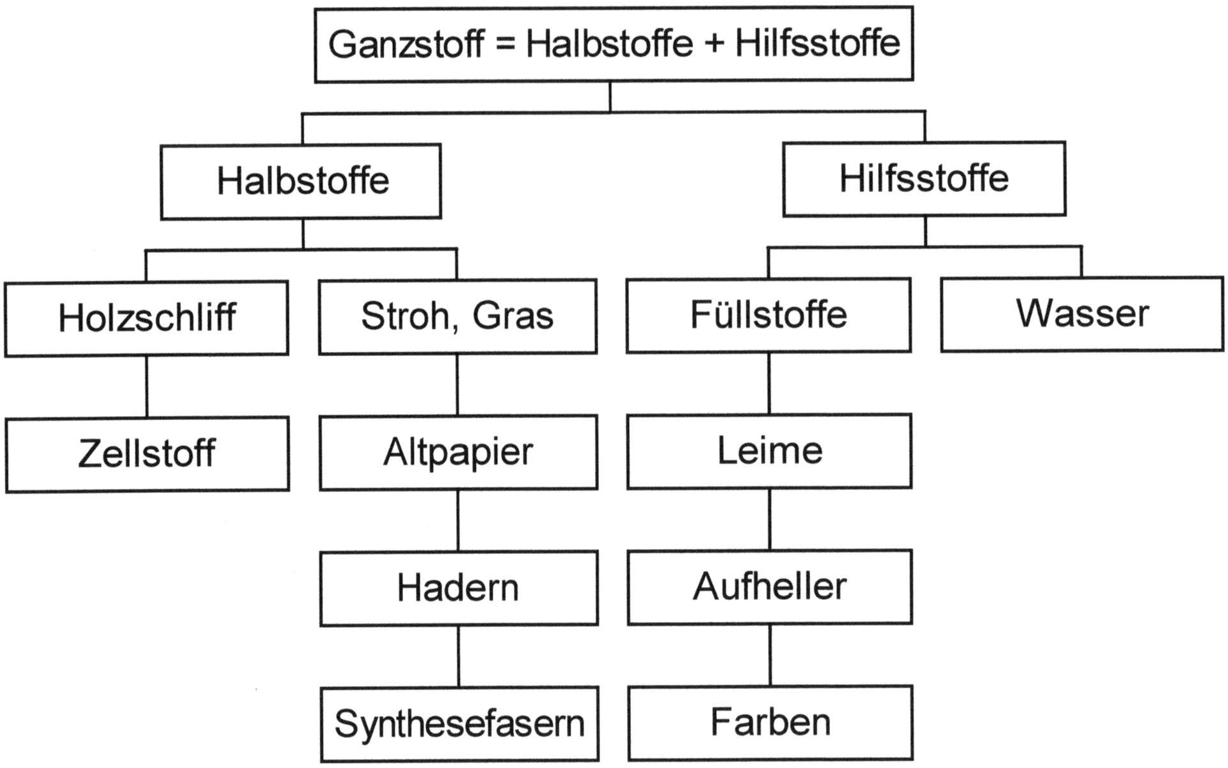

12.5 Mahlung

Rösche Mahlung (Löschpapier als Extrem)	**Schmierige Mahlung** (Pergamentpapier)
a) opak (undurchsichtig)	a) transparent (durchscheinend)
b) saugfähig	b) wasserdicht
c) nicht falzfest (röschkurz)	c) falzfest (schmieriglang)
d) auftragend (voluminös)	d) nicht auftragend (dicht)
e) rauhe Oberfläche	e) glatte Oberfläche
f) Druckfarbe schlägt weg	f) Druckfarbe oxidiert

12.6 Langsiebmaschine

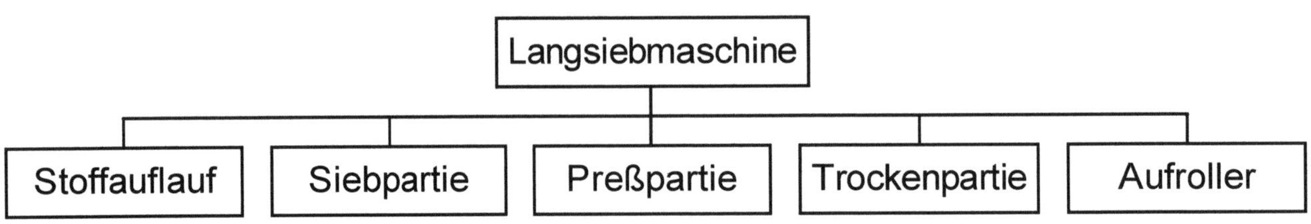

12.7 Laufrichtung

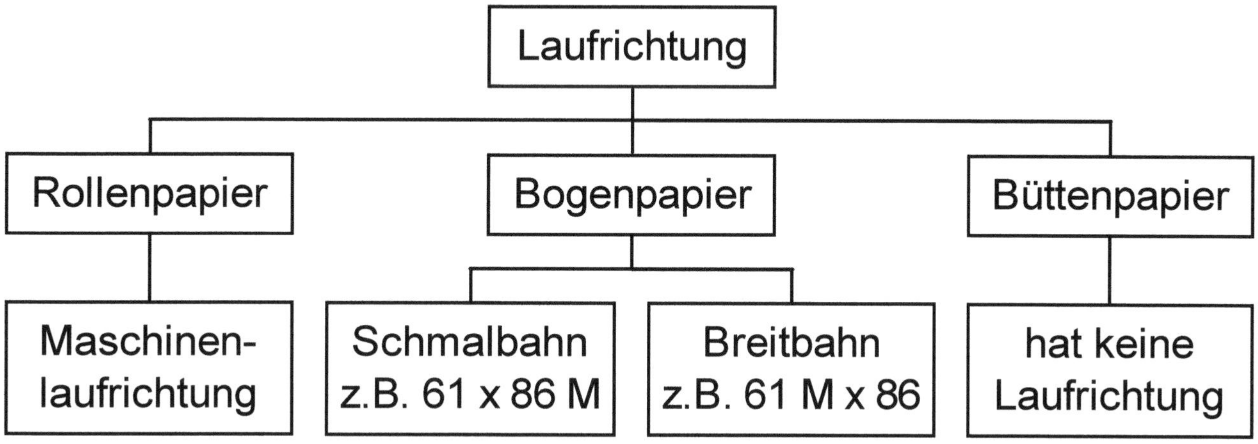

12.8 Papierveredelung

Satinage	unsatinierte, maschinenglatte; satinierte, glänzend satinierte Papiere
Strich	ungestrichen; einseitig/beidseitig, matt/glänzend gestrichene Papiere
Leimung	ungeleimte; stoffgeleimte und/oder oberflächengeleimte Papiere
Beschichtung	kunststoffbeschichtete Papiere, zellophanierte, laminierte Papiere
Rippung	ungerippe, glatte; gerippte, gehämmerte Papiere; Büttenpapiere
Färbung	ungefärbte Naturpapiere; oberflächengefärbte, stoffgefärbte Papiere
Wasserzeichen	Papiere mit Lichtwasserzeichen und/oder Schattenwasserzeichen

12.9 Papierberechnungen

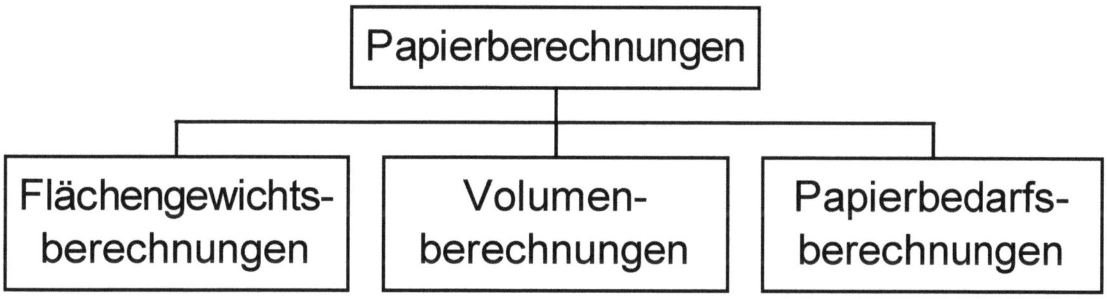

13. Buchbinderei

13.1 Verbinden

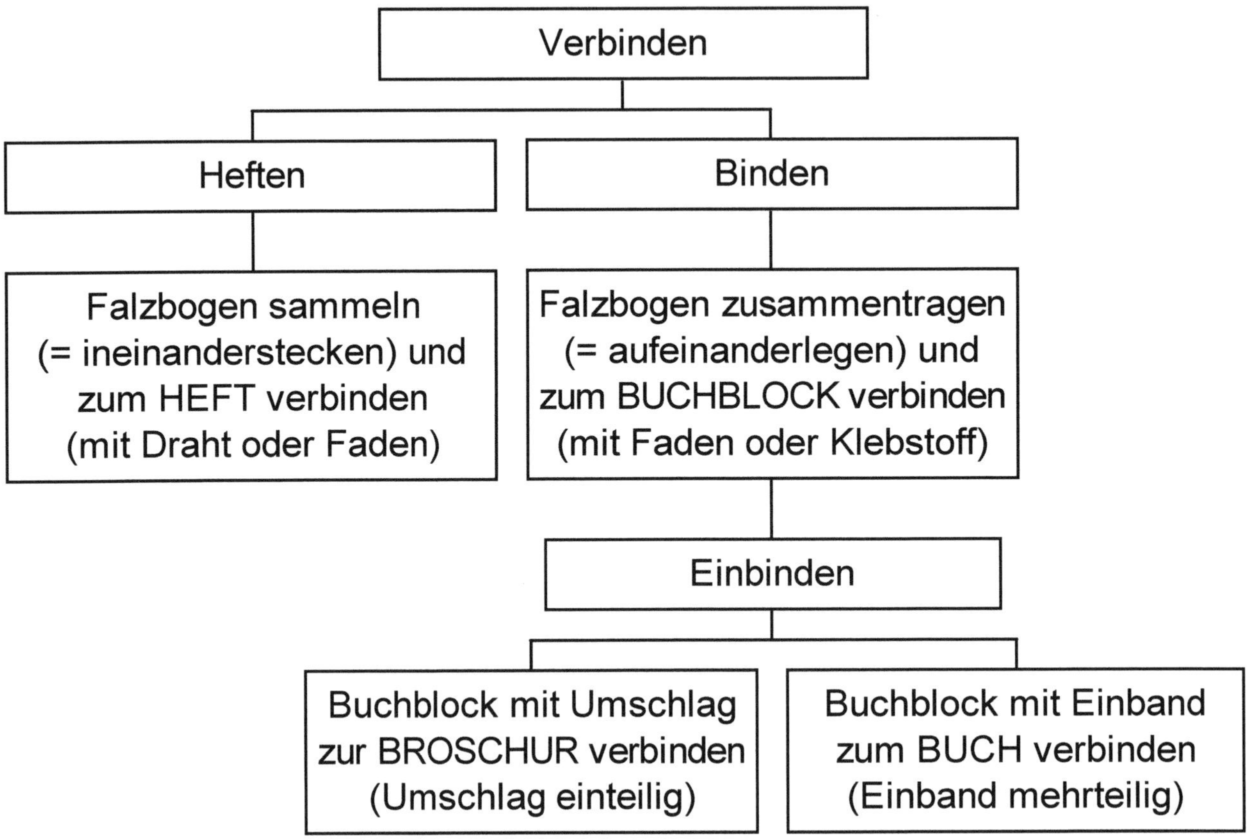

13.2 Manuelle und industrielle Buchbinderei

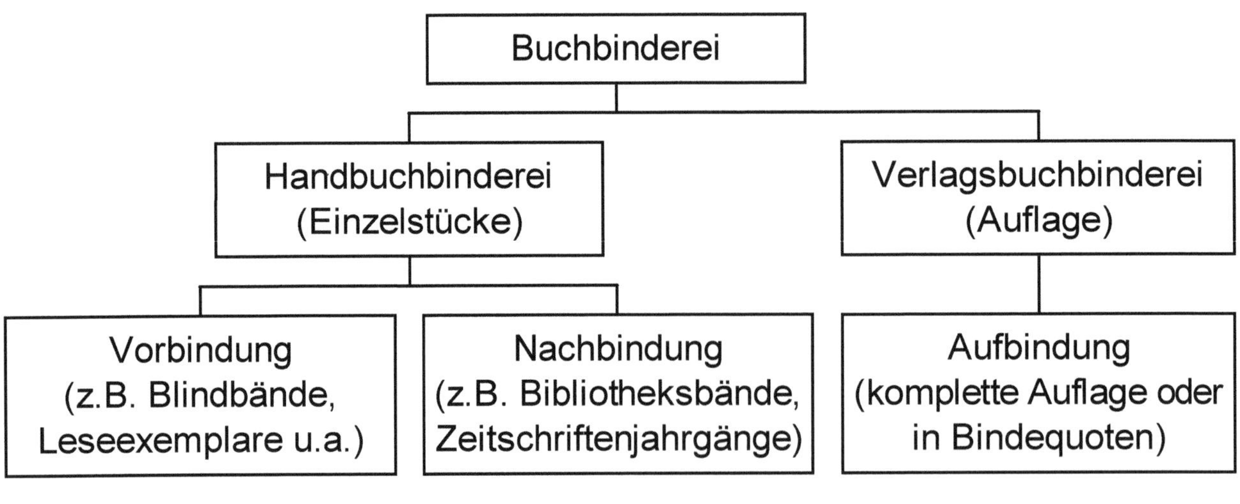

13.3 Bindetechnische Werkstoffe

13.4 Bindetechnische Teilprozesse

	Heft (Rückstich)	**Broschur (kart.)**	**Buch (geb.)**
Trennen	Bahnen zu Bogen	Doppelbogen zu Einzelbogen	
Falzen	Planobogen zu Falzbogen		
Verbinden Stufe 1:	Sammeln zum Heft	Zusammentragen zum Buchblock	
Verbinden Stufe 2:	Drahtheftung	Klebebindung	Fadenbindung
Beschneiden	Heft	Buchblock	
Kaschierung		Umschlagkarton	Einbanddecke
Gelenkbildung		Falz-Rillen	Falz-Einbrennen
Verbinden Stufe 3		Einlegen des Blocks in den Umschlag	Einhängen des Blocks in die Einbanddecke

13.5 Falzarten

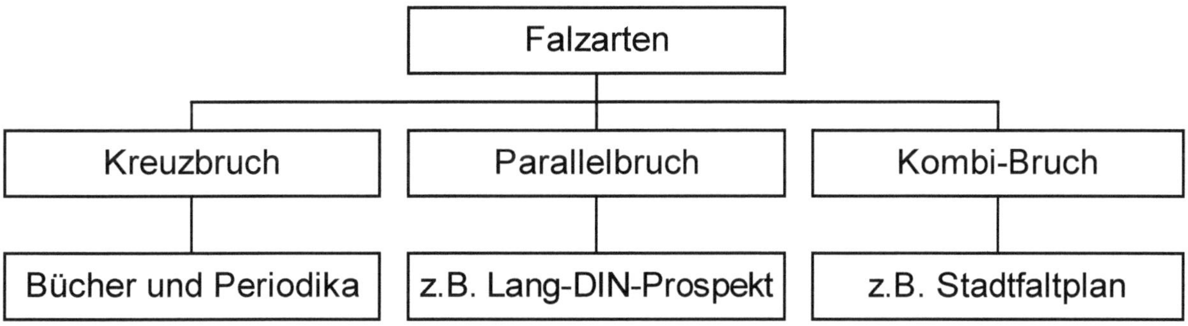

13.6 Blockbildung

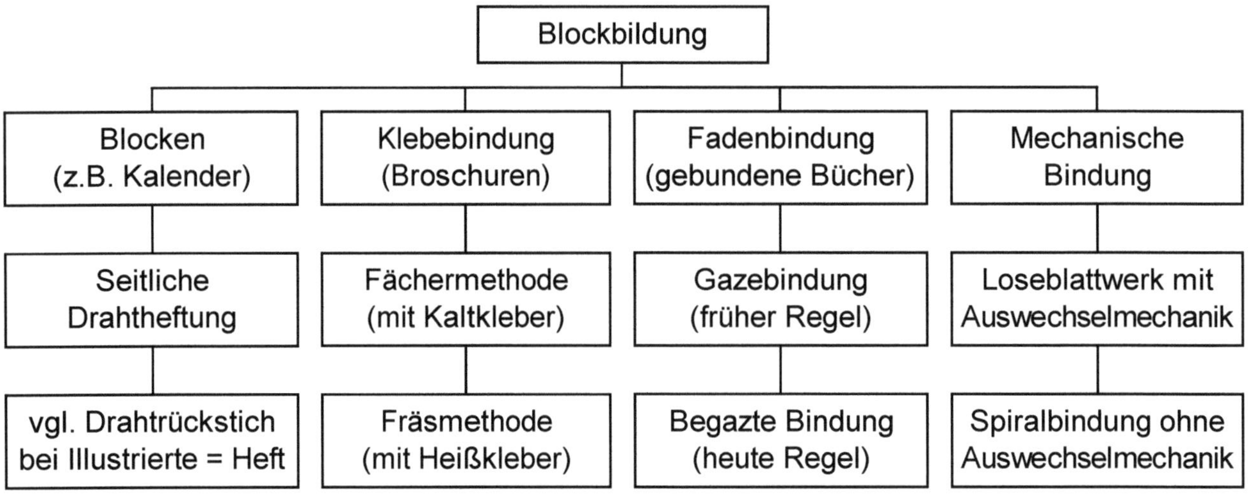

13.7 Broschur- und Einbandarten

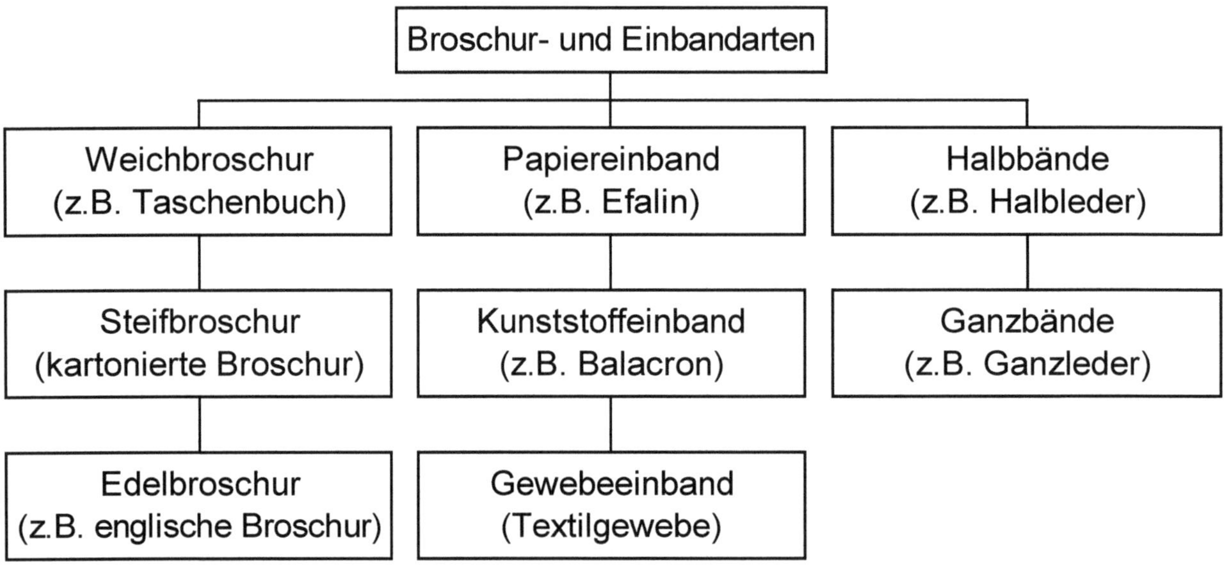

13.8 Buchbinderische Veredelungen

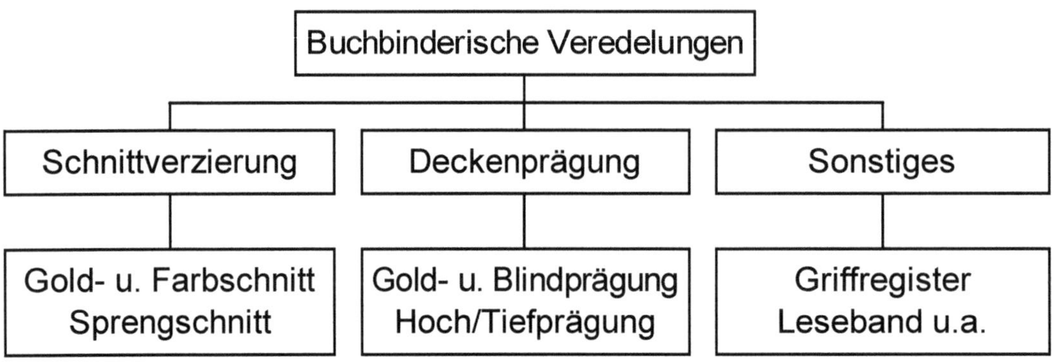

13.9 Einhängen

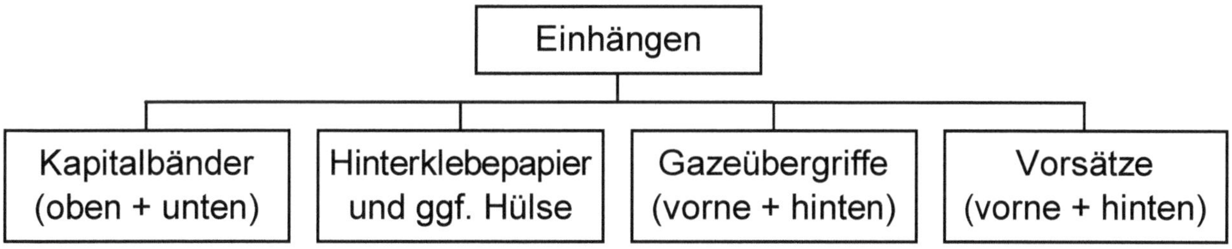

13.10 Bindetechnische Endprodukte

	Zeitung	**Heft**	**Broschur**	**Buch**
Bogen gefalzt	ja	ja	ja	ja
Bogen beschnitten	nein	ja	ja	ja
Heftung/Bindung	nein	ja	ja	ja
Umschlag	nein	Selfwrapper	ja	nein
Einband	nein	nein	nein	ja
Schutzumschlag	nein	nein	nein	oft
Erkennungsmerkmal	lose Falzbogen	Drahtrückstich	Fester Rücken	Hohlrücken

13.11 Historische Einbandarten

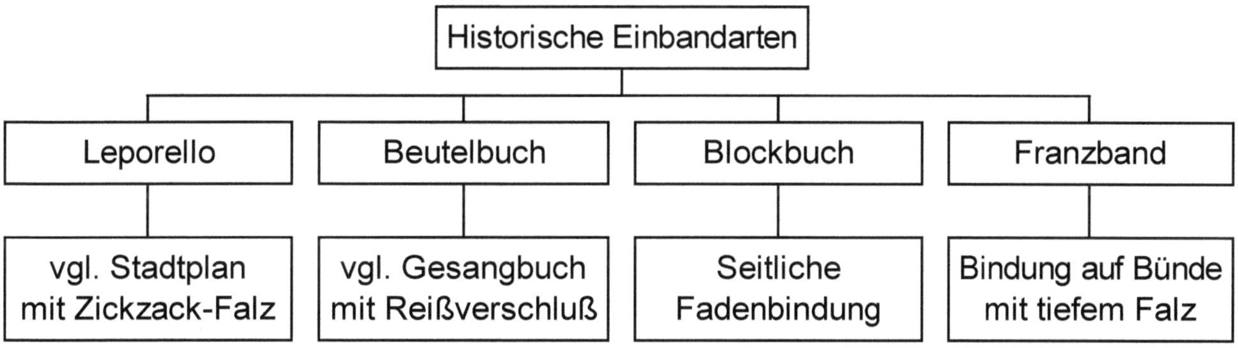

14. Marketing

14.1 Verlagsfunktionen

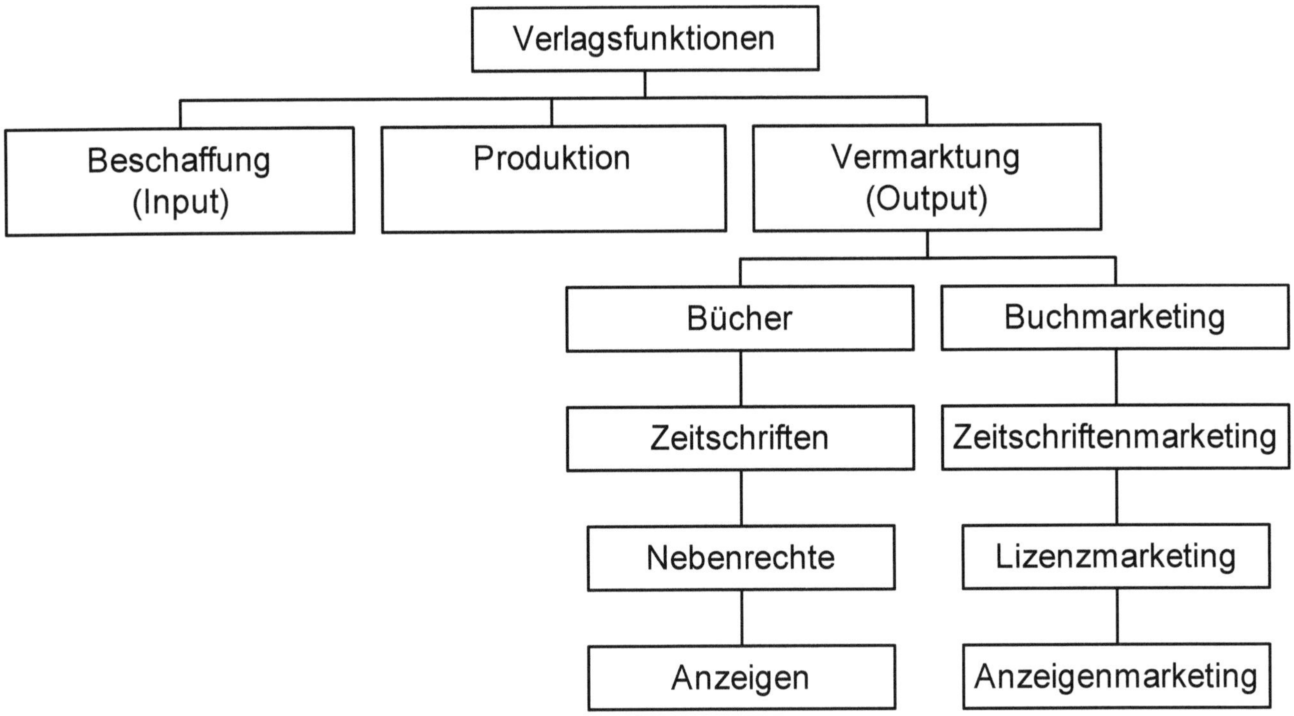

14.2 Marketing-Begriffe

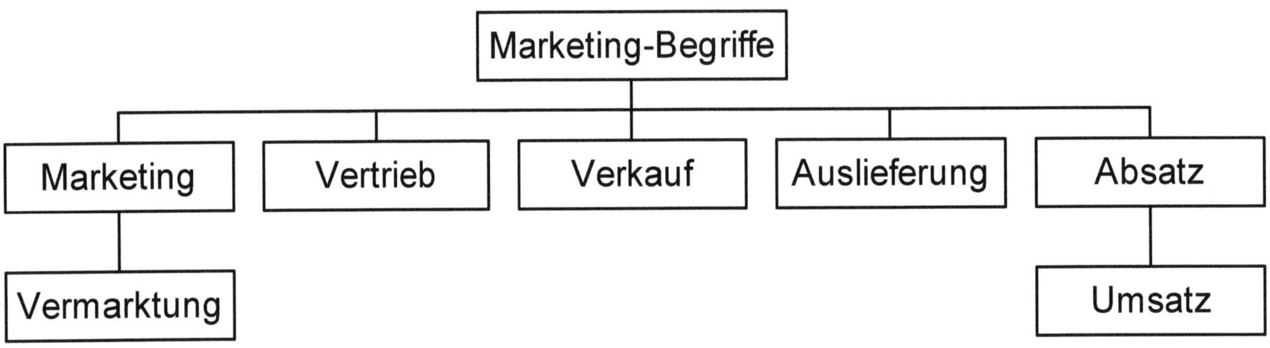

14.3 Marketing-Berufe

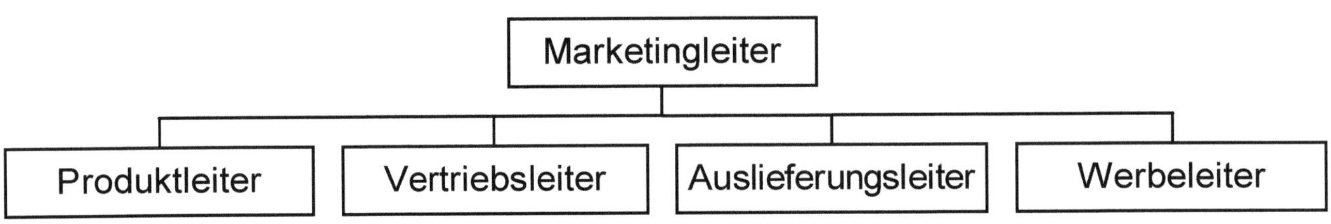

14.4 Marktformen

- **Marktformen**
  - Verkäufermarkt: Nachfrage > Angebot
    - Monopol
      - Engpaß des Verlages ist Produktion
  - Käufermarkt: Angebot > Nachfrage
    - Polypol
      - Engpaß des Verlages ist Vermarktung
        - MARKETING = Absatzwirtschaft auf Käufermärkten

14.5 Absatzdeterminanten

- **Absatzdeterminanten**
  - MARKETING-DATEN (für den Verlag vorgegeben)
    - Wirtschaftslage (z.B. Konjunktur, Kaufkraft)
    - Rechtslage (z.B. Zulässigkeit der Preisbindung)
    - Konkurrenzsituation (z.B. Anzahl der Mitbewerber)
    - Käufersituation (z.B. Anzahl der potentiellen Käufer)
  - MARKETING-INSTRUMENTE (für den Verlag gestaltbar)
    - 1. Produktpolitik: Welche Produkte sollen vermarktet werden?
    - 2. Preispolitik: Welche Preise sollen verlangt werden?
    - 3. Distributionspolitik: Auf welchen Wegen soll vertrieben werden?
    - 4. Kommunikationspolitik: Wie sollen Interessenten informiert werden?

14.6 Marktgrößen

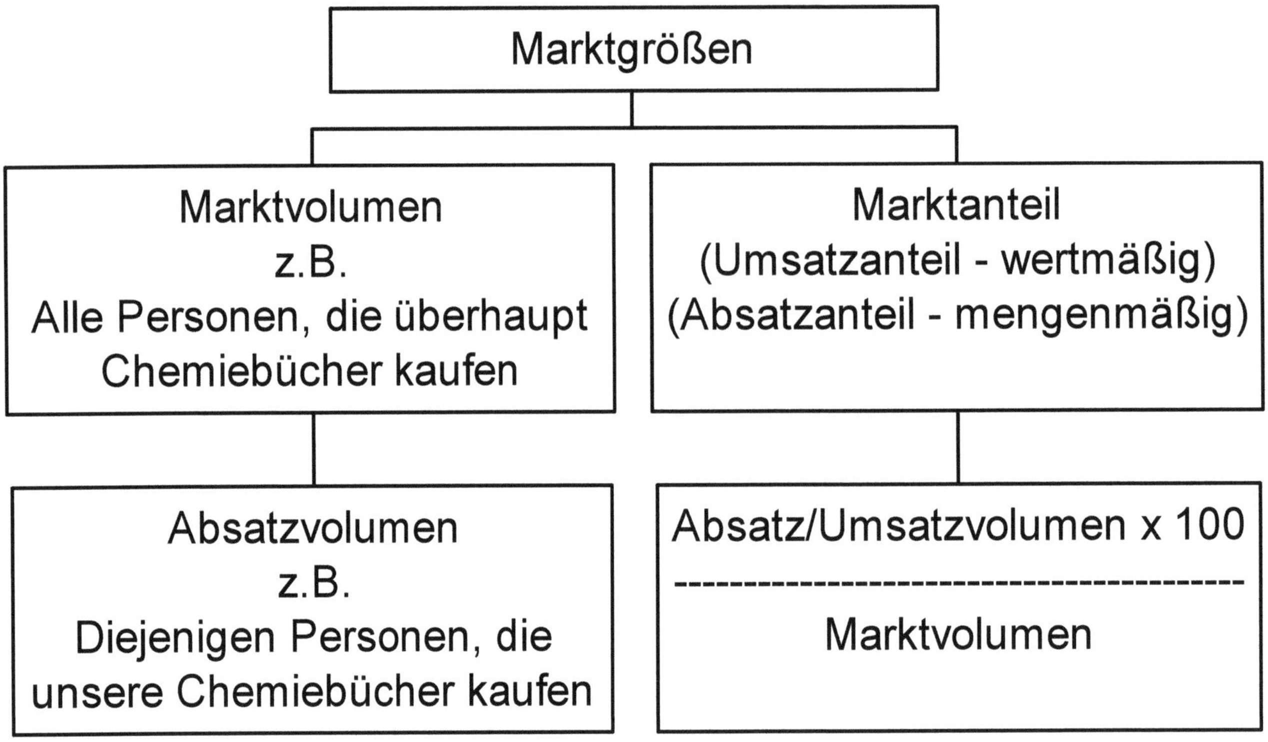

14.7 Marketing-Ziele

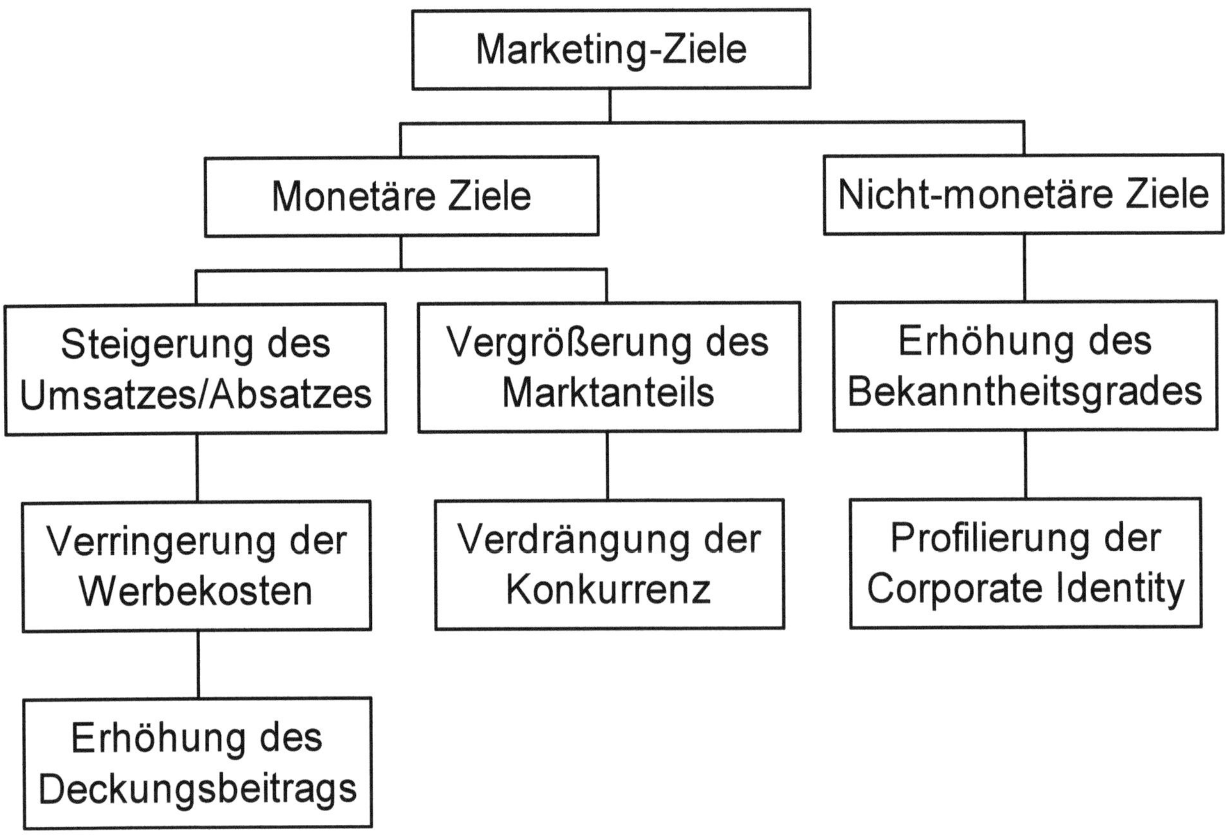

14.8 Marktteilnehmer

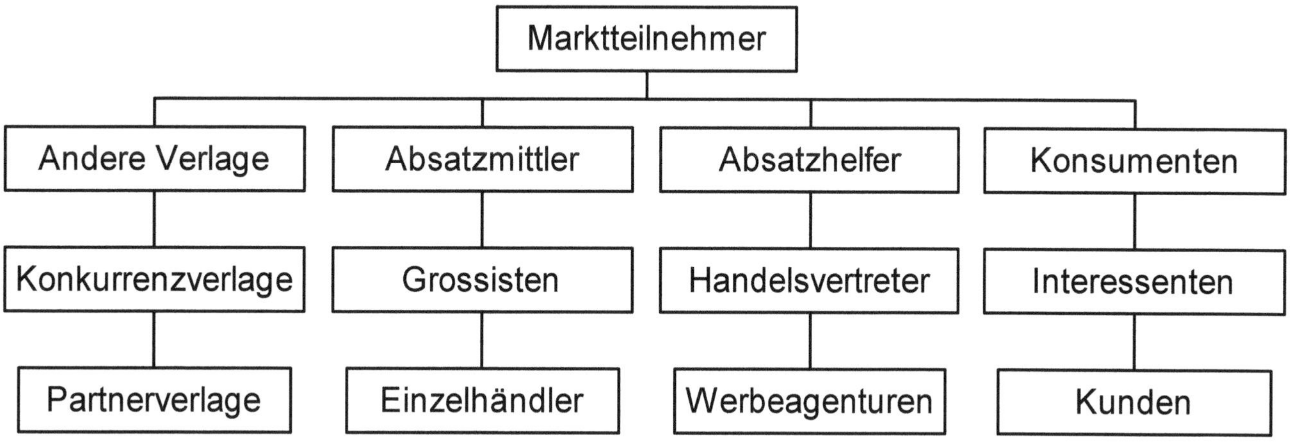

14.9 Marktentwicklung

	Alter Markt	Neuer Markt
Altes Produkt	**Markt-Durchdringung**	**Markt-Entwicklung**
	z.B. Intensivierung des Vertriebs unsres deutschen Magazins in Deutschland	z.B. Vertrieb des deutschen Magazins auch im deutschsprachigen Ausland
Neues Produkt	**Produkt-Entwicklung**	**Produkt- und Markt-Entwicklung**
	Entwicklung eines weiteren deutschen Magazins für die Leser in Deutschland	Entwicklung eines englischen Magazins für das englischsprachige Ausland

14.10 Marketing-Mix

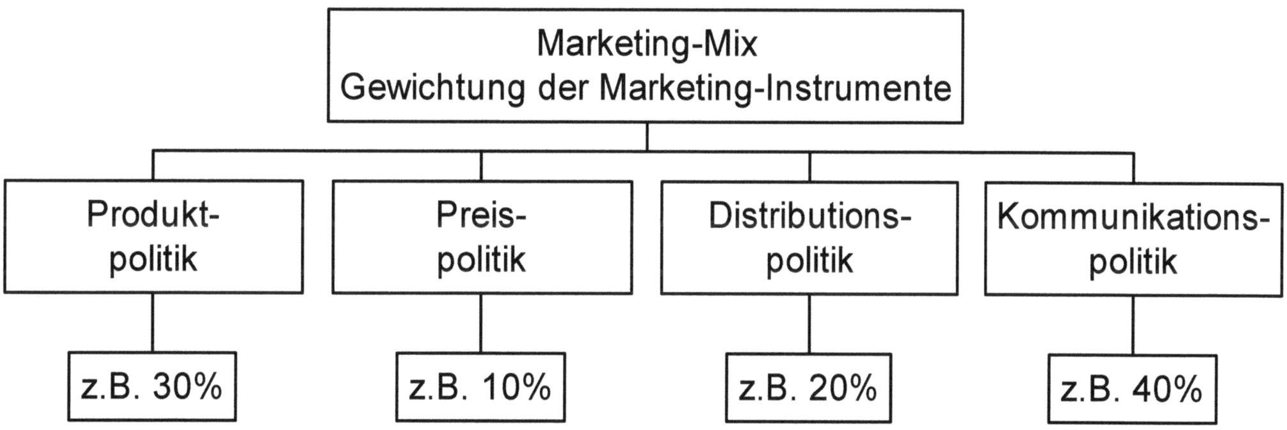

14.11 Marketing-Instrumente im Buchverlag

Lektoratswesen (vorgelagert)	**1. Verlagsvertrag (§ 1 VerlG)** „Schreiben“	– „Individual Works“
	2. Bestellvertrag (§ 47 VerlG) „Vorschreiben“	– „Works Made For Hire“
1. Produktpolitik	**1. Produktgestaltung**	– Inhaltliche Gestaltung – Äußerliche Gestaltung
	2. Produktdifferenzierung	– Auflagenpolitik – Ausgabenpolitik
	3. Programmpolitik*	– Bereichserweiterung – Verlagserweiterung
2. Preispolitik	**1. Ladenpreispolitik**	– Ladenpreisbindung – Ladenpreisdifferenzierung
	2. Rabattpolitik*	– Wiederverkäuferrabatte – Partiebezug u.a.
	3. Konditionenpolitik*	– Lieferungskonditionen – Zahlungskonditionen
3. Distributionspolitik	**1. Absatzwegepolitik***	– Direkter Absatz – Indirekter Absatz
	2. Auslieferungssystem*	– Eigenauslieferung – Fremdauslieferung
	3. Vertretereinsatz*	– Buchhandelsvertreter – Schulbuchvertreter usw.
4. Kommunikationspolitik	**1. Buchwerbung**	– Drucksachenwerbung – Anzeigenwerbung – Rezensionswesen u.a.
	2. Verkaufsförderung*	– Verkaufshilfen – Händlerschulung u.a.
	3. Öffentlichkeitsarbeit*	– Pressemitteilungen – Presseveranstaltungen u.a.
Auslieferungswesen (nachgelagert)	**1. Kaufmänn. Auslieferung** Auftragsbearbeitung u.a.	– Kundenbetreuung – Auftragsbearbeitung – Mahnwesen/Debitorenbuchh.
	2. Körperliche Auslieferung Logistik	– Lagerwesen – Transportwesen

* i.d.R. globale, nicht einzeltitelbezogene, sondern buchprogrammbezogene Marketingmaßnahmen

14.12 Unlauteres Marketing im Buchverlag

1. Zeitliche Benachteiligung einzelner Buchhändler bei Erstauslieferung von Novitäten (WeR)
2. Zeitliche Benachteiligung von Buchhändlern gegenüber Direktabonnenten von Periodika (VeO)
3. Nicht-Unterrichtung des Buchhandels über Mengenpreise für den Endabnehmer (WeR, SpP)
4. Nicht-Unterrichtung des Buchhandels über Preisänderungen und Preisaufhebungen (WeR)
5. Nicht-Unterrichtung des Buchhandels über inhaltlich identisch Parallelausgaben (WeR)
6. Preisvergleich zwischen Buchclubausgabe und Originalausgabe durch Buchclub (WeR)
7. Preisvergleich zwischen inhaltlich nicht identischem Reprint und dem Originalwerk (WeR)
8. Nicht-Kennzeichnung durch „Modernes Antiquariat" o.ä. nach Ladenpreisaufhebung (WeR)
9. Mischen preisgebundener und nicht-preisgebundener Bücher ohne Kennzeichnung (WeR)
10. Abwerben von Zeitschriftenabonnenten des Buchhändlers durch Zeitschriftenverlag (WeR)
11. Weitergabe von zur Direktbelieferung anvertrauten Abonnentenadressen durch Verlag (WeR)
12. Fordern von Schaufenster- und Regalmiete von dem Verlag durch den Buchhändler (WeR)
13. Schaufensteraktionen von Verlagen mit einer Belegdauer von über vierzehn Tagen (WeR)
14. Schaufensterwettbewerbe der Verlage mit Preisen im Wert von über 1.000,– DM (WeR)
15. Gewinnspiele und Preisausschreiben durch die Verlage mit überhöhten Preisen (WeR)
16. Fordern von Mindestbestellmengen für nur beim Verlag beziehbare Bücher (WeR, SpP)
17. Belieferung von Barsortimenten zu ungünstigeren Rabatten als Buchkaufhäuser (SpP)
18. Unstetige Konditionenpolitik der Verlage zu Lasten des vertreibenden Buchhandels (SpP)
19. Differenzierung der Konditionen durch Barsortimente zu Lasten kleinerer Sortimente (SpP)
20. Bevorzugte Selbstbelieferung bei Barsortimenten, die zusätzlich Verlagsauslieferer sind (SpP)
21. Nicht-Aufrechterhaltung des Besorgungsgeschäftes durch Sortimentsbuchhandlungen (SpP)
22. Partieergänzung durch den Buchhändler nach einem Zeitraum von mehr als 6 Monaten (VeO)
23. Nicht-Rücknahme im Handel befindlicher Bücher nach der Preisaufhebung des Verlages (VeO)
24. Nicht-Rückvergütung der Preisdifferenz nach der Preisherabsetzung durch den Verlag (VeO)
25. Festbezug-Remission durch den Buchhändler ohne vorherige Zustimmung des Verlags (VeO)
26. Unverlangt-Zusendung von Novitäten an Buchhändler ohne deren vorherige Zustimmung (VeO)
27. Nicht-Hinweis auf eine bevorstehende Neuauflage vor der Auslieferung der alten Auflage (VeO)

VeO = Verkehrsordnung für den Buchhandel, ab 1989

WeR = Wettbewerbsregeln für den Buchhandel, ab 1985

SpP = Verhaltensgrundsätze („Spartenpapier"), ab 1985

15. Marktforschung

15.1 Marktforschung

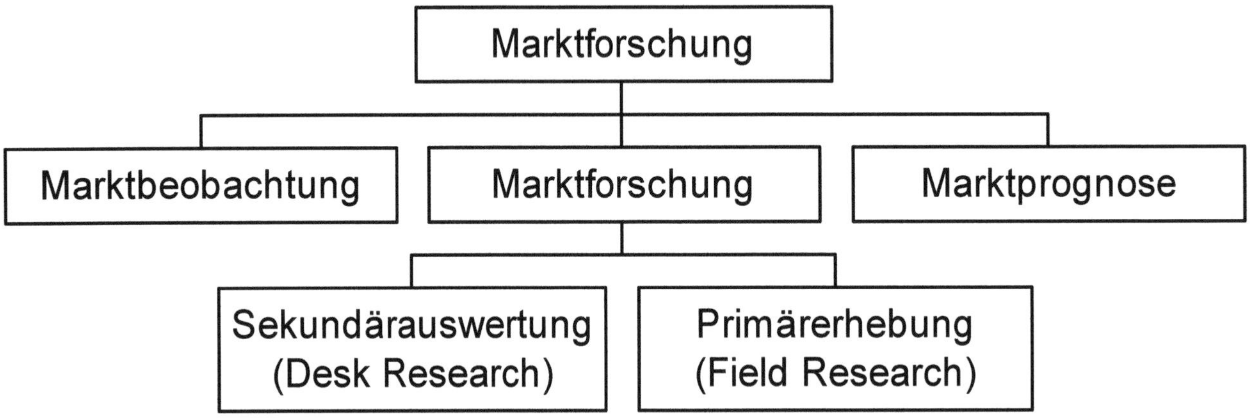

15.2 Quellen der Sekundärauswertung

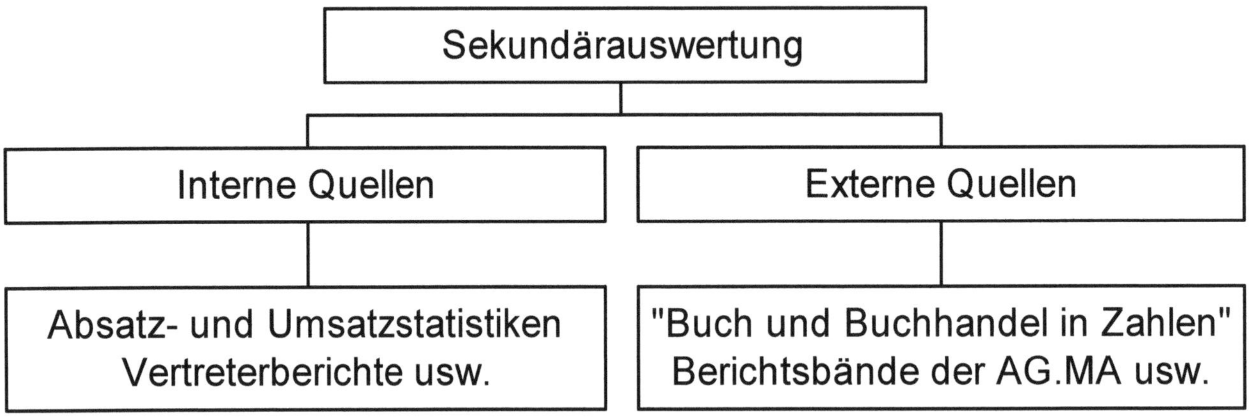

15.3 Quellen der Primärerhebung

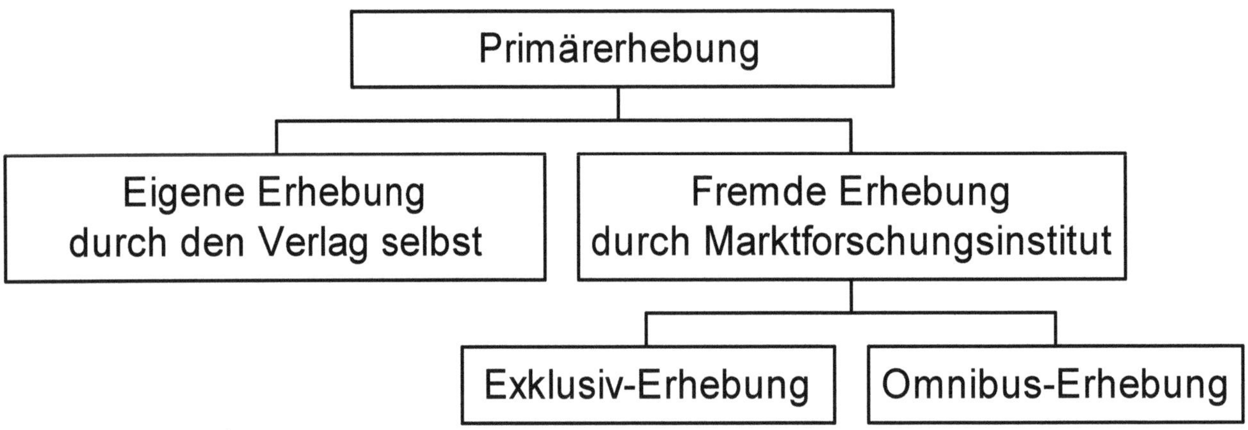

15.4 Auswahlverfahren

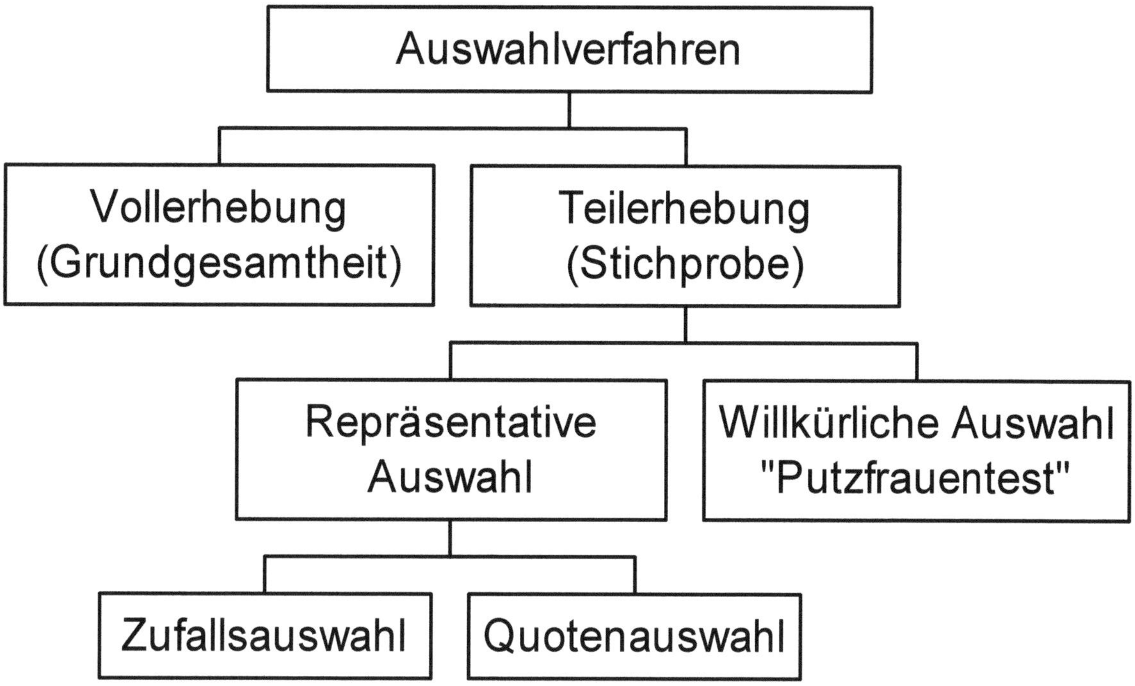

15.5 Erhebungsarten

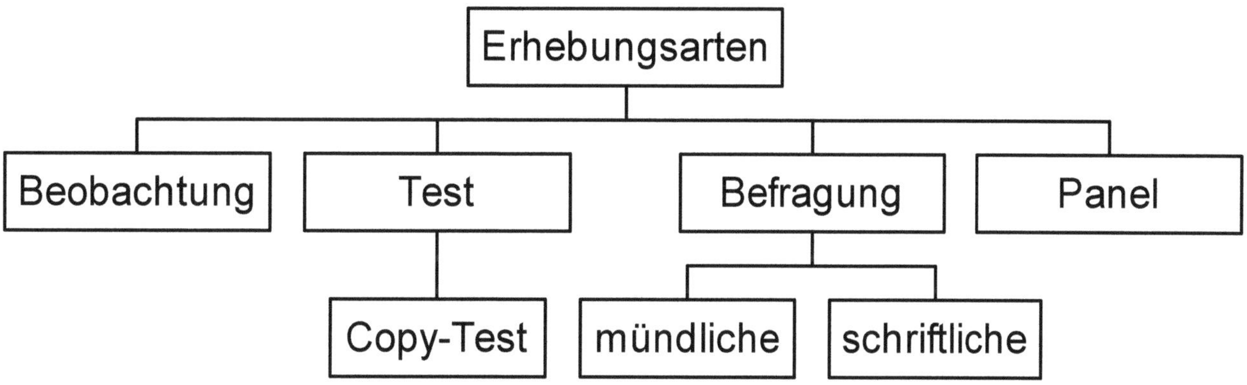

15.6 Erinnerungsfragen

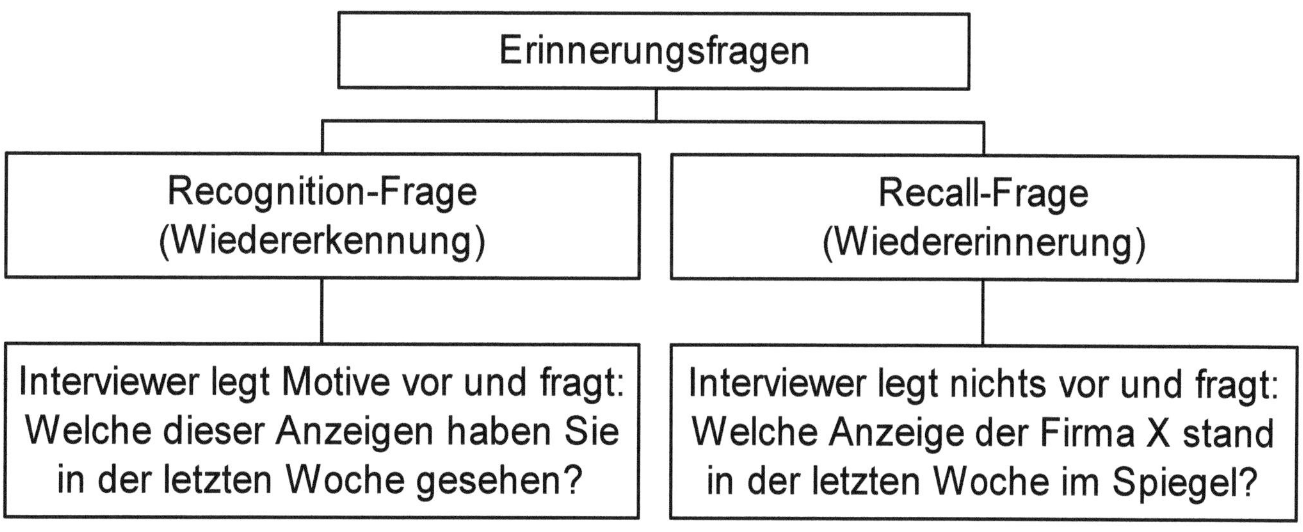

15.7 Exkurs: Mathematische Zufallsauswahl in der Marktforschung

Beispiel:	Von einer aus **16** Schülern bestehenden Schulklasse (Grundgesamtheit = Grundmenge = 16) sollen **4** Schüler (Stichprobe = Teilmenge) zur Meinungsumfrage **zufällig** ausgewählt werden.

Wiederholung der Division mit Rest: 3 : 2 = 1 Rest 1; 2 : 2 = 1 Rest 0; 1 : 2 = 0 Rest 1 usw.

Modulo-Zufallsauswahl mit kleiner Primzahl (Beispiel)

Rest	x	Faktor	=	Dividend	:	Primzahl	=	Quotient		Rest = Zufallszahl
1*	x	3	=	3	:	17	=	0	Rest	3**
3	x	3	=	9	:	17	=	0	Rest	9**
9	x	3	=	27	:	17	=	1	Rest	10**
10	x	3	=	30	:	17	=	1	Rest	13**
13	x	3	=	39	:	17	=	2	Rest	5
5	x	3	=	15	:	17	=	0	Rest	15
15	x	3	=	45	:	17	=	2	Rest	11
11	x	3	=	33	:	17	=	1	Rest	16
16	x	3	=	48	:	17	=	2	Rest	14
14	x	3	=	42	:	17	=	2	Rest	8
8	x	3	=	24	:	17	=	1	Rest	7
7	x	3	=	21	:	17	=	1	Rest	4
4	x	3	=	12	:	17	=	0	Rest	12
12	x	3	=	36	:	17	=	2	Rest	2
2	x	3	=	6	:	17	=	0	Rest	6
6	x	3	=	9	:	17	=	0	Rest	1

*Mit Rest 1 beginnt Algorithmus **4 von 16, d.h. 3. + 9. + 10. + 13. Schüler werden ausgewählt!

Gute Faktoren:	3, 5, 6, 7, 10, 11, 12, 14	alle Reste 1 ..16 genau einmal vorkommend
Schlechte Faktoren:	1, 2, 4, 8, 9, 13, 15, 16	nicht alle Reste 1 .. 16 einmal vorkommend

Modulo-Zufallsauswahl mit größeren Primzahlen (Beispiele)

Primzahl	Faktor	Modulo-Algorithmus
5557	5	(Rest x 5) MOD 5557 also (1 x 5) : 5557 = 0, Rest 5 usw.
8887	3	(Rest x 3) MOD 8887 also (1 x 3) : 8887 = 0, Rest 3 usw.
7777727	5	(Rest x 5) MOD 7777727 also (1 x 5) : 7777727 = 0, Rest 5 usw.

16. Produktpolitik im Buchverlag

16.1 Buch als wirtschaftliches Produkt

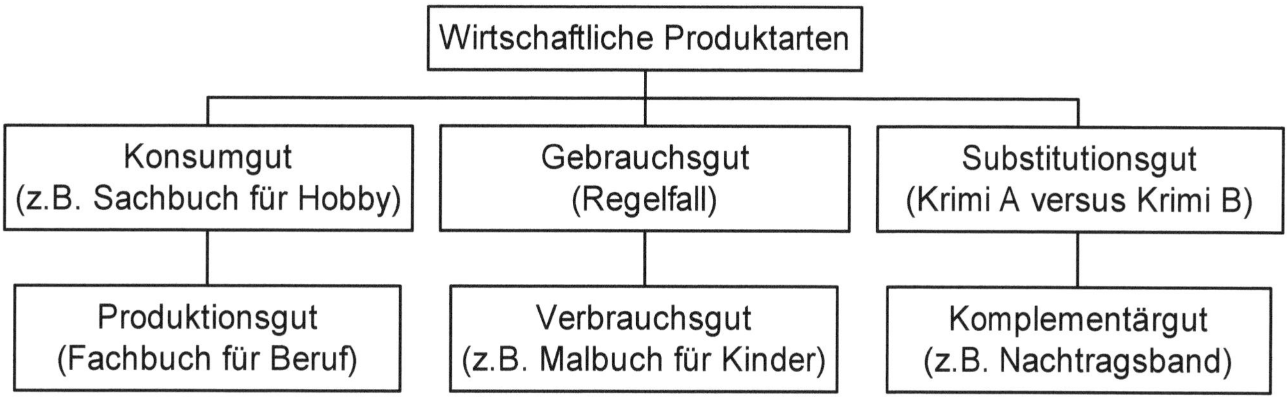

16.2 Buch als Markenartikel

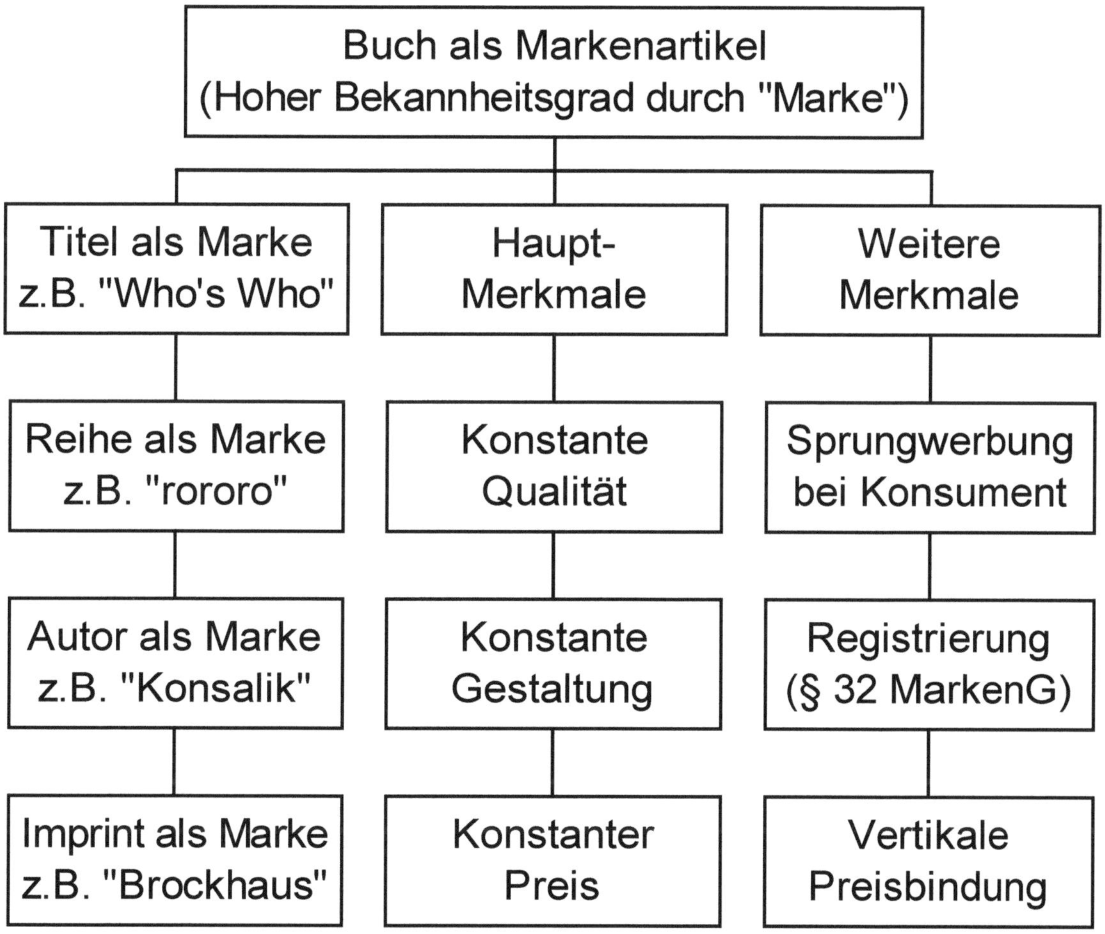

16.3 Äußerliche Produktgestaltung

16.4 Inhaltliche Produktgestaltung

Allgemeine Eigenschaften	**Non-Fiction** (z.B. Fachbuch)	**Fiction** (z.B. Roman)
Neu	Informativ	Unterhaltsam
Aktuell	Instruktiv	Spannend
Lesenswert	Systematisch	Amüsant
Bedeutsam	Umfassend	Anregend
Wichtig	Übersichtlich	Fesselnd
Interessant	Verständlich	Bewegend
Außergewöhnlich usw.	Nützlich usw.	Aufrüttelnd usw.
Stilistische Eigenschaften	Klar Präzis Anschaulich Flüssig Konzis usw.	Einfach Schlicht Lebhaft Bilderreich Kraftvoll usw.

16.5 Phasen des Lebenszyklus

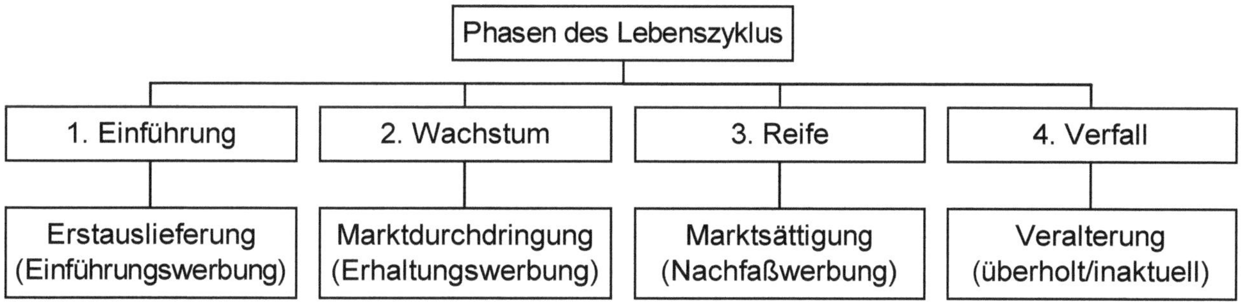

16.6 Produkttypen im Lebenszyklus

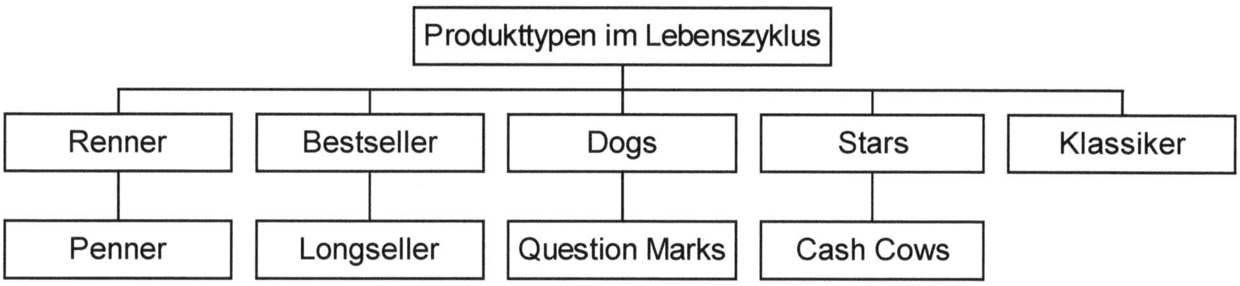

16.7 Auflagenpolitik bei Veralterung

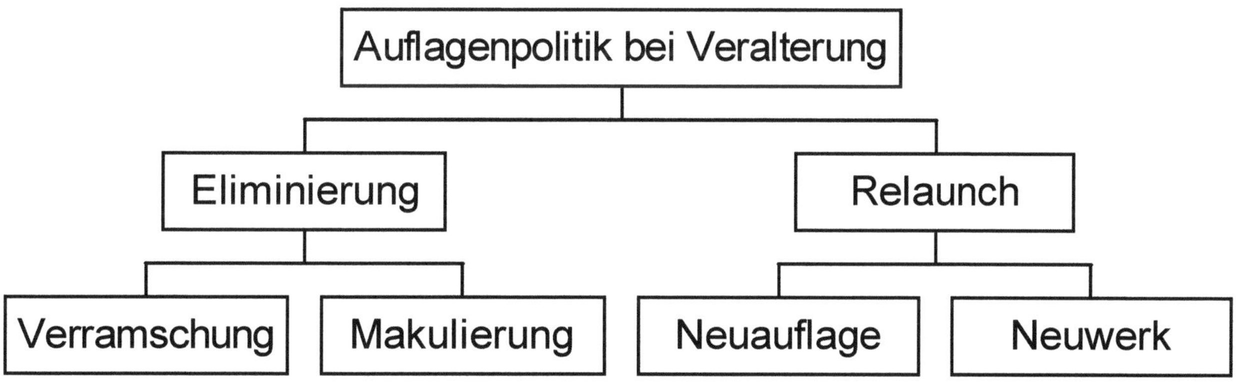

16.8 Nachdruck versus Neuauflage

Nachdruck = inhaltlich unveränd. Nachauflage	**2., unveränd. Auflage oder Reprint der Erstauflage**
Neuauflage = inhaltlich veränderte Nachauflage	**2., berichtigte und ergänzte Auflage (1. Grad)** **2., bearbeitete und erweiterte Auflage (2. Grad)** **2., völlig überarb. und stark erw. Auflage (3. Grad)**

16.9 Absatzrisiko bei Nachauflage

1. Verlustminimierungspolitik: kleinere Erstauflage – ggf. spätere Nachauflage	Kostenrisiko: kleiner – „Sicher ist sicher!" Erlösaussicht: kleiner – kl. Kostendegression
2. Gewinnmaximierungspolitik: größere Erstauflage – ggf. spätere Nachauflage	Kostenrisiko: größer – „Wer wagt, gewinnt!" Erlösaussicht: größer – gr. Kostendegression

16.10 Absatzdeterminanten

Titelunabhängige Absatzdeterminanten	**Titelabhängige Absatzdeterminanten**
1. Renommee des Verlages („Verlagsgesicht")	1. Fremde Konkurrenz
2. Renommee des Verfassers	2. Eigene Konkurrenz
3. Allgemeine Wirtschaftslage	3. Ladenpreispolitik
4. Kaufkraft der Zielgruppe	4. Rabattpolitik
5. Größe der Zielgruppe usw.	5. Werbeintensität
	6. Produktqualität
	7. Aktualität usw.

16.11 Ausgabenpolitik

Buch mit mehreren Ausgaben z.B. a) Gebundene Ausgabe b) Taschenbuchausgabe	Vorteile:	Nachteile:
Simultane Publikation:	– Zeitgleiche Ausgaben mit gleicher Aktualität	– Abschöpfung der Konsumentenrente erschwert
Sukzessive Publikation:	– Abschöpfung der Konsumentenrente möglich	– Spätere Ausgabe mit verminderter Aktualität

16.12 Ausgabenklassifikation

Kriterium	Allgemeine Beispiele	Konkrete Beispiele:
Umfang:	gekürzte Taschenbuchausgabe ungekürzte gebundene Ausgabe	z.B. bei Kriminalromanen üblich
Inhalt:	reine Textausgabe kommentierte Textausgabe	z.B. BGB-Textausgabe z.B. BGB-Kommentar
Sprache:	einsprachige Ausgabe zweisprachige Ausgabe	z.B. Römische Klassiker
Lizenz:	Originalausgabe Lizenzausgabe	z.B. bei Übersetzungen
Ausstattung:	Format:	z.B. Folio-Ausgabe
	Einband:	z.B. Leder-Ausgabe
	Papier:	z.B. Dünndruckausgabe
	Illustration:	z.B. illustrierte Ausgabe
	Schriftgrad:	z.B. Großdruckausgabe
	Aufwand:	z.B. Luxusausgabe
Medium:	traditionell – Printmedien: modern – Nonprintmedien:	z.B. Loseblattausgabe usw. z.B. CD-ROM-Ausgabe usw.
Zielgruppe:	Studienausgabe	z.B. kart. Studienausgabe
	Bibliotheksausgabe	z.B. bei Kinderbüchern
	Schulausgabe	„ad usum Delphini"
Absatzweg:	Buchhandelsausgabe	„Trade Edition"
	Buchclubausgabe	i.d.R. Lizenzausgabe
	Mail-Order-Ausgabe	z.B. bei Time-Life, Weltbild u.a.
	Industrie-Ausgabe	z.B. als Weihnachtsgabe

16.13 Programmgestaltung

16.14 Globale Programmpolitik

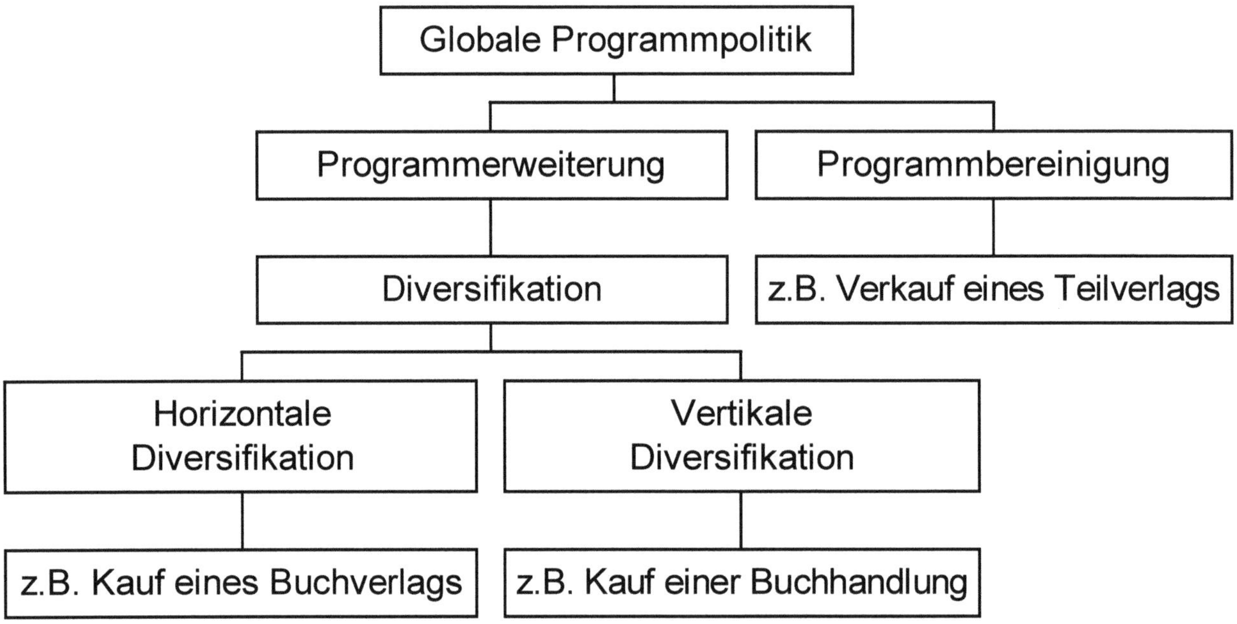

17. Preispolitik im Buchverlag

17.1 Preisarten

- Preisarten
  - Rechtslage
    - BÜCHER
Fester Endpreis
obligatorisch
gem. § 3 BuchPrG
    - PERIODIKA
Fester Endpreis
fakultativ
gem. § 15 GWB
  - Wirtschaftslage
    - Kostenpreis
d.h.
Selbstkosten
+ Gewinnzuschlag
    - Marktpreis
nach
Angebot und
Nachfrage

17.2 Allgemeine Preisgesetze

Je höher der Preis, desto kleiner ist die Nachfrage Je tiefer der Preis, desto größer ist die Nachfrage	Normale Nachfragefunktion
Ab einem bestimmten Preis ist die Nachfrage gleich Null	Höchstpreis
Beim Tiefstpreis von Null ist Nachfrage nicht unendlich	Sättigungsmenge
Höhere Preise bewirken bei manchen größere Nachfrage	Snob-Effekt
Optische Preise (z.B. 9,80) bewirken größere Nachfrage	Preis-Optik

17.3 Nachfrage-Elastizitäten

- Nachfrage-Elastizitäten
  - Direkte Preiselastizität
    - Nachfrageänderung für A

Preisänderung für A
  - Kreuzpreiselastizität
    - Nachfrageänderung für B

Preisänderung für A
  - Einkommenselastizität
    - Nachfrageänderung

Einkommensänderung

17.4 Ladenpreisbindung

Horizontale Preisbindung	grundsätzlich unzulässig	§ 1 GWB
Vertikale Preisbindung	1. bei Büchern gesetzliche Pflicht	§ 3 BuchPrG
	2. bei Periodika gesetzlich möglich	§ 15 GWB

Preisgebunden sind gemäß BuchPrG:	Nicht preisgebunden sind gemäß BuchPrG:
– Neue Bücher (mindestens 1 1/2 Jahre lang) – Musiknoten und kartographische Produkte – CDs, DVDs etc. mit typischen Buchinhalten	– antiquarische Bücher und Mängelexemplare – Musik-CDs, Video-DVDs, AV-Materialien etc. – Ansichtskarten, Druckgrafiken, Kalender etc.
Ausgenommen von der Preisbindung sind: 1. Buchhandelsmitarbeiter (Kollegenrabatt) 2. Buchautoren bei Lieferung zum Eigenbedarf 3. Schullehrer in bezug auf Lehrerprüfstücke Nicht der Preisbindung unterliegen i.d.R. Bücher aus dem Ausland (§ 5 Abs. 2 und 3 BuchPrG). Dauer der Preisbindung: Mindestens 1 1/2 Jahre. Staatliches Ziel der Buchpreisbindung: 1. Schutz des Kulturgutes Buch (§ 1 BuchPrG) 2. Fächendeckende Versorgung (§ 6 BuchPrG)	Kasuistik der Sonderpreise und Nachlässe: 1. Serienpreis (Gesamtpreis) 2. Mengenpreis/Mengennachlaß 3. Subskriptionspreis (Vorbestellpreis) 4. Sonderpreis für mitwirkendes Institut 5. Sonderpreis für Zeitschriftenabonnent 6. Teilzahlungspreis/Teilzahlungszuschlag 7. Bibliotheksnachlaß (5% bis 10%) 8. Schulbuchnachlaßstaffel Unzulässig nach dem neuen BuchPrG sind z.B. Barzahlungsnachlaß (Skonto) und Hörerpreis.

17.5 Ladenpreisdifferenzierung

1. Räumliche	unzulässig	1. im Inland als örtlicher Ladenpreis unzulässig 2. im Ausland jedoch als Exportpreis zulässig
2. Zeitliche	bedingt zulässig	Nur langfristig zulässig, wobei Preisänderung zuvor im Börsenblatt bekanntzumachen ist: – z.B. Subskriptionspreis (Vorbestellpreis) – z.B. Allgemeine Preiserhöhung per 1.1.2004
3. Mengenmäßige	bedingt zulässig	1. zulässig als Mengenpreis für alle Buchkäufer 2. unzulässig für einzelne Gruppen, z.B. Ärzte
4. Produktbezogene	zulässig	z.B. gebundene Ausgabe vs. brosch. Ausgabe
5. Kundenbezogene	bedingt zulässig	1. Prüfstücknachlaß für Schullehrer 2. Nachlaß für öffentl. Bibliotheken

17.6 Rabattpolitik

Kriterium	Wiederverkäufer-Rabattarten	Ziele der Rabattpolitik
1. Handelsstufe	1. Großhändlerrabatt – Barsortimentsrabatt (ca. 45%) – Grossistenrabatt 2. Einzelhändlerrabatt – Sortimentsrabatt (ca. 30%) – Bahnhofsbuchhandl.-Rabatt – Warenhausbuchandl.-Rabatt – Reisebuchhandlungs-Rabatt	1. Absatzwegesteuerung Direkter/Indirekter Absatz 2. Vertriebsrationalisierung Rechnungswerterhöhung 3. Umsatzmaximierung Menge x (Preis - Rabatt)
2. Bestellmenge	1. Grundrabatt (1 Exemplar) 2. Mengenrabatt (mehr als 1 Ex.) 3. Rabattstaffel (1-5, 6-10... Ex.)	
3. Anlaß	1. Messerabatt 2. Reiserabatt	
4. Sonderstellung	1. Depotrabatt 2. Treuerabatt	
5. Tauschwert	1. Geldrabatt: Rabattsatz in % 2. Naturalrabatt: Partiebezug 11/10	

17.7 Konditionenpolitik

Lieferungsform = Bezugsform	**Anmerkungen**	**Zweck**
1. Festbezug	**– kein Remissionsrecht**	**– bei Einzelbestellungen** **– bei Privatbestellungen**
2. Festbezug mit RR **= § 495 BGB: Kauf auf Probe**	**– mit Remissionsrecht (RR)** **(1–3 Monate Rückgaberecht)**	**– bei Ansichtsbestellungen** **des Buchhändlers für Kunden**
3. Festbezug mit Umtauschrecht	**– RR-Umtauschrecht**	**– bei Taschenbüchern u.ä.**
4. Bedingtbezug (à condition) **Seit 1989 nicht mehr in VeO !**	**– Remissionsrecht (nach 1 Jahr)** **– Dispositionsrecht (weiteres J.)**	**– bei wiss. Buchhandlungen** **in Kommission (OP-Buchhalt.)**
5. Remissionskontingent	**– Globale Remissionsquote** **z.B. 10% der Ware nach 1 Jahr**	**– Ersatz für den Bedingtbezug**
6. Standing Order	**– Dauerbezug aller Novitäten** **mit RR od. Remissionsquote**	**– bei Depotbuchhandlungen** **– bei größeren Buchhandlungen**

18. Distributionspolitik im Buchverlag

18.1 Absatzwege

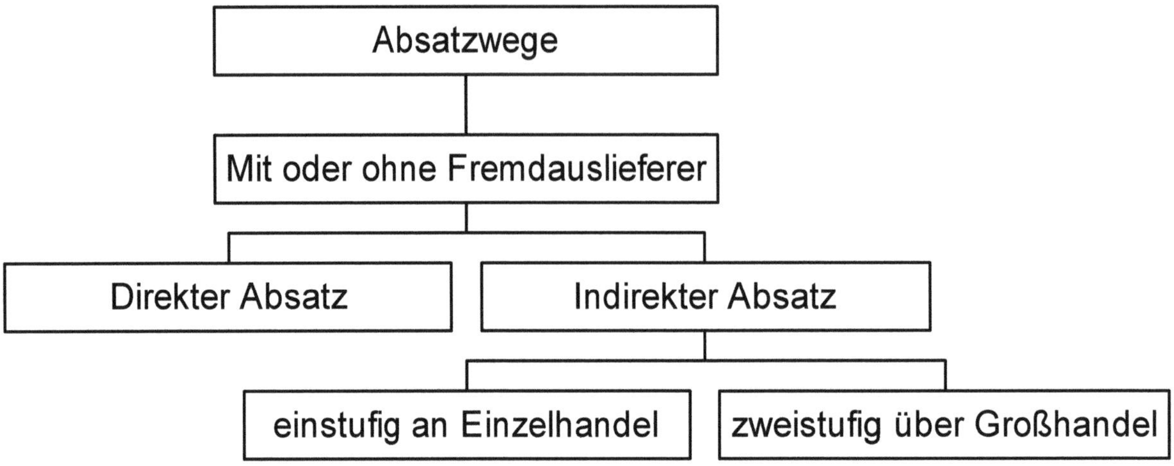

18.2 Absatzwegepolitik

1. Direkter Absatz **V – L**	**1. Verlagsgeschäftsleitung**	**z.B. Sonderverkauf an Behörden**
	2. Mail-Order-Buchverlag	**z.B. Time-Life, Das Beste u.a.**
	3. Eigene Versandbuchhandlung	**z.B. bei Fachverlagen usw.**
	4. Eigene Internet-Buchhandlung	**z.B. bei Verlagskonzernen**
	5. Eigene Reisende des Verlages	**z.B. bei Lexikon-Verlagen**
	6. Eigene Ladenbuchhandlungen	**1. Club-Center von Buch-Clubs** **2. Info-Center von Schulbuch-V.**
2. Indirekter Absatz: 1stufig **V – EH – L**	**– Ladenbuchhandlung** **– Reisebuchhandlung** **– Versandbuchhandlung usw.**	**Variante** **V – GH – L existiert nicht!**
3. Indirekter Absatz: 2stufig **V – GH – EH – L**	**1. Barsortiment** **2. Allg. Großhändler**	**beliefert Voll-Buchhandlungen** **beliefert Auch-Buchhandlungen**
	3. Großantiquariat **4. Pressegrossist**	**beliefert modernes Antiquariat** **beliefert Pressevertriebsstellen**

V = Verlag, GH = Großhändler, EH = Einzelhändler, L = Leser=Endabnehmer

18.3 Auslieferungssystem

Auslieferungssystem:	Auslieferungsfunktionen:
1. Eigenauslieferung (Selbstauslieferung)	– Lagerhaltung und Inventur usw.
2. Fremdauslieferung (Verlagsauslieferung)	– Bestellbearbeitung, Fakturierung
3. Gemeinschaftsauslieferung (Mitauslieferung)	– Vormerkungen und Fortsetzungen
Dyopol KNOe/Libri:	– Aussetzen, Verpacken, Versenden
1. Barsortiment – Großhandelsfunktion	– Debitorenbuchhaltung, Mahnwesen
2. Kommissionär – Auslieferungsfunktion	– Remittendenbearbeitung, Reklamationen
3. Bücherwagendienst – Speditionsfunktion	– Absatz- und Umsatzstatistiken usw.

18.4 Außendienstmitarbeiter

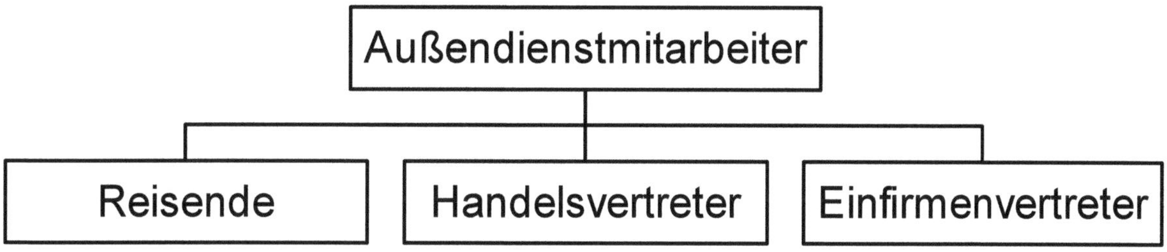

18.5 Vertretereinsatz

Vertreterarten:	Vertreterbereiche
1. Großer Handelsvertreter (§ 84 HGB)	1. Bezirke
vertritt mehrere Verlage als Provisionsvertreter	PLZ-Bereiche, Bundesländer, Nielsengebiete
2. Kleiner Handelsvertreter (§ 92 a HGB)	2. Buchkategorien
vertritt nur einen Verlag – selten	Fachbuchvertreter, Sortimentsvertreter
3. Reisender (= Angestellter des Verlages)	3. Kundengruppen
Erhält Gehalt als Fixum und Anreizprovision	Schulbuchvertreter, Bibliotheksvertreter usw.

18.6 Elektronischer Bestellfluß via Sortiments-Kommissionär als Bestellanstalt

Bestellung durch Sortiments-Kommittenten	**Abruf bzw. Empfang durch Sortiments-Kommissionär**	**Weiterleitung durch Sortiments-Kommissionär**
1. Offline-Bestellung: Eingabe der Bestelldaten in Bestellterminal mit der Option • Bestellung bei Barsortiment • Bestellung bei Verlag Spezialmodem TBA, Data-Cap, gestellt von KNOe, Libri usw.	Telefonischer Bestell-Abruf = TBA durch Sortiments-Kommissionär: Täglicher Modem-Rundruf bei den angeschlossenen Buchhandlungen zu einer bestimmten Tageszeit	1. Elektronische Weiterleitung a) an Verlagsauslieferung (= Verlags-Kommissionär) b) an Verlag (Eigenauslieferung) b) an Barsortiment 2. Nicht-elektronische Weiterleitung a) als Ausdruck („Bücherzettel“) b) als Telefax usw. an Verlag (Eigenauslieferung)
2. Online-Bestellung: Eingabe der Bestelldaten in Personal Computer mit Option • Bestellung bei Barsortiment • Bestellung bei Verlag mit Online-Verbindung zum Sortiments-Kommissionär	Automatische Übernahme der Bestelldaten in den Host des Sortiments-Kommissionärs	wie oben

Anm.: Es gibt auch reine Bestellanstalten, z.B. IBU

18.7 Physischer Warenfluß via Sortiments-Kommissionär als Bücherwagendienst

Sortimentsbuchhandlung (Sortiments-Kommittent)	**Barsortiment** (Buchgroßhändler)	**Verlagsauslieferung** (Verlags-Kommissionär)
Abholung von a) Remittenden b) Bücherzetteln (war früher üblich)	Abholung von a) bestellten Büchern (= Barsortimentstiteln)	Abholung von a) Beischlüssen (= VA-Titeln)
Zustellung von a) bei Barsortiment lieferbaren Titeln b) Beischlüssen von Verlag oder VA	Zustellung von a) Remittenden b) Bücherzetteln (früher)	Zustellung von a) Remittenden b) Bücherzetteln (früher)

Anm.: Es gibt auch reine Bücherwagendienste, z.B. HERA

19. Kommunikationspolitik im Buchverlag

19.1 Arten der Kommunikationspolitik

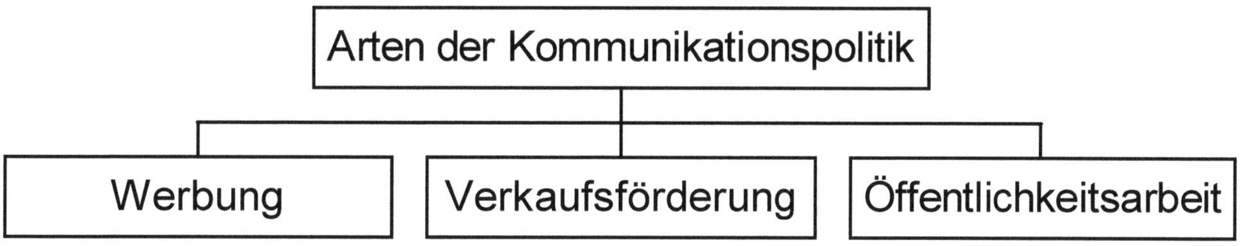

19.2 Manipulation

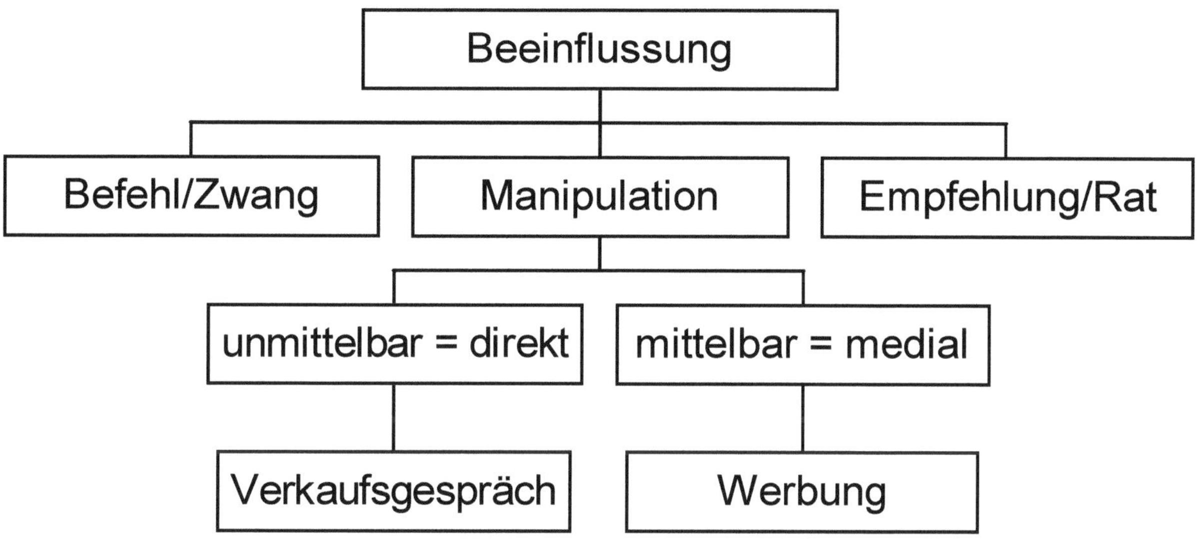

19.3 Arten der Werbung

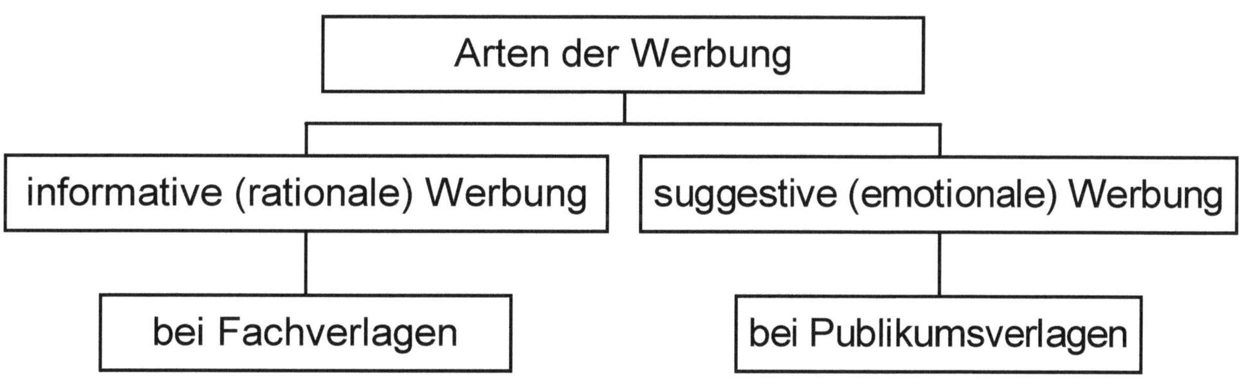

19.4 Werbeplanung

Werbeplanung

Werbeziele	Werbeobjekte	Werbesubjekte	Werbemittel	Werbeträger	Werbezeit	Werberaum
Warum?	Wofür?	Bei wem?	Womit?	Wodurch?	Wann?	Wo?

19.5 Werbeziele

Werbeziele

ökonomische	nicht-ökonomische
- Steigerung des Umsatzes - Erhöhung des Titelgewinns	- Erhöhung des Bekanntheitsgrads - Steigerung der Werbekontakte
$\text{Kauferfolg} = \frac{\text{Käufe x 100}}{\text{Zielgruppe}}$	$\text{Kontakterfolg} = \frac{\text{Kontakte x 100}}{\text{Zielgruppe}}$

19.6 Werbeobjekte

Gesamtprogramm	**Teilprogramm**	**Einzeltitel**
Gesamtverzeichnis	Sachgebietsverzeichnis	Einzelprospekt
Backlist-Verzeichnis	Taschenbuchverzeichnis	Einzelanzeige
Novitäten-Vorschau	Fachbuchsammelanzeige	Rezensionsversand
Allg. Buchmesse u.a.	Fachmesse u.a.	Autogrammtour u.a.

19.7 Werbesubjekte

Endabnehmer	Buchkäufer = Benutzer	Muß-Literatur – Muß-Leser Kann-Literatur – Kann-Leser
	Buchkäufer = Vermittler	Schulbuch – Schule Kinderbuch – Eltern Bibliotheksbuch – Bibliothek Berufsbuch – Betrieb
Multiplikatoren	Bucherwerber = Empfehler	Prüfexemplar – Schullehrer Dedikationsex. – Professor Rezensionsex. – Rezensent
Wiederverkäufer	1. Buchgroßhandlung	1. Barsortiment – Bücher 2. Pressegrossist – Taschenbuch 3. Allg. Grossist – Auch-Bücher 4. Großantiquariat – Restauflagen
	2. Bucheinzelhandlung	siehe unten

19.8 Bucheinzelhandlungen

Kriterium	**Haupttypen**	**Anmerkungen und Sondertypen**
Kernsortiment	Sortimentsbuchhandlung	breites, aber flaches Sortiment
	Fachbuchhandlung	schmales, aber tiefes Sortiment
	Großflächenbuchhandlung	breites und tiefes Sortiment
	Bücherstube	schmales und flaches Sortiment
Ohne Laden	Reisebuchhandlung	Sonderfall: WBZ-Händler
	Versandbuchhandlung	Sonderfall: Mail-Order-Verlag
	Internetbuchhandlung	Sonderfall: Internet-Barsortiment
Filialisierung	Buchhandlungskette	Sonderfall: Buchclub-Center
Auslandsbezug	Import- und Exportbuchhandlung	
Randsortiment	Buchabteilung eines Warenhauses	z.B. Kaufhof, Karstadt, Horten usw.
	Auch-Buchhandlung	z.B. Schreibwarengeschäft (PBS)

19.9 Werbeträger und Werbemittel

Werbeträger	Werbemittel
– Zeitungen und Zeitschriften	– Anzeigen, Beilagen, Beihefter
– Anschlagflächen und Litfaßsäulen	– Plakate
– Post- und Prospektverteiler	– Prospekte, Flugblätter, Werbebriefe
– Hörfunk und Fernsehen	– Werbespots
– Lichtspieltheater	– Werbedias, Werbefilme

19.10 Mediaselektion

- Mediaselektion
  - Intermediaselektion (Auswahl unter den Medienarten)
    - z.B. Anzeigen- und/oder Fernsehwerbung, Außenwerbung und/oder Kinowerbung
  - Intramediaselektion (Auswahl unter konkreten Medien)
    - z.B. Spiegel und/oder Focus, ZDF und/oder ARD und/oder RTL

19.11 Werbezeit und Werberaum

Werbezeit		Werberaum	
Schulbücher:	Schuljahresbeginn	englische Bücher:	weltweit
Lehrbücher:	Semesterbeginn	deutsche Bücher:	Deutschland, Schweiz usw.
Gesangbücher:	Konfirmationszeit	Schulbücher:	Bayern, Hessen usw.
Geschenkbücher:	Weihnachtszeit		
Reisebücher:	Reisezeit usw.	Testwerberäume:	Nielsengebiete usw.

19.12 Drucksachenwerbung

Arten der Werbedrucksachen:	**Streuung der Werbedrucksachen:**
1. Verlagskatalog (Gesamtverzeichnis)	1. Direktwerbung (Direct Mail)
2. Sachgebietesverzeichnis	Mail-Order-Package:
3. Einzelprospekt (Titelprospekt)	Werbebrief + Prospekt + Bestellkarte
4. Flugblatt (Schnellschuß-Prospekt)	2. Beilage/Beihefter in Anzeigenträgern
5. Buchkarte (DIN-A6-Werbekarte)	3. Verteilung auf Messen/Ausstellungen
6. Novitätenverzeichnis (Vorschau)	4. Verteilung durch den Buchhandel
7. Werbebrief und Bestellkarte	= Verkaufsförderung
8. Waschzettel usw.	5. Beipack in Büchersendungen
	6. Versand auf Anfrage (bei Katalogen)

19.13 Anzeigenwerbung

Arten der Buchanzeigen:		**Streuung der Buchanzeigen:**
1. Anzahl der Titel:		1. Fremde Anzeigenträger:
– Einzeltitelanzeige		– Fach- und Branchenzeitschriften:
– Sammelanzeige		– Bezahlte Anzeigen
2. Gestaltung:		– Tauschanzeigen
– Textanzeige		– Tageszeitungen und Illustrierten
– Bildanzeige		2. Eigene Anzeigenträger:
3. Sonstige Merkmale:		– Eigenanzeigen (in eigenen Zeitschriften)
– Farbe:	s/w-Anzeige, Farbanzeige	– Buchblockanzeigen (in eigenen Büchern)
– Anschnitt:	Anzeigen mit/ohne Anschnitt	3. Sonstige Anzeigenträger:
– Größe:	1/4, 1/2, 1/1 Anzeige usw.	– Adreßbücher, Buchhändlerkataloge usw.

19.14 Werbeetat

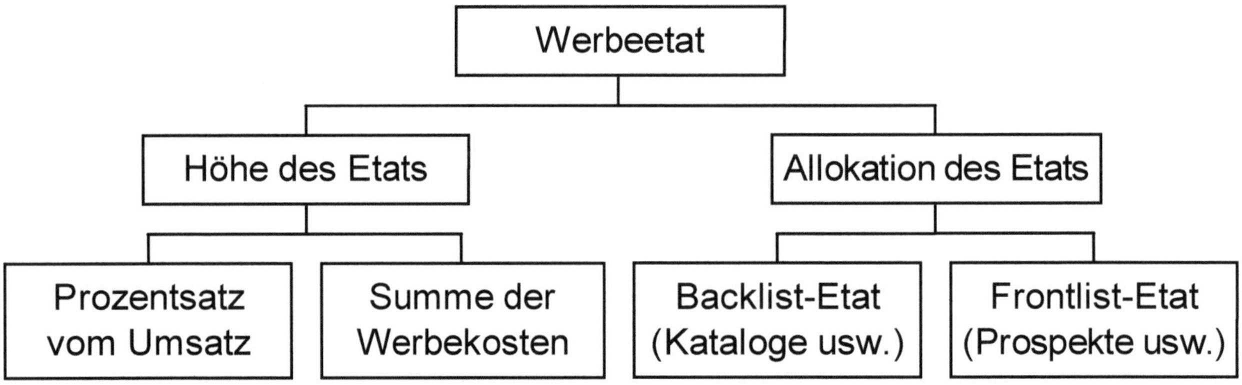

19.15 Werbeunterlagen

Bibliographische Angaben:	Autor, Titel, Seiten, Abbildungen, Einband usw.
Werbetexte:	1. Langwerbetext (für Einzelanzeigen usw.) 2. Kurzwerbetext (für Sammelanzeigen usw.) 3. Waschzettel (für Rezensionswesen)
Inhaltsangaben:	1. Lediglich Hauptkapitel 2. Haupt- und Unterkapitel
Photographien:	1. Photo des Buches 2. Photo des Autors
Sonstige Angaben:	Zielgruppenangaben für den Handel usw.

19.16 Verkaufsförderung

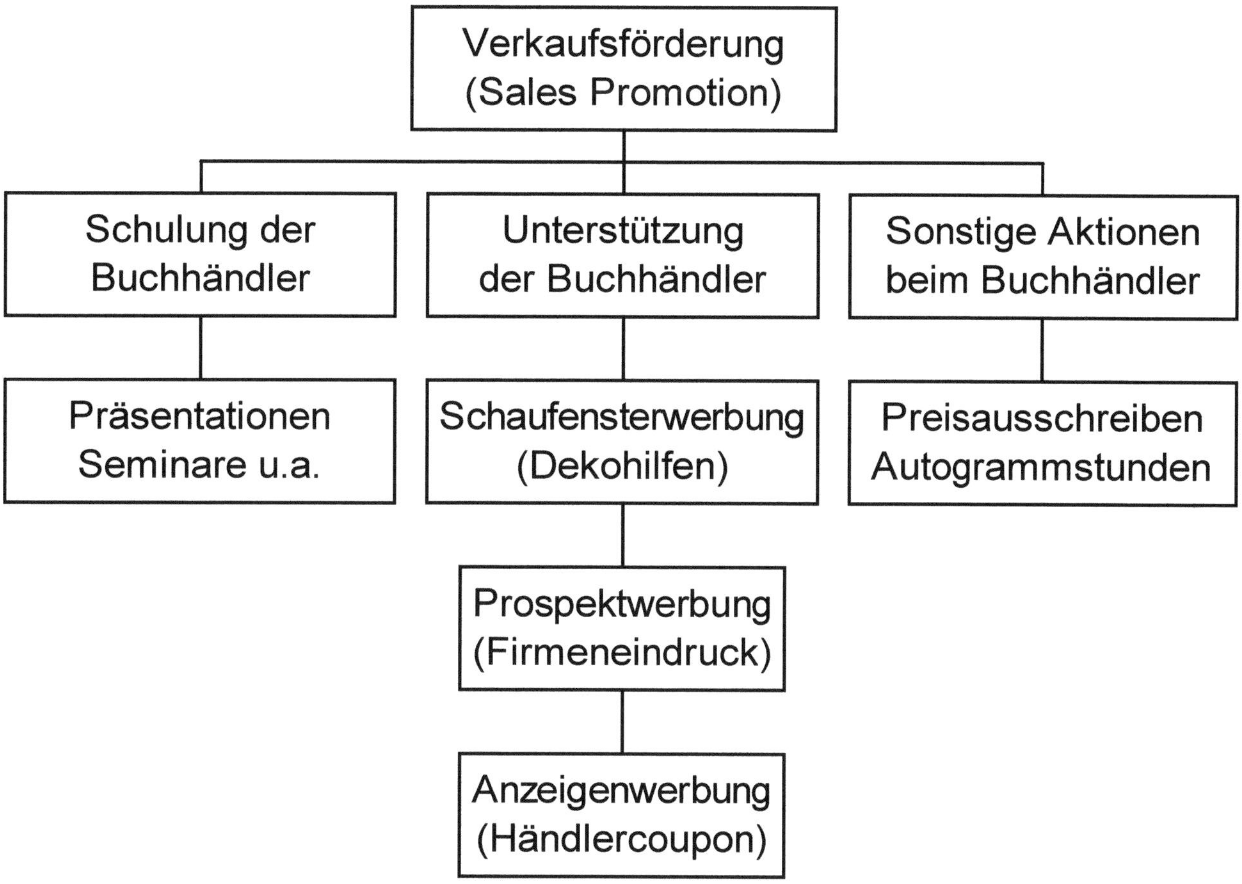

19.17 Öffentlichkeitsarbeit

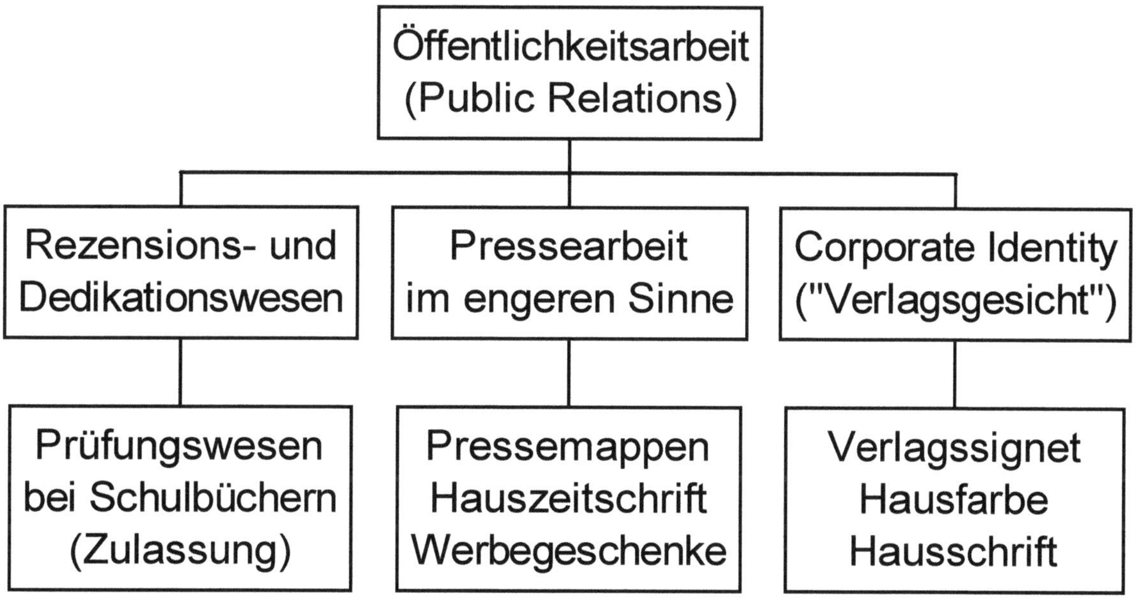

20. Anzeigenmarketing

20.1 Anzeigenträger

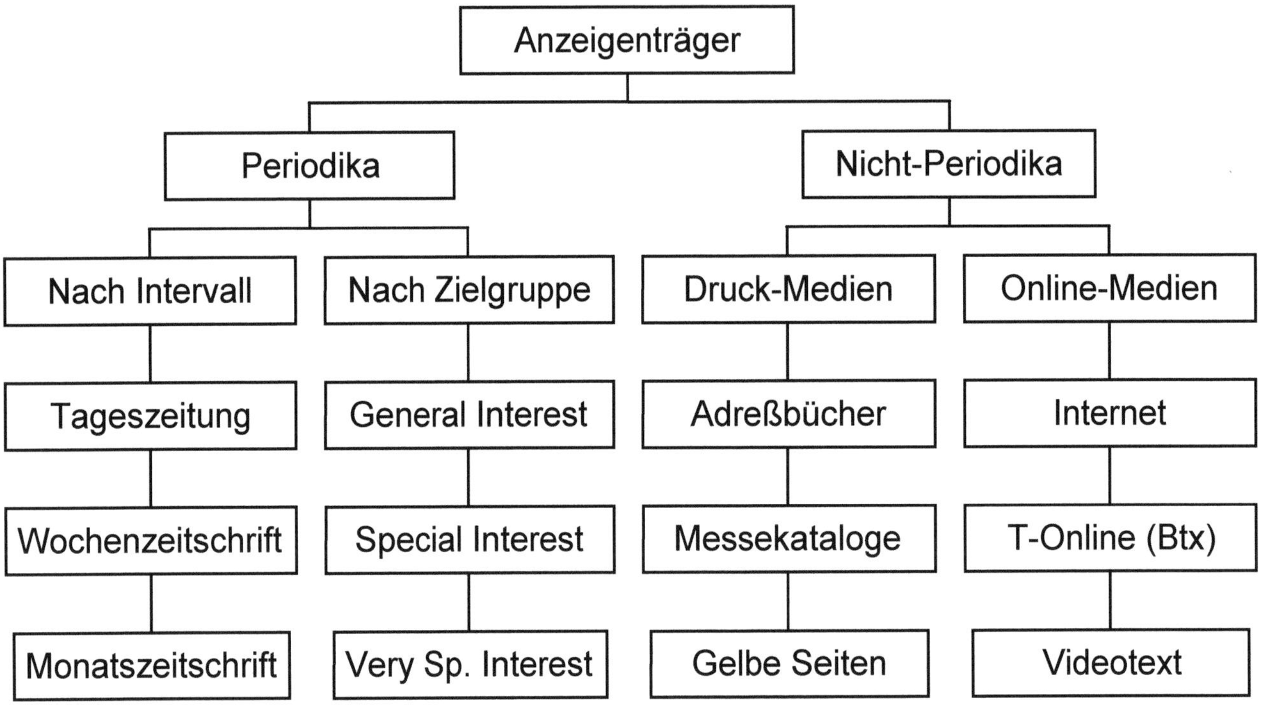

20.2 Anzeigengestaltung

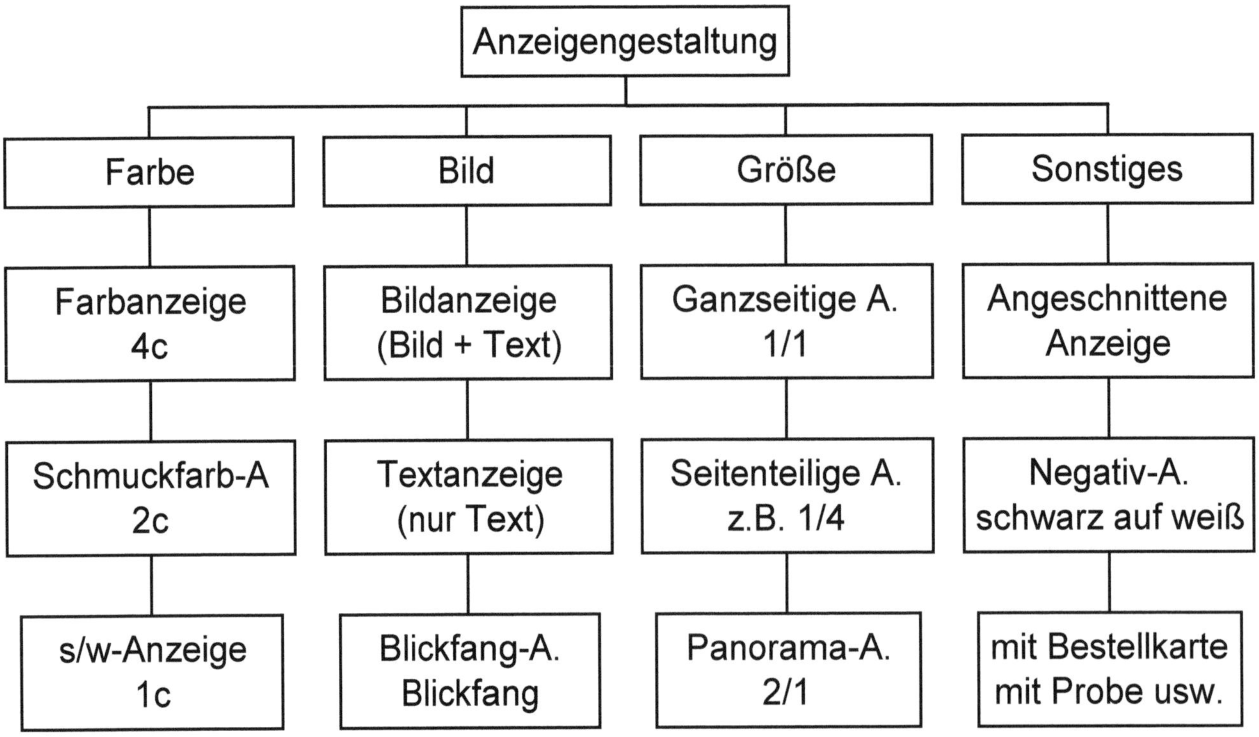

20.3 Anzeigenkosten

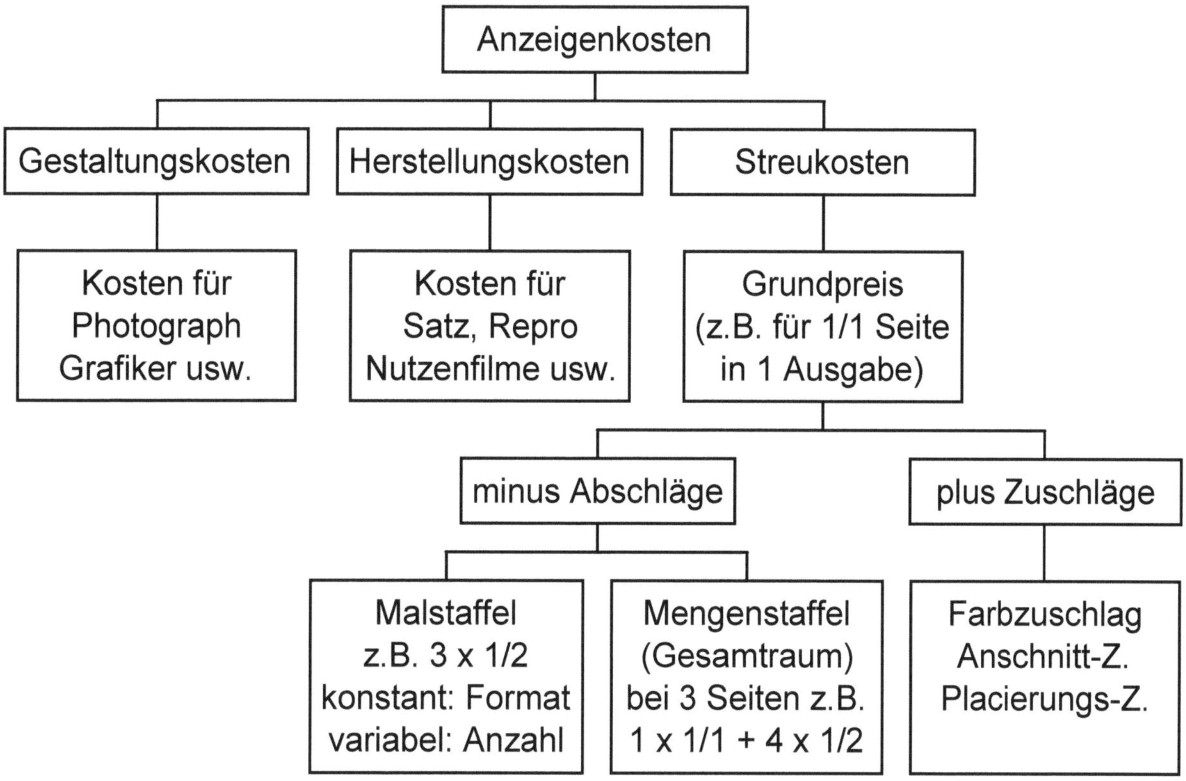

20.4 Tausenderpreis

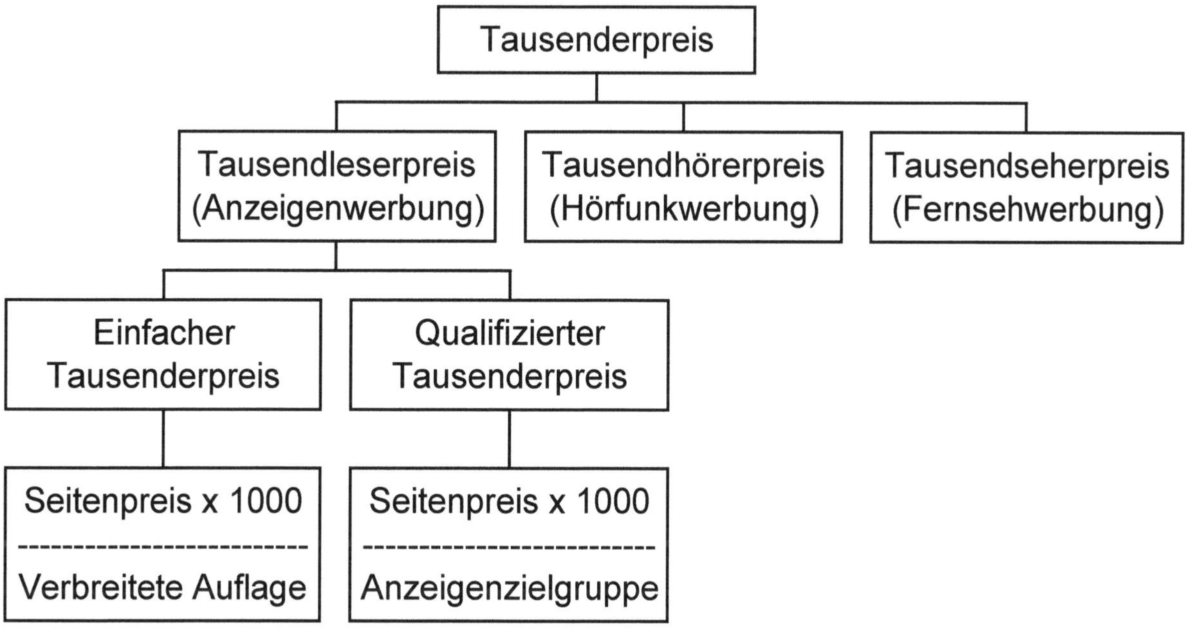

21. Internet und LAN

21.1 Vorläufer des Internet

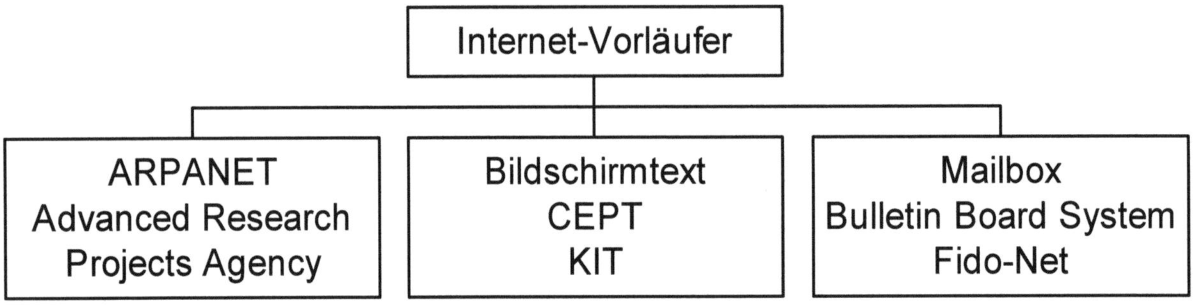

21.2 Geographische Ausdehnung von Netzen

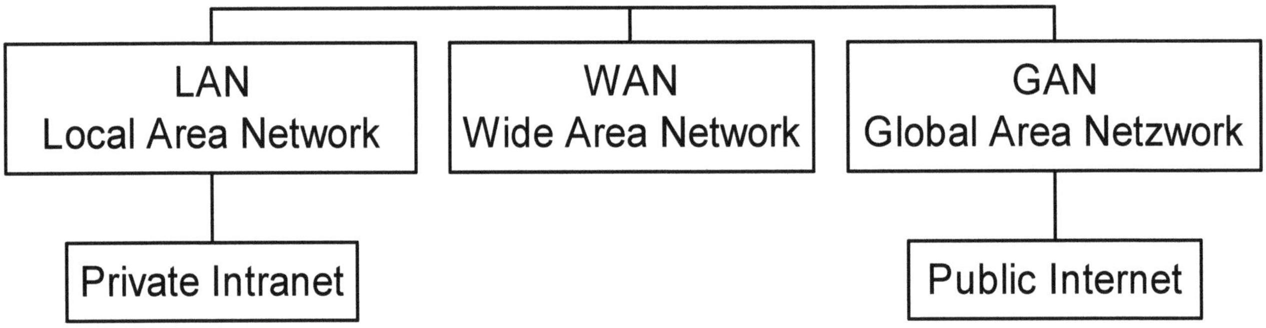

21.3 Netz-Topologien

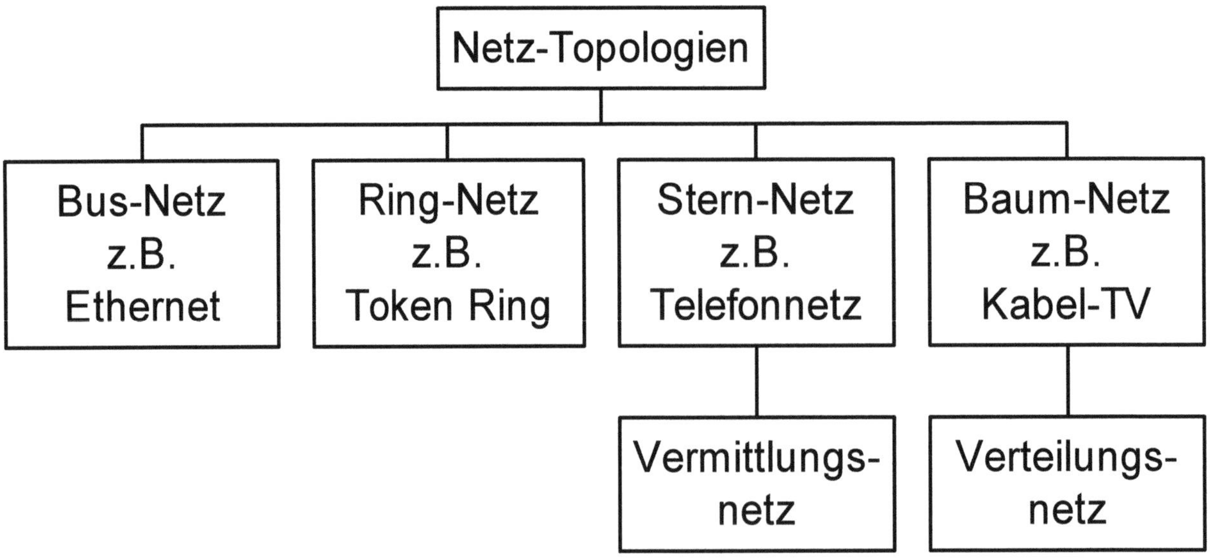

21.4 Vernetzung von Netzen

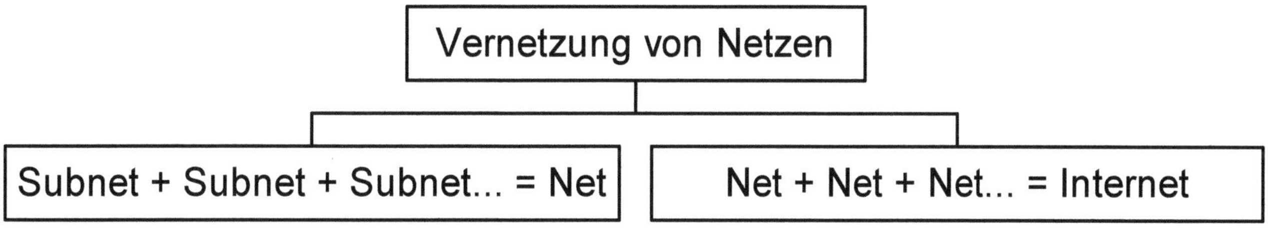

21.5 Verbindung von Netzen

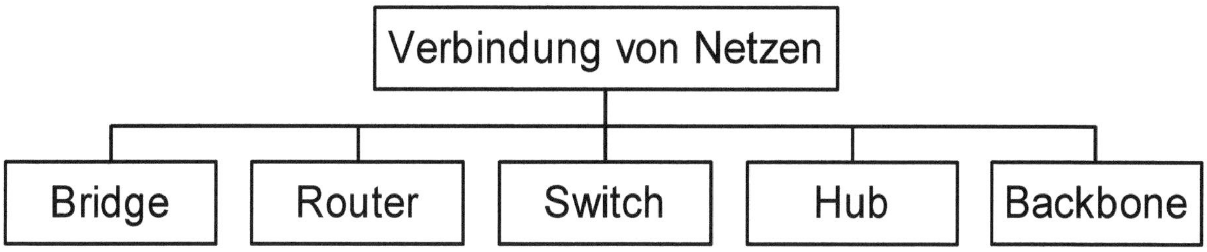

21.6 LAN-Vernetzung

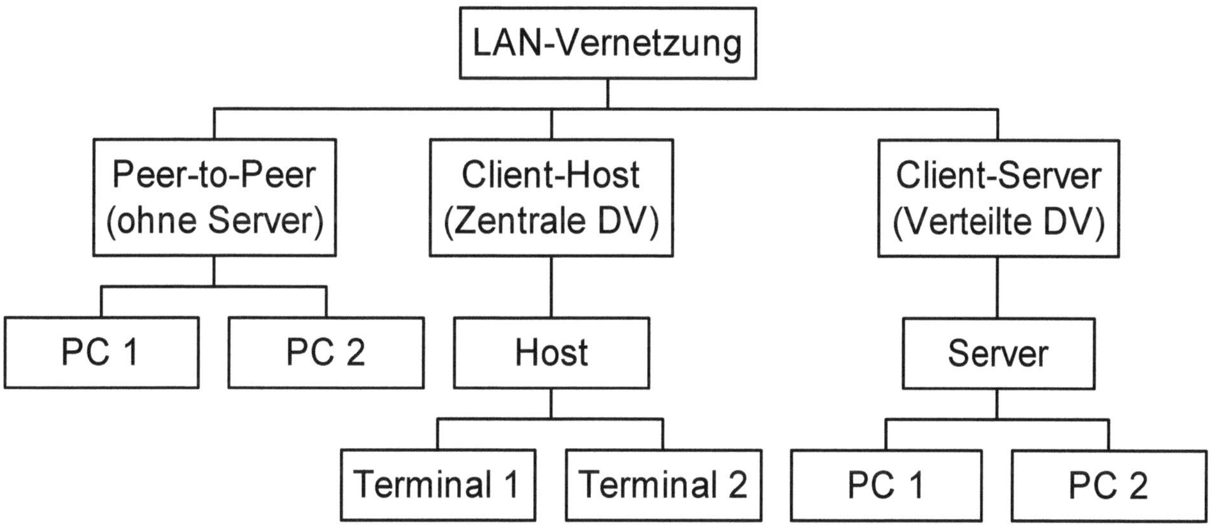

21.7 Kabel am PC

21.8 LAN-Kabel am PC

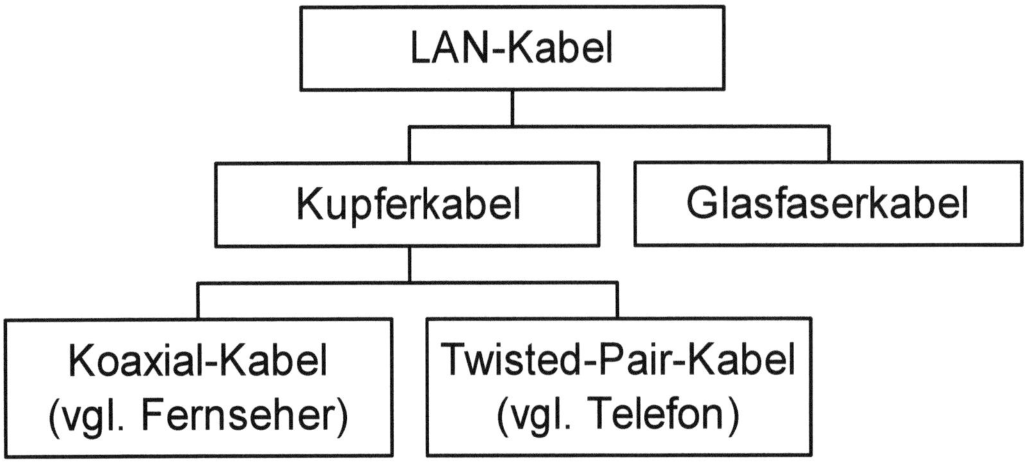

21.9 LAN-Zugriffssteuerung

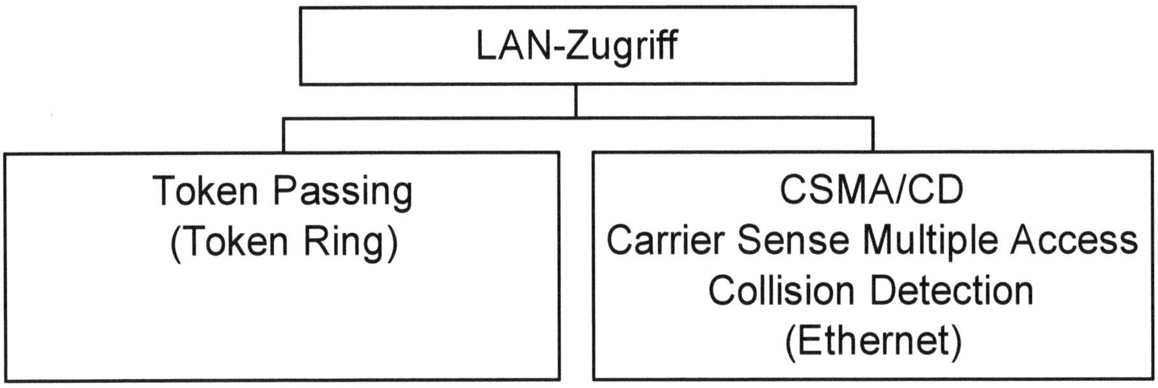

21.10 LAN-Betriebssysteme

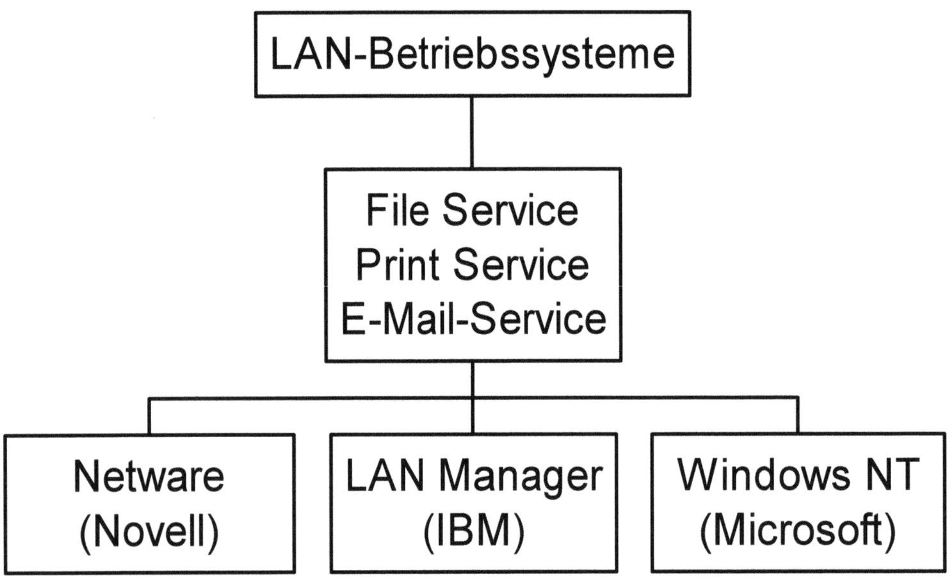

21.11 Netzwerk-Protokolle

Netzwerk-Protokolle

IPX/SPX	TCP/IP
Internet Packet Exchange Sequenced Packet Exchange (Novell)	Transmission Control Protocol Internet Protocol (Internet)

21.12 7-Schichten-Modell (ISO-OSI)

	OSI Open Systems Interconnection	**TCP/IP für Internet**
7.	**Application Layer** Anwendungsschicht	NSP = Name Server Protocol FTP = File Transfer Protocol HTTP = Hypertext Transfer Protocol SMTP = Simple Mail Transfer Protocol Telnet (für Host Terminal Emulation) u.a.
6.	**Presentation Layer** Darstellungsschicht	
5.	**Session Layer** Kommunikationssteuerungsschicht	
4.	**Transport Layer** Transportschicht	TCP = Transmission Control Protocol UDP = User Datagram Protocol
3.	**Network Layer** Vermittlungsschicht	IP = Internet Protocol u.a.
2.	**Link Layer** Verbindungssicherungsschicht	ISDN = Integrated Services Digital Network ADSL = Asymmetric Digital Service Line ATM = Asynchronous Transfer Mode u.a.
1.	**Physical Layer** Bit-Übertragungsschicht	

21.13 Internet-Datenpaket

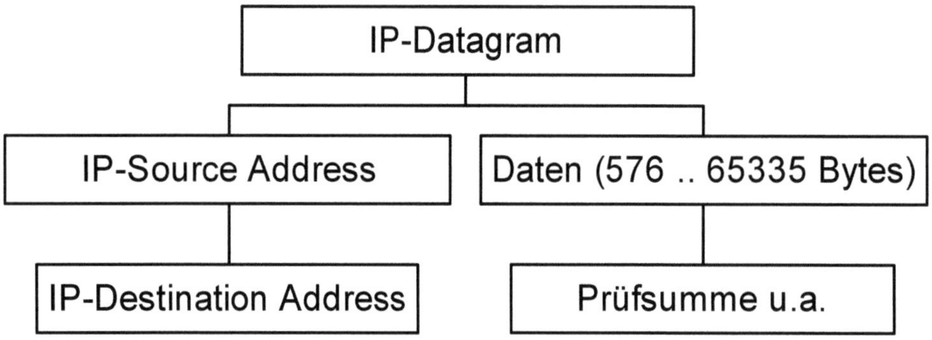

21.14 Internet-Adresse

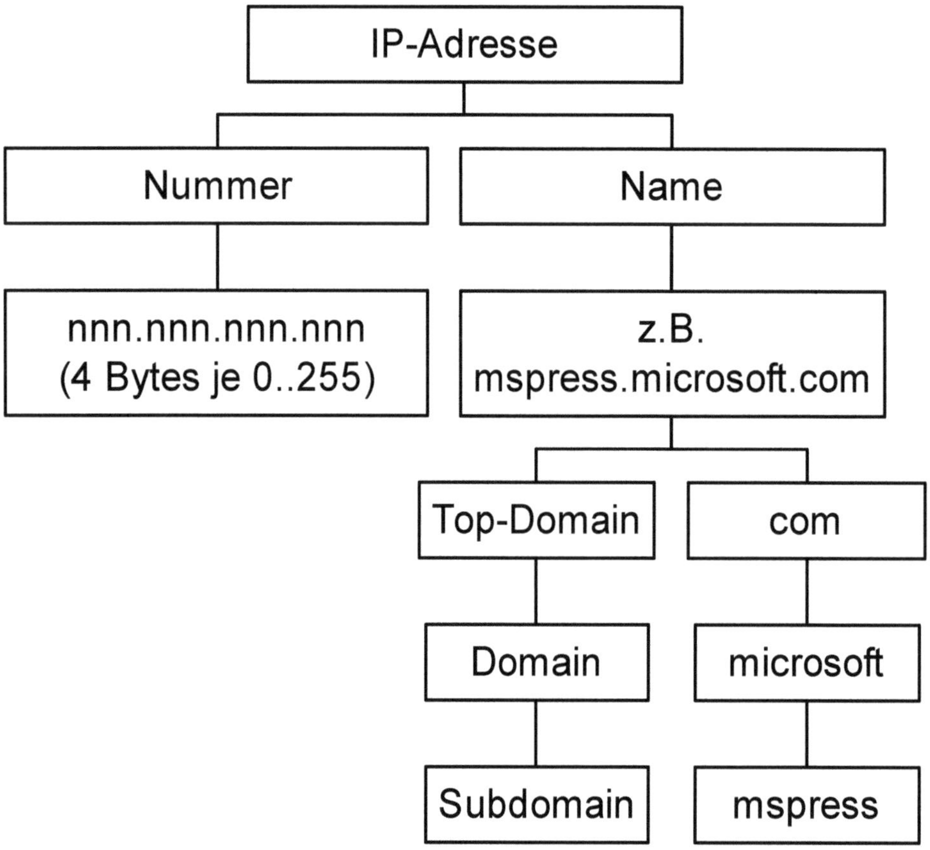

21.15 Uniform Resource Locator

IP-Adresse	z.B. **home.t-online.de**
URL	z.B. www.**home.t-online.de**/home/ulrich.stiehl/sanskrit.htm

21.16 Internet-Zugangsleitung

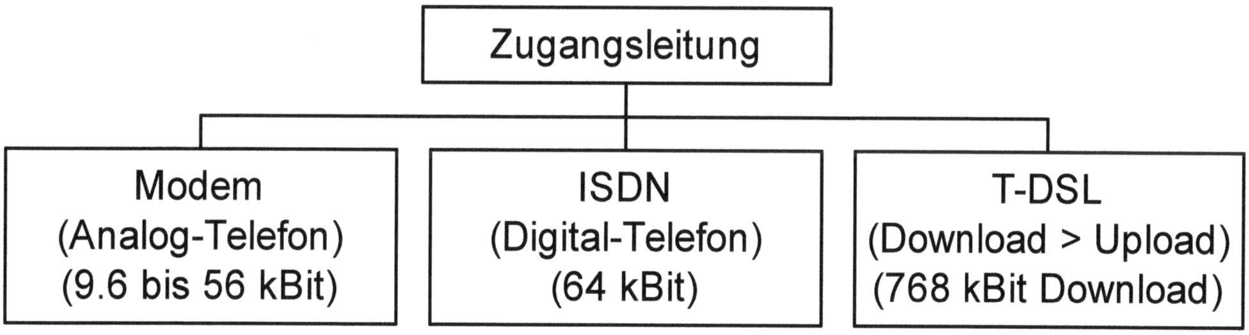

21.17 Internet-Service-Provider (ISP)

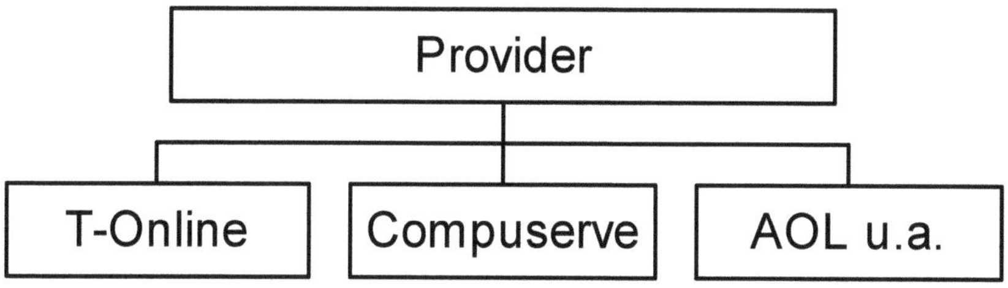

21.18 Internet-Browser

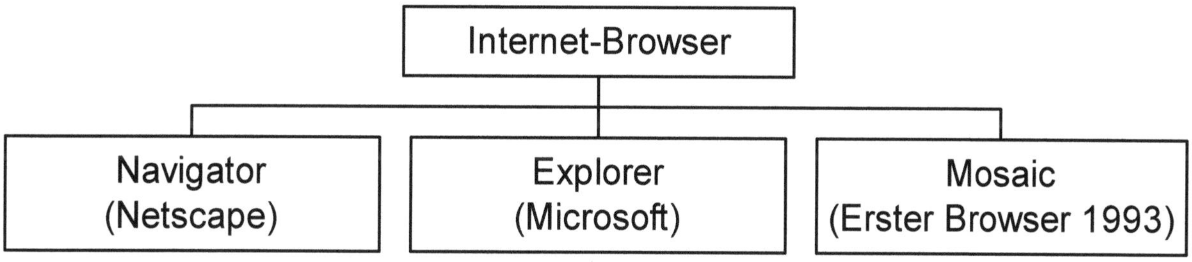

21.19 Internet-Dienste

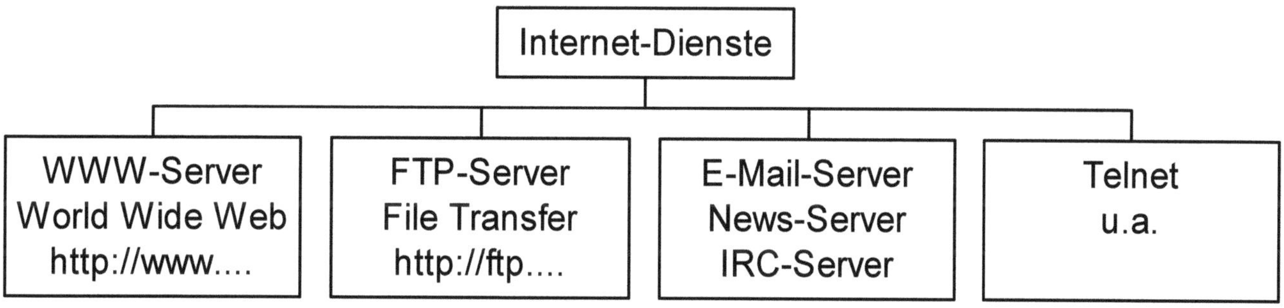

21.20 World Wide Web

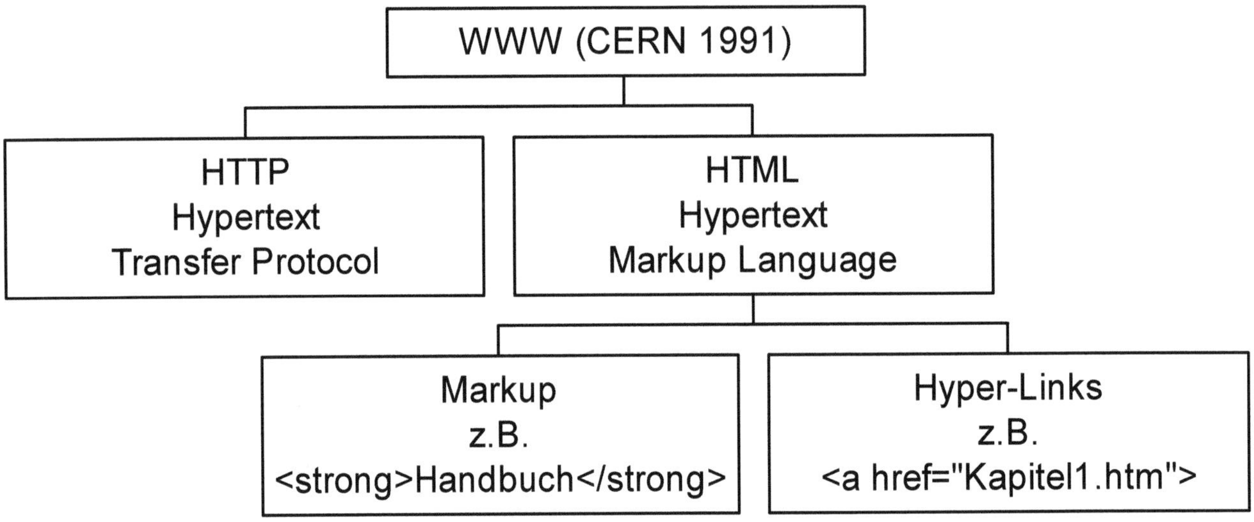

21.21 Web-Site

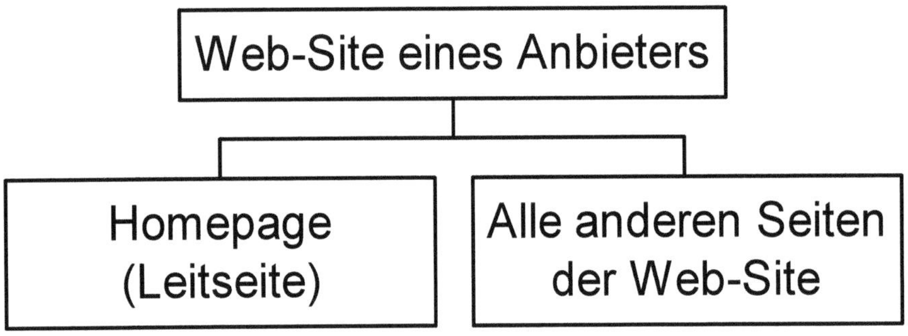

21.22 Electronic Mail

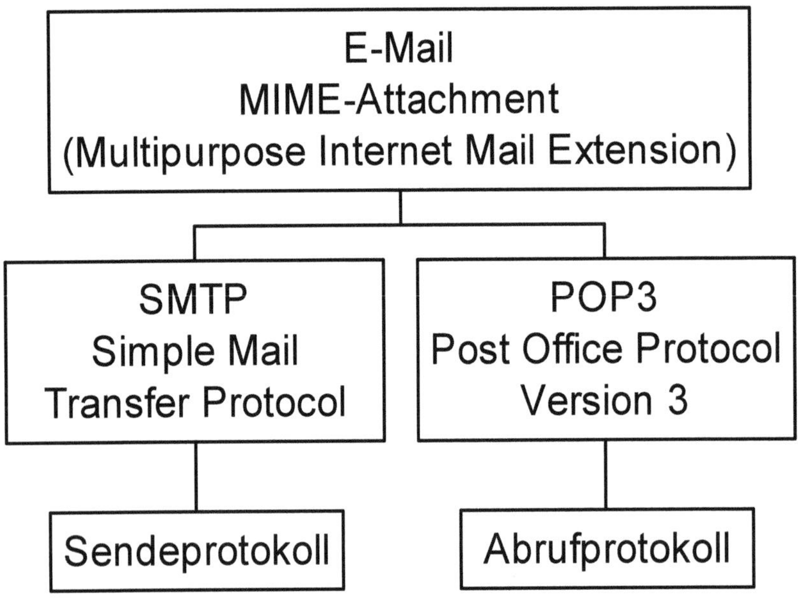